TIAGO JOSÉ BERG

# SÍMBOLOS do BRASIL

Bandeiras, brasões e hinos
dos estados e capitais

PANDA BOOKS

© Tiago José Berg

Direção editorial
*Marcelo Duarte*
*Patth Pachas*
*Tatiana Fulas*

Coordenação editorial
*Vanessa Sayuri Sawada*

Assistentes editoriais
*Henrique Torres*
*Laís Cerullo*
*Guilherme Vasconcelos*

Capa
*Sérgio Campante*

Projeto gráfico
*Carolina Ferreira*

Diagramação
*Elis Nunes*
*Vanessa Sayuri Sawada*

Preparação
*Beatriz de Freitas Moreira*

Revisão
*Cristiane Fogaça*

Fotos
p. 7: © *Cholpan/Shutterstock*;
p. 8: © *Balhash/iStock*;
p. 9: © *Grafissimo/iStock*

Impressão
*Lis Gráfica*

---

CIP-BRASIL. CATALOGAÇÃO NA PUBLICAÇÃO
SINDICATO NACIONAL DOS EDITORES DE LIVROS, RJ

B432s

Berg, Tiago José, 1979-
Símbolos do Brasil: bandeiras, brasões e hinos dos estados e capitais / Tiago José Berg. – 1. ed. – São Paulo: Panda Books, 2022. 256 p.

ISBN 978-65-5697-250-3

1. Símbolos nacionais – Brasil. 2. Símbolos nacionais – História – Brasil. 3. Bandeiras – Brasil. 4. Heráldica – Brasil. 5. Hinos nacionais - Brasil. I. Título.

22-75663          CDD: 929.90981
                     CDU: 929.6:342.228(81)

Bibliotecária: Camila Donis Hartmann – CRB-7/6472

---

2022
Todos os direitos reservados à Panda Books.
Um selo da Editora Original Ltda.
Rua Henrique Schaumann, 286, cj. 41
05413-010 – São Paulo – SP
Tel./Fax: (11) 3088-8444
edoriginal@pandabooks.com.br
www.pandabooks.com.br
Visite nosso Facebook, Instagram e Twitter

Nenhuma parte desta publicação poderá ser reproduzida por qualquer meio ou forma sem a prévia autorização da Editora Original Ltda. A violação dos direitos autorais é crime estabelecido na Lei nº 9.610/98 e punido pelo artigo 184 do Código Penal.

# SUMÁRIO

5     Prefácio
7     Introdução

## BRASIL
18    Hinos, bandeiras e brasões do Brasil

## ESTADOS
66    A origem dos símbolos estaduais
73    Acre
77    Alagoas
81    Amapá
84    Amazonas
88    Bahia
92    Ceará
96    Distrito Federal (Brasília)
99    Espírito Santo
103   Goiás
108   Maranhão
111   Mato Grosso
115   Mato Grosso do Sul
118   Minas Gerais
122   Pará
125   Paraíba
129   Paraná
134   Pernambuco
138   Piauí
142   Rio de Janeiro
146   Rio Grande do Norte
150   Rio Grande do Sul
156   Rondônia
160   Roraima
163   Santa Catarina
167   São Paulo
171   Sergipe
175   Tocantins

## CAPITAIS
180   Os brasões e bandeiras das capitais brasileiras
186   Aracaju (SE)
189   Belém (PA)
191   Belo Horizonte (MG)
192   Boa Vista (RR)
194   Campo Grande (MS)
196   Cuiabá (MT)
198   Curitiba (PR)
200   Florianópolis (SC)
202   Fortaleza (CE)
204   Goiânia (GO)
206   João Pessoa (PB)
208   Macapá (AP)
210   Maceió (AL)
212   Manaus (AM)
214   Natal (RN)
216   Palmas (TO)
218   Porto Alegre (RS)
220   Porto Velho (RO)
222   Recife (PE)
224   Rio Branco (AC)
226   Rio de Janeiro (RJ)
229   Salvador (BA)
231   São Luís (MA)
233   São Paulo (SP)
236   Teresina (PI)
238   Vitória (ES)

240   Regras de etiqueta das bandeiras
244   Pequeno dicionário de heráldica e vexilologia
248   Referências

# PREFÁCIO

Bandeiras, brasões e hinos são muito mais que criações encomendadas por poderosos reis ou governantes para seus países e regiões ao longo dos tempos. São também uma crônica viva de um povo e de uma nação, pois refletem o momento histórico em que foram criados.

Esses símbolos fornecem informações valiosas sobre nossa história, nossas raízes e pensamentos. Revelam, ainda, as ideias que nossos antepassados ansiavam transmitir, testemunhando as influências, os estilos e as necessidades de cada época. Nas cores e formas das bandeiras, nas peças e ornamentos dos brasões de armas, na letra dos hinos e em sua consonância também estão expressos as conquistas, as vitórias, o respeito, o amor e o orgulho pela pátria em todas as suas dimensões.

Esta singela obra procura apresentar os símbolos do Brasil, de seus estados e capitais, em suas três principais dimensões: a *técnica*, representada pela heráldica (estudo dos brasões, suas leis e disposições) e pela sua irmã mais nova, a vexilologia (que trata especificamente das bandeiras e seu simbolismo); a *histórica*, que se refere à evolução e à compreensão das representações sociais, políticas, geográficas, cívicas e culturais expressas nesses símbolos; e a *legislativa*, que trata especificamente das leis que os oficializaram.

Com relação aos hinos, além das letras oficiais, estão disponíveis as partituras para canto dos hinos brasileiros e estaduais, de forma que as pessoas que tenham conhecimento na área de música também possam contemplar a dimensão sonora desse símbolo.

Para aproximar o público desse tema que envolve certa dose de erudição, utilizamos uma linguagem mais leve em relação aos termos técnicos aplicados na heráldica, sem descaracterizar sua apresentação formal. Para isso, como conteúdo auxiliar aos não familiarizados com as regras e os termos da armaria, este livro também apresenta um pequeno dicionário de heráldica e vexilologia, procurando tornar mais claras suas principais convenções.

Da mesma forma, apesar das boas intenções de artistas, políticos e figuras públicas, muitos dos símbolos pesquisados ainda carecem de explicações e contêm erros de confecção, tanto nas regras da heráldica como na própria descrição, de maneira que nos conveio realizar sugestões. Por esse motivo, também não poderíamos deixar de agradecer a todas as secretarias, assembleias legislativas, bibliotecas, arquivos públicos e institutos com os quais nos correspondemos e que gentilmente enviaram informações e sugestões a respeito de seus símbolos estaduais e municipais.

Finalmente, esperamos que esta obra possa proporcionar uma forma didática, surpreendente e ao mesmo tempo divertida de conhecer o Brasil, seus estados e suas capitais por meio de seus símbolos, lançando uma luz renovada sobre a nossa história e as nossas raízes, como uma fonte de pesquisa que se projete de forma a permitir o enriquecimento cívico e cultural de todos os brasileiros.

# INTRODUÇÃO

Desde a origem da humanidade, houve a necessidade de identificação dos diferentes grupos à medida que se fixavam em determinado lugar. Estes tinham de mostrar que possuíam uma característica especial, que dominavam determinado território que lhes garantia a posse dos bens e recursos, da mesma forma que era preciso diferenciar os amigos dos inimigos. Era necessário criar uma forma de comunicação social.

Esse lento e longo processo de evolução do pensamento humano resultou no uso de registros pictóricos e símbolos primitivos. À medida que se desenvolveram as primeiras civilizações, esses desenhos passaram a se sofisticar. Sabe-se que os egípcios já usavam por volta de 5000 a.C. em suas cerimônias públicas insígnias simples, que consistiam em varas de madeira em que eram amarradas ervas e se prendiam partes do corpo de determinados animais (penas, peles, ossos etc.) considerados sagrados.

Com o tempo, esses objetos foram se sofisticando, e as figuras de animais e deuses (chamadas de totens) passaram a ser esculpidas em madeira e mais tarde forjadas em metal. Esse primeiro objeto era conhecido como *vexiloide* (uma espécie de avô das bandeiras), que eram antigas insígnias usadas nos desfiles militares e cerimônias religiosas.

Detalhe da Paleta de Narmer, mostrando um sacerdote com quatro porta-estandartes conduzindo os vexiloides (3200-3000 a.C.).

Além dos egípcios, os assírios, persas, mongóis, chineses, japoneses e astecas criaram seus próprios vexiloides, com as mais variadas formas e materiais para exercer as mais diversas funções. Os persas, por exemplo, usavam o desenho de um arqueiro montado sobre dois cavalos e uma águia no topo de seus mastros, figura esta que mais tarde foi copiada pelos romanos. O estandarte militar das legiões romanas nessa época era chamado de *signum* e consistia em uma lança cheia de símbolos e discos de prata ou de bronze. Ele era revestido de coroas de louro, tendo no topo a figura de um determinado animal, conforme a unidade da tropa, sendo o mais comum deles a águia.

Os romanos acreditavam que seus vexiloides, ao apontarem para cima, na direção das nuvens, estariam investidos de poderes místicos, que protegeriam seus portadores dos inimigos e lhes proporcionariam a vitória nas batalhas. Naquela época, seus exércitos marchavam por grande parte da Europa, além da África e da Ásia, levando a outras terras não só sua língua, cultura e religião, mas também suas tradições militares e seus símbolos.

A grande inovação das tropas romanas viria no século I a.C., quando eles adicionaram à haste e às figuras de metal uma barra horizontal e nela colocaram um tecido retangular – nascia, assim, a primeira bandeira de pano como a conhecemos hoje. Embora outros povos já tivessem usado o tecido como material para suas bandeiras primitivas, foi a primeira vez que ele foi empregado dessa forma. Em 312 d.C. o imperador Constantino I, após se converter ao cristianismo, introduziu nas bandeiras romanas a figura da cruz cristã, que recebeu o nome *lábaro* (*labarum*).

### A primeira bandeira

O estandarte dos romanos, chamado de *vexillum*, foi a primeira bandeira moderna feita de pano. Ele era usado pelas tropas auxiliares de Roma e consistia em um tecido quadrado sobre uma barra horizontal, geralmente na cor carmesim, acompanhado da sigla SPQR – *Senatus Populus Que Romae* (O senado e o povo de Roma).

Representação do vexilo romano (séc. I a.C.).

Da mesma maneira que as origens da bandeira, a história dos brasões segue os modelos de representação das antigas civilizações. Os historiadores dizem que foram os reis da Assíria (atual noroeste do Iraque) os primeiros a usar figuras em seus escudos, sendo o mais comum deles uma pomba de prata. Os cartagineses, no norte da África, tinham por emblema uma cabeça de cavalo; os romanos uma loba, um corvo e depois uma águia. Os godos (povo germânico do norte da Europa) usavam um urso e os francos, um leão. A esses antigos escudos de combate, de forma redonda ou oval, dava-se o nome de *broquéis*, sendo os primeiros armamentos com figuras gravadas e traços representativos.

Os gregos antigos carregavam o *hóplon*, escudo redondo usado pela infantaria, e os legionários romanos, o *scutum*, peça retangular que daria origem a *escudo*. Foi assim que escudos e bandeiras se desenvolveram, tanto como armas de guerra quanto como signos de identificação, originando mais tarde a heráldica. Antes de explicarmos o que é heráldica, vamos conhecer um pouco mais de sua história.

## AS ORIGENS DA HERÁLDICA

Passados os séculos, após a queda dos romanos e o fim das invasões bárbaras, a Europa atravessou outro momento marcante – era o começo da Idade Média. A partir do século VII de nossa era aconteceu a ascensão do islamismo, com a ocupação de vários territórios antes sob domínio dos europeus, como os Bálcãs e a Península Ibérica. Uma das consequências dessa expansão foi a tomada de Jerusalém, cidade sagrada para três grandes grupos religiosos: judeus, cristãos e muçulmanos. Com o intuito de recuperar a Terra Santa e os territórios perdidos, além de garantir vantagens com as rotas comerciais e dos peregrinos cristãos, os reis europeus lançaram contra os árabes várias investidas militares entre os séculos XI e XIII, as chamadas Cruzadas.

Ao mesmo tempo, desenvolveram-se novas técnicas de guerra e as armas se modernizaram. Os cavaleiros passaram a ser mais bem protegidos com o aprimoramento do elmo (capacete que ocultava sua cabeça e face) e das armaduras. Daí surgiu um problema trivial: como distinguir os aliados dos inimigos no furor da batalha? Em vista dessa necessidade, encontrou-se uma solução: pintar os elmos e os escudos dos soldados de cada reinado com símbolos que os distinguiam conforme sua origem. Vale lembrar que o símbolo principal usado nessa época era a cruz cristã.

Os cavaleiros medievais tornaram-se uma classe privilegiada a partir de então. Quando retornavam da Terra Santa, muitos deles passavam a usar os escudos e as bandeiras que carregavam como símbolos de proteção. Os escudos e armaduras também ganharam desenhos para que se pudesse identificar os cavaleiros à distância e distingui-los dos demais, e, à medida que suas famas e conquistas aumentavam, novos emblemas eram concedidos pelos reis àqueles cuja bravura havia defendido seu reino. Aos poucos, com o desenvolvimento da sociedade feudal, os brasões tornaram-se emblemas hereditários, e entre os séculos XI e XIII surge a *heráldica*, que é considerada a ciência e a arte dos brasões por ser a primeira disciplina formal dedicada a organizar a simbologia dos escudos e a criar regras para eles.

Os quatro líderes da primeira Cruzada.

### As cores das cruzes

As cores de cada cruz pintadas nas bandeiras e nos brasões indicavam o local de origem dos cavaleiros medievais na época das Cruzadas.

A vermelha foi usada pelos franceses, a branca pelos ingleses, a verde pelos povos de Flandres (atual Bélgica e Holanda), a amarela pelos italianos e a negra pelos povos germânicos. Mais tarde os franceses adotaram a cruz azul e os ingleses passaram a usar a cruz vermelha. Os escoceses, por sua vez, usavam uma cruz branca disposta em aspa (em X) sobre um fundo azul. Esses dois símbolos ainda hoje estão presentes nas bandeiras da Inglaterra e da Escócia.

As bandeiras nessa época também ganharam desenhos, cores e regras usadas na heráldica. Eram chamadas de *estandartes armoriais* ou *bandeiras heráldicas*, porque nelas se colocavam vários símbolos e figuras estilizadas – tais como leões, flores, traços, cruzes etc. –, da mesma maneira que nos escudos. Logo, os reis passaram a usar brasões e bandeiras para se identificar, por isso esses símbolos também foram importantes para mostrar a autoridade de um monarca, de um cavaleiro ou de uma ordem religiosa e, depois, para representar cidades, regiões e países.

## APRENDENDO A LINGUAGEM DOS BRASÕES E DAS BANDEIRAS

Sendo este livro dedicado sobretudo a apresentar nossos símbolos cívicos, torna-se necessário conhecer um pouco mais das regras e normas presentes em sua descrição técnica.

Ao estudo dos brasões dá-se o nome de *heráldica*, que significa o "saber dos heraldos", também chamados de arautos. Trata-se dos oficiais que dirigiam os torneios e fiscalizavam a qualidade dos cavaleiros no começo da Idade Média. Eles exerciam um cargo parecido com os mestres de cerimônias de hoje, pois estavam encarregados de publicar oficialmente os torneios e de anunciar de viva voz os nomes dos combatentes. A missão desses personagens estendeu-se, posteriormente, por mandato dos reis, a determinar os brasões que correspondiam a cada cavaleiro e às pessoas nobres que tinham o direito de usá-los.

Com o tempo, também as autoridades religiosas e as cidades passaram a ter seus próprios brasões e bandeiras. À medida que novas vilas e cidades eram fundadas, se tornava comum criar emblemas para elas.

Assim, podemos dizer hoje que a heráldica se divide em três ramos principais: a chamada *heráldica de família* ou de *nobreza*, que trata justamente dos brasões dos reis, duques e demais nobres; a *heráldica eclesiástica*, referente aos brasões dos papas, arcebispos, bispos e cardeais; e a *heráldica de domínio* ou *civil*, que aborda respectivamente os brasões das aldeias, vilas, municípios, regiões, províncias e países.

Adiante vamos conhecer mais sobre a heráldica, acompanhada de sua irmã mais nova, a vexilologia, ou seja, o estudo das bandeiras e sua história. Fizemos então uma introdução breve, voltada para as pessoas leigas no assunto.

## AS PARTES DE UM BRASÃO

Para entendermos um pouco mais sobre como se apresenta um brasão de armas, devemos observar que ele é formado por partes específicas, que chamamos de *elementos*. Em geral, um brasão de armas é composto de:

**Timbre**
Peças que estão apoiadas acima do escudo.

**Escudo**
Parte principal do brasão, em que estão inseridas as peças e divisões.

**Suportes**
Tudo aquilo que segura ou sustenta o escudo, como plantas, figuras animais ou fantásticas. Se forem figuras humanas, estas são chamadas de "tenentes".

**Ornamentação exterior**
Tudo aquilo que se encontra fora do escudo.

**Listel**
Faixas em que geralmente se escreve o lema ou o nome.

Brasão da cidade fictícia de Três Colinas.

## AS DIVISÕES DO ESCUDO

O escudo é também dividido em nove partes ou posições principais. Comparando-se o escudo com o corpo do cavaleiro, cada uma dessas partes tem sua significação e um nome específico. As três partes superiores recebem o nome de *chefe*, ou seja, representam a cabeça do cavaleiro e indicam o comando das ações. As três intermediárias são chamadas de *faixas* ou *flancos* e simbolizam seus membros direito e esquerdo, enquanto a posição central recebe o nome de *abismo*, equivalendo ao seu coração.

Na parte inferior do escudo encontra-se a *base* ou *ponta*, referindo-se aos pés do cavaleiro ou ao solo, no qual se apoiam as peças. Há também uma divisão intermediária entre a cabeça e o coração, chamada de *ponto de honra*, que representa o pescoço do cavaleiro, e outra entre o peito e os membros, que é o *umbigo*.

Um detalhe importante: o escudo representa o próprio cavaleiro. Sendo assim, quando nos referimos à direita dele (chamada *dextra*), esta se encontra sempre à esquerda do observador, assim como a esquerda (com o nome *sinistra*) mostra-se sempre à direita de quem a observa.

| | CHEFE | |
|---|---|---|
| cantão direito do chefe | centro do chefe ① | cantão esquerdo do chefe |
| flanco direito | centro, abismo ou coração | flanco esquerdo |
| cantão direito da ponta | centro da ponta ② PONTA | cantão esquerdo da ponta |

LADO DIREITO / LADO ESQUERDO

1. Ponto de honra   2. Umbigo

## OS TIPOS DE ESCUDO

Na heráldica é comum usar como escudos os modelos que figuravam na Idade Média e no Renascimento, embora não haja restrição para outras formas. A partir do broquel, que era o escudo redondo ou oval, surgiram as mais diversas formas:

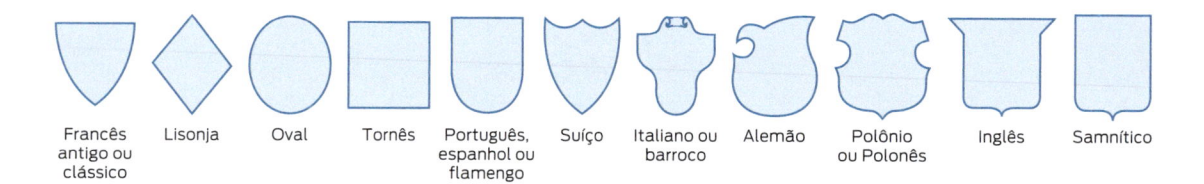

Francês antigo ou clássico | Lisonja | Oval | Tornês | Português, espanhol ou flamengo | Suíço | Italiano ou barroco | Alemão | Polônio ou Polonês | Inglês | Samnítico

O escudo *francês antigo* é conhecido como *clássico*, apresentando um bico regular que sai da base até o alto do chefe, nas pontas. No começo, o domínio dos escudos era masculino, e apenas os cavaleiros, reis e nobres podiam usá-los; somente depois é que foi concedido às mulheres esse direito, conferindo-lhes um formato específico: o escudo em *lisonja*, ou seja, em formato de losango, foi usado pelas damas nobres e pelas princesas, da mesa forma que o escudo em formato *oval* era tradicional entre as damas da corte britânica, sendo também muito usado pelos eclesiásticos.

O escudo *tornês*, em formato quadrado, é assim chamado porque os cavaleiros o usavam nos combates. O escudo *português*, *espanhol* ou *flamengo* é o mais comum usado na heráldica do Brasil, sendo retangular e com a parte inferior arredondada. O escudo *suíço* tem formas curvilíneas regulares, com o chefe em pontas. O *italiano* ou *barroco* tem volutas e linhas curvilíneas.

Já o *alemão*, que data do período do Renascimento, apresenta como variação significativa uma chanfradura ou berço por onde passava a lança nos torneios. O escudo *polônio* tem curvas ornamentais salientes no chefe. Derivando da forma clássica do escudo francês temos o escudo *inglês*, que foi modificado pelas saliências angulares das extremidades do chefe. Finalmente, o escudo *samnítico*, também chamado de *francês moderno*, apresenta forma retangular, com um bico regular no centro da ponta.

## OS ESMALTES

Na terminologia heráldica, as cores adquiriram nomes próprios que foram derivados do francês antigo, chamadas de *esmaltes*: ao vermelho dá-se o nome de *goles*; ao azul, *blau* ou *azur*; ao verde, *sinopla*, *sinople* ou *vert*; ao preto, *negro* ou *sable*; a púrpura é também chamada de *purpure*. Há, além disso, dois metais: o ouro e a prata, que são designados respectivamente como *or* e *argent*. No século XVI, surgiram mais dois esmaltes: o laranja, chamado de *tenné*, e o *sanguina* ou *murray*, na expressão inglesa, que é a cor vermelho-sangue acentuada para o marrom.

As figuras humanas, animais e plantas, quando não estilizadas, apresentam-se em suas cores típicas. Para as plantas e animais dizemos que estão *ao natural* ou *de sua cor*, e para as figuras humanas diz-se na sua *carnação*. Há também os forros ou peles, sendo o mais comum o *arminho*, cujas figuras representam a cauda desse animal. Se a imagem estiver em negativo, chama-se *contra-arminho*, muito usado nos mantos reais. Outra possibilidade são os *veiros* e *contraveiros*, que eram peles de esquilo, tendo uma de suas variações representada de forma ondulada. No Brasil são raros os brasões de domínio que usam essas peles.

Até o final do século XIX, a tecnologia de impressão em cores era rara e custosa para ser feita em larga escala. Para facilitar a identificação das cores, surgiu na Idade Média um código que passou a ser aceito universalmente, de forma que elas pudessem ser reconhecidas apenas em preto e branco. Esse método foi inventado em 1638 pelo heraldista italiano Silvester Petra Sancta, por meio do uso de traços e pontos.

Na técnica inventada por Petra Sancta, o ouro é representado por pequenos pontos, enquanto a prata é formada por um campo liso, isto é, sem preenchimento. Os demais esmaltes são assim representados: o vermelho por traços verticais e o azul pelos horizontais; para o verde e a púrpura, os traços são inclinados, no sentido fendido e talhado, respectivamente. Se forem cruzados em esquadria, representam o preto.

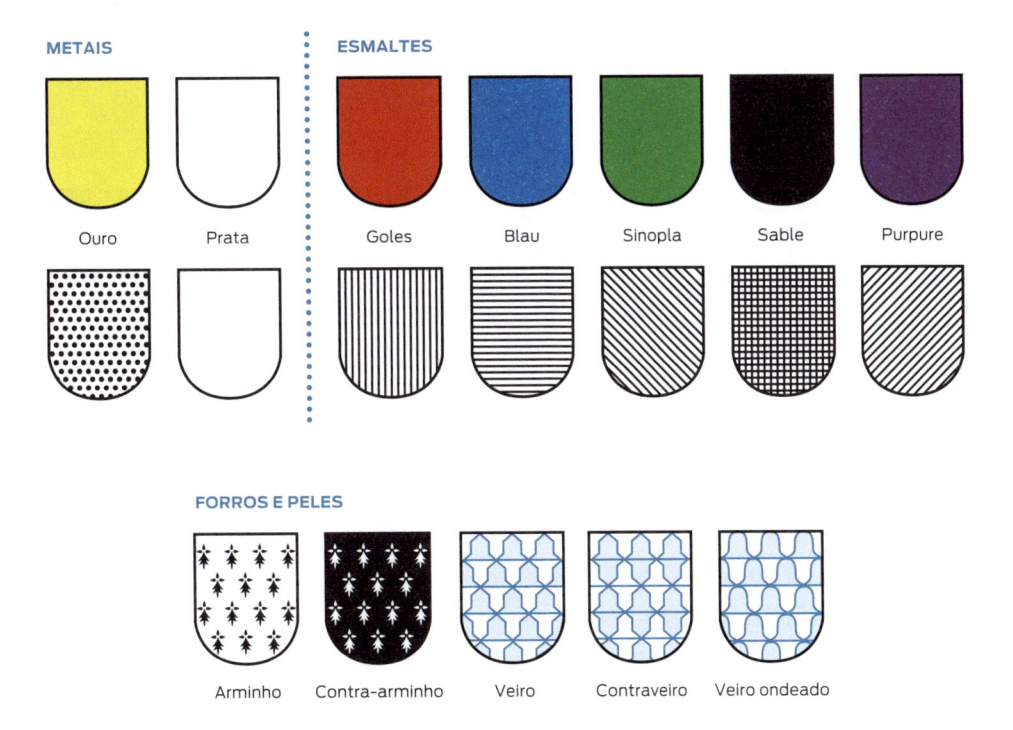

## AS PARTIÇÕES E PEÇAS DO ESCUDO

Os escudos se repartem basicamente em duas metades, terços e quartéis (ou quartos). Essas são as divisões mais importantes na heráldica e representavam antigamente os vários golpes de espada que o escudo recebera em combate. Por isso são honrosas e recebem a nomenclatura de *partes nobres* ou *peças nobres*.

Quando um escudo não apresenta partição alguma, é chamado de *pleno*. Recebe o nome de *partido* quando um traço o parte verticalmente do chefe à ponta, e *cortado* quando um traço o divide horizontalmente. Se a partição inicia-se do flanco destro do chefe para o flanco sinistro da ponta, chama-se de *bandado*, *fendido* ou também *tranchado*. Quando tem uma talha que sai em diagonal, do alto da sinistra para a dextra, é denominado *talhado* ou *contrabandado*. Quando há a combinação de partido e cortado, dá-se o nome de *esquartelado*, isto é, em quatro partes iguais, chamadas de *quartéis*. Denomina-se *esquartelado em aspa*, *santor* ou *franchado* a combinação do tranchado com o talhado em quatro partes iguais. Por sua vez, dá-se o nome de *gironado* quando se combina partido, cortado, talhado e tranchado em oito partes iguais, chamadas *girões*. Denominaremos *contragironado* se essas divisões alcançarem 16 partes, graças à adição de outro escudo menor em abismo. Existem também as partições em três partes iguais, chamadas de *terciado*, que podem ser na vertical, na horizontal, ou na diagonal, com a adição do sentido da divisão: *terciado em pala*, *terciado em faixa*, *terciado em banda* e *terciado em barra* ou *contrabanda*.

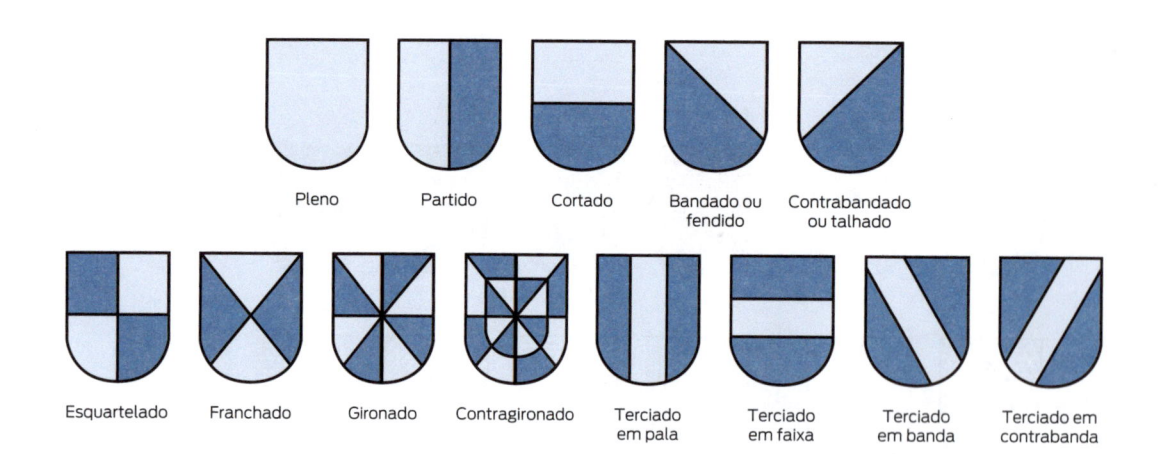

Pleno — Partido — Cortado — Bandado ou fendido — Contrabandado ou talhado

Esquartelado — Franchado — Gironado — Contragironado — Terciado em pala — Terciado em faixa — Terciado em banda — Terciado em contrabanda

As peças nobres do escudo são chamadas de *peças honrosas*, devido ao fato de ocuparem suas partes principais. Assim, o *chefe* ocupa o terço superior do escudo. A *pala*, a *faixa*, a *banda* e a *barra* ou *contrabanda* ocupam a posição do meio do escudo, com mesma largura. A *cruz* resulta da união da pala com a faixa e, se estiver disposta em aspa, chamamos de *Cruz de Santo André* ou *santor*, que resulta da junção da banda com a barra.

As outras peças nobres a destacar são: a *asna* ou *chaveirão*, que é uma meia aspa aguçada; há também a *bordadura*, que é uma cercadura ou moldura em torno do escudo. Devemos ainda destacar que, se o número de faixas verticais for superior a cinco em um escudo, elas são chamadas *verguetas*. Se estas estiverem dispostas na horizontal, dá-se o nome de *burelas*.

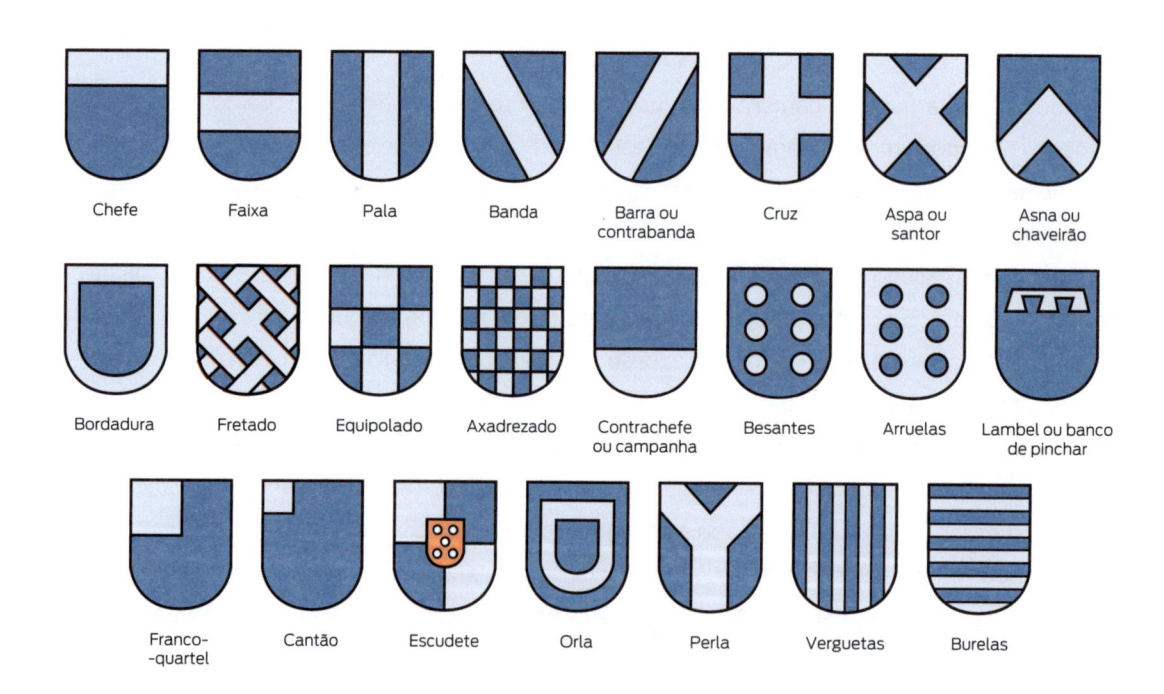

Chefe — Faixa — Pala — Banda — Barra ou contrabanda — Cruz — Aspa ou santor — Asna ou chaveirão

Bordadura — Fretado — Equipolado — Axadrezado — Contrachefe ou campanha — Besantes — Arruelas — Lambel ou banco de pinchar

Franco-quartel — Cantão — Escudete — Orla — Perla — Verguetas — Burelas

## AS CRUZES

Entre os heraldistas, são conhecidos mais de cinquenta tipos de cruzes diferentes. Aqui reproduziremos apenas algumas delas, de forma a representar os tipos mais comuns encontrados na heráldica e as que mais aparecem no Brasil. Como curiosidade, também estão representadas as cruzes de algumas das ordens monástico-militares.

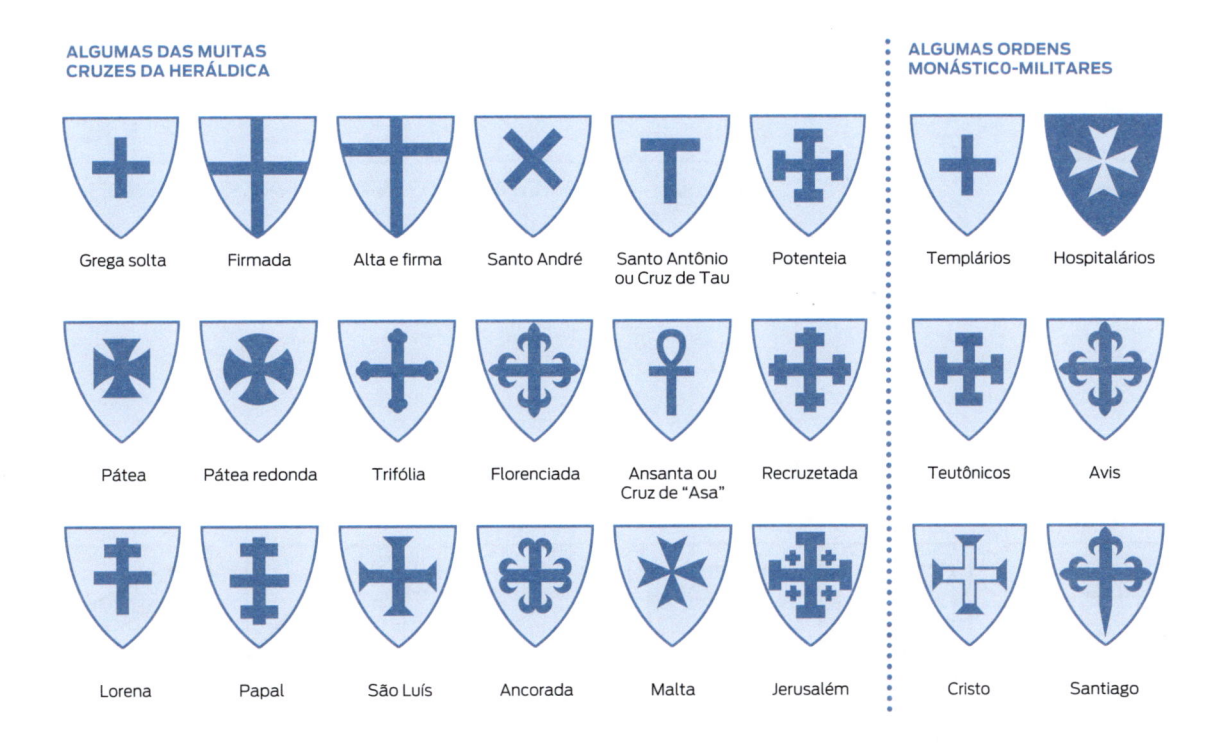

**ALGUMAS DAS MUITAS CRUZES DA HERÁLDICA**

- Grega solta
- Firmada
- Alta e firma
- Santo André
- Santo Antônio ou Cruz de Tau
- Potenteia
- Pátea
- Pátea redonda
- Trifólia
- Florenciada
- Ansanta ou Cruz de "Asa"
- Recruzetada
- Lorena
- Papal
- São Luís
- Ancorada
- Malta
- Jerusalém

**ALGUMAS ORDENS MONÁSTICO-MILITARES**

- Templários
- Hospitalários
- Teutônicos
- Avis
- Cristo
- Santiago

## AS PARTES DE UMA BANDEIRA

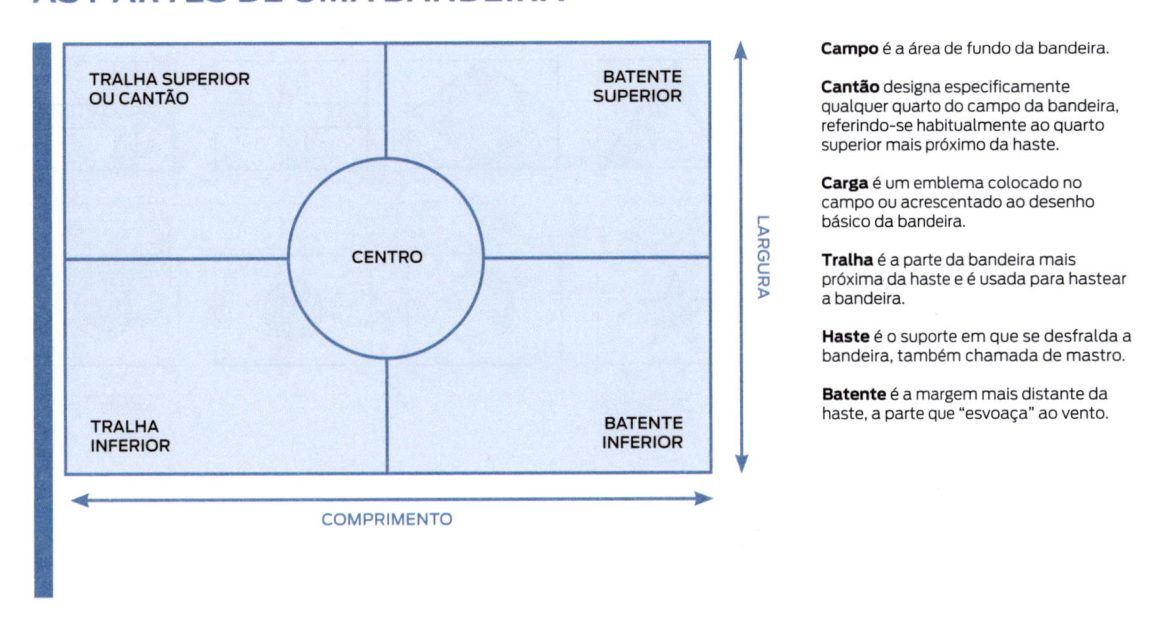

- TRALHA SUPERIOR OU CANTÃO
- BATENTE SUPERIOR
- CENTRO
- TRALHA INFERIOR
- BATENTE INFERIOR
- LARGURA
- COMPRIMENTO

**Campo** é a área de fundo da bandeira.

**Cantão** designa especificamente qualquer quarto do campo da bandeira, referindo-se habitualmente ao quarto superior mais próximo da haste.

**Carga** é um emblema colocado no campo ou acrescentado ao desenho básico da bandeira.

**Tralha** é a parte da bandeira mais próxima da haste e é usada para hastear a bandeira.

**Haste** é o suporte em que se desfralda a bandeira, também chamada de mastro.

**Batente** é a margem mais distante da haste, a parte que "esvoaça" ao vento.

## PRINCIPAIS DIVISÕES DAS BANDEIRAS

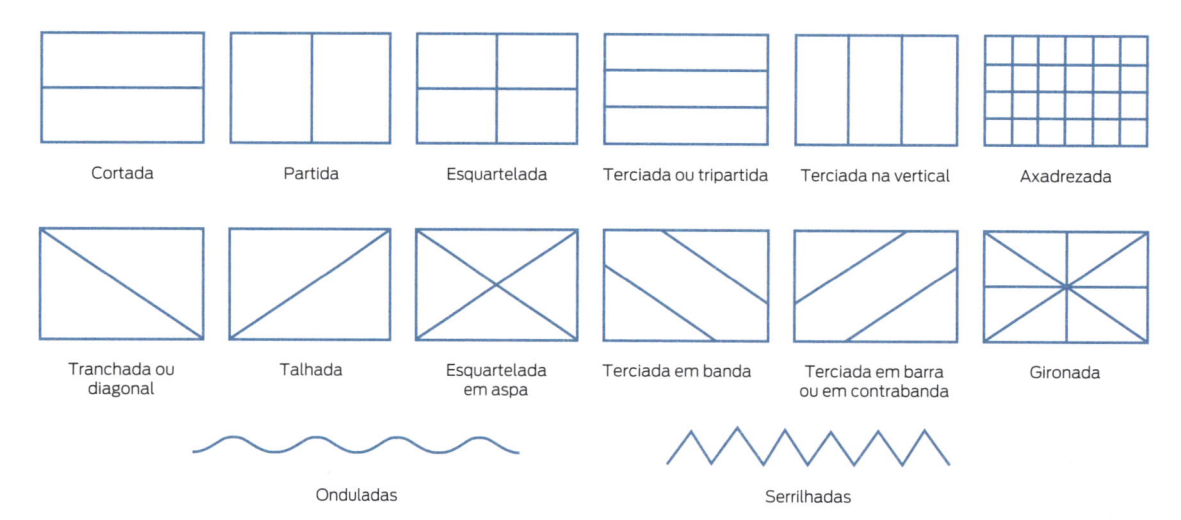

| | | | | | |
|---|---|---|---|---|---|
| Cortada | Partida | Esquartelada | Terciada ou tripartida | Terciada na vertical | Axadrezada |
| Tranchada ou diagonal | Talhada | Esquartelada em aspa | Terciada em banda | Terciada em barra ou em contrabanda | Gironada |

Onduladas

Serrilhadas

## PRINCIPAIS MODELOS E ESTILOS

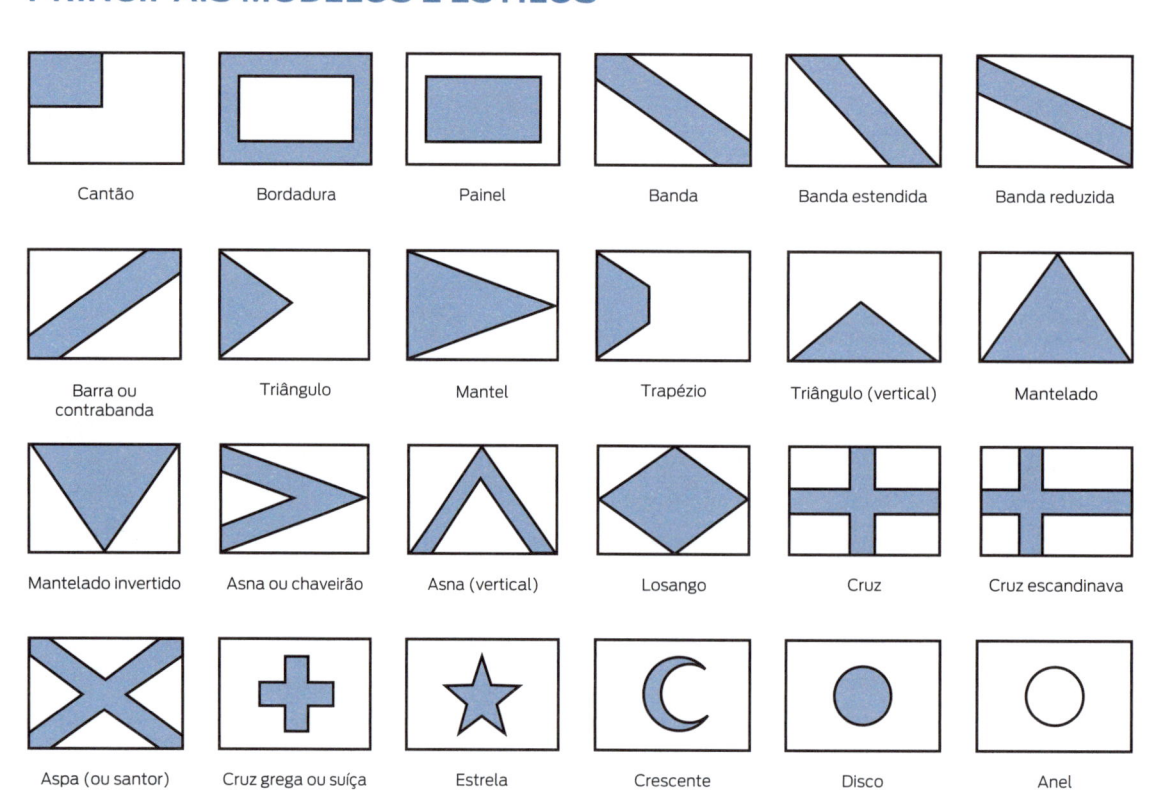

| | | | | | |
|---|---|---|---|---|---|
| Cantão | Bordadura | Painel | Banda | Banda estendida | Banda reduzida |
| Barra ou contrabanda | Triângulo | Mantel | Trapézio | Triângulo (vertical) | Mantelado |
| Mantelado invertido | Asna ou chaveirão | Asna (vertical) | Losango | Cruz | Cruz escandinava |
| Aspa (ou santor) | Cruz grega ou suíça | Estrela | Crescente | Disco | Anel |

# BRASIL

# HINOS, BANDEIRAS E BRASÕES DO BRASIL

Este capítulo é dedicado à história das bandeiras, brasões e hinos usados no Brasil desde o período colonial até os dias atuais. Antes de nos aprofundarmos na história de nossos símbolos nacionais, é preciso voltar um pouco mais no tempo e compreender as influências que as bandeiras usadas na Idade Média, em especial as de Portugal, tiveram em nosso simbolismo desde a época do descobrimento.

## AS BANDEIRAS E OS BRASÕES DE PORTUGAL

Alguns séculos antes do começo da Era Cristã, o noroeste da Península Ibérica era habitado pelos lusitanos, um povo resultante da influência e miscigenação dos povos que lá viviam com os invasores celtas que haviam chegado quatro séculos antes. Por essa época, a Ibéria foi invadida pelo Império Romano, mas os lusitanos se opuseram bravamente à dominação na região hoje conhecida como Serra da Estrela. O aguerrido povo caiu sob a força das legiões romanas em 61 a.C., que anexaram sob seus domínios a província com o nome de Lusitânia.

Sabe-se que, durante os séculos I e II a.C., o emblema dos lusitanos foi um dragão verde (figura muito comum entre os povos antigos, especialmente entre os celtas) colocado sobre uma bandeira de fundo branco. A figura do dragão nas bandeiras resiste até hoje no País de Gales, onde ele aparece em vermelho sobre um campo verde e branco, assim como acabaria mais tarde por se tornar o emblema da Casa de Bragança. Além disso, está em nosso cotidiano, como no emblema regimental dos nossos Dragões da Independência.

Após a queda do Império Romano, a Península Ibérica foi invadida muitas vezes pelos povos denominados bárbaros e ficou sob seu domínio até o século VIII, quando os árabes mulçumanos que habitavam o norte da África, motivados por sua nova religião e pelo ideal expansionista, atravessaram o estreito de Gibraltar e conquistaram quase todos os antigos reinos dessa península até as montanhas da região das Astúrias. Os portugueses derrotariam os árabes no século XIII, mas os espanhóis ainda lutariam muito para retomar seu território dos mouros, o que só se daria de forma completa em 1492, com a queda de Granada.

A história de Portugal enquanto nação começa, por assim dizer, com a de um cavaleiro chamado Henrique, oriundo da região francesa da Borgonha e que se destacou na luta contra os árabes. Em recompensa por seus feitos, dom Henrique recebeu a mão de Teresa, filha do rei de Castela, Leão e Galiza, assim como lhe foi concedida a soberania sobre o Condado Portucalense, às margens do rio Douro. Segundo a lenda, seu estandarte foi criado sob inspiração divina em 1097 e é conhecido como "a bandeira da fundação", formado por um campo quadrado branco onde estava sobreposta uma cruz azul, semelhante à bandeira usada pelos cruzados em Jerusalém. Desde Henrique de Borgonha até dom João II (do século XI ao findar do XV), os mesmos emblemas são usados, tanto na bandeira quanto no escudo do rei de Portugal.

Em 1139 essa bandeira foi levada à batalha de Ourique, onde Afonso Henriques (1109-1185), filho de dom Henrique, derrotou os árabes que dominavam a região. Com essa vitória, ele foi aclamado rei pelos soldados e pela corte. Após a conquista, conseguiu que o rei espanhol Afonso VII reconhecesse a independência de Portugal, em 1143, e que o papa Alexandre III confirmasse seu título real, em 1179. Por isso, ele é conhecido como o fundador da monarquia portuguesa.

Além disso, dom Afonso Henriques modificou a bandeira de seu pai, colocando cinco escudetes em forma de cruz, sendo o azul para as figuras e o branco como fundo. A origem desse estandarte é cercada de várias lendas. Uma delas diz que na noite anterior à batalha de Ourique, na qual foram derrotados os exércitos de cinco reis mouros, Cristo teria aparecido a Afonso Henriques e lhe dado por escudo suas cinco chagas e os trinta dinheiros (besantes) pelo qual fora vendido por Judas.

Bandeira lusitana (séculos I e II a.C.)

Condado Portucalense (1097-1139)

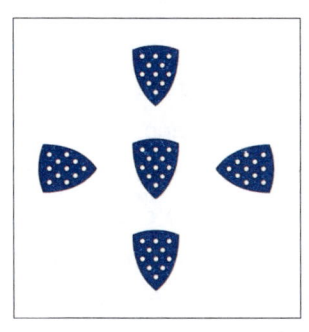

Reino de Portugal (1139-1248)

### A bandeira portuguesa nos versos de Camões

Embora sem muitas confirmações históricas sobre o número de besantes, o poeta português Luís de Camões também retratou a história desse estandarte ao descrever como foi criado ao final da batalha, conforme as estrofes 53 e 54 no Canto III de *Os Lusíadas* (CAMÕES, 2000):

*Já fica vencedor o Lusitano,*
*Recolhendo os troféus e a presa rica;*
*Desbaratado e roto o mouro Hispano,*
*Três dias o grão Rei no campo fica.*
*Aqui pinta no branco escudo ufano,*
*Que agora esta vitória certifica,*
*Cinco escudos azuis esclarecidos,*
*Em sinal destes cinco Reis vencidos.*

*E nestes escudos pinta os trinta*
*Dinheiros por que Deus fora vendido,*
*Escrevendo a memória, em vária tinta,*
*Daquele de Quem foi favorecido.*
*Em cada um dos cinco, cinco pinta,*
*Porque assi fica o número cumprido,*
*Contando duas vezes o do meio,*
*Dos cinco azuis que em cruz pintado veio.*

Esse estandarte teve diversas configurações antes da versão à qual se refere Camões, chegando à sua forma final somente durante o reinado de dom João II. Os besantes (antigas moedas de prata usadas na época do Império Bizantino) colocados dentro dos escudetes azuis tinham seis, sete, nove, onze, doze, treze ou dezesseis peças, conforme várias versões que são conhecidas em descrições e documentos, inclusive de um mesmo rei. Como não se dispõe de fonte suficientemente segura, não se descarta nenhuma das possibilidades em relação a essa bandeira e ao brasão de armas.

Durante o reinado de seu filho, dom Sancho I (1154-1211) – a quem alguns autores atribuem o surgimento da bandeira com os cinco escudos e besantes –, parte das terras conquistadas por dom Afonso Henriques é retomada pelos árabes. Mas a situação iria mudar com dom Afonso II (1185-1223), cujo espírito aguerrido o faz retomar a luta em busca da conquista de novos territórios.

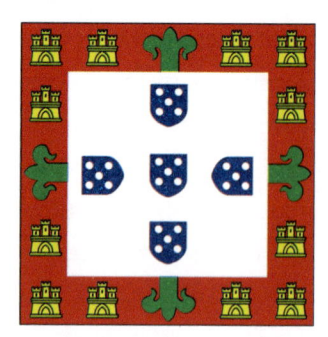

Após se aliar aos espanhóis de Castela e Aragão em 1212, ele participa vitorioso da batalha de Navas de Tolosa, que assinala o declínio do domínio árabe na Península Ibérica. A seguir, com o auxílio das ordens monástico-militares (formadas por cavaleiros da Ordem dos Templários, dos Hospitalários e de Avis), retoma as ofensivas nas terras que haviam sido tomadas de seu pai. Seu filho, dom Sancho II (1209-1248), e seu irmão, dom Afonso III (1210-1279), continuam a expandir o território até a tomada das terras do Algarve, no extremo sul de Portugal, em 1249.

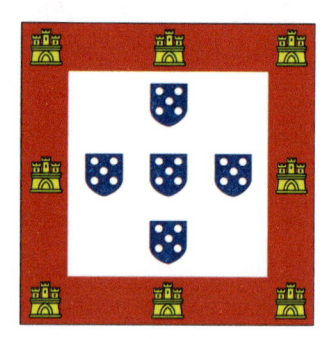

Foi por esse motivo que dom Afonso III passou a se intitular rei de Portugal e Algarve. Assim nascia um novo estandarte, que agora se apresentava com uma borda vermelha, semeada de castelos dourados. Segundo a versão popular, o vermelho representava o sangue derramado na luta pela libertação do Algarve, e a figura dos castelos as fortalezas tomadas dos árabes. Outra versão diz que a borda vermelha e os castelos simbolizavam o matrimônio de dom Afonso III com a filha de Fernando II, rei de Castela, cuja bandeira e brasão eram, como hoje, formadas por castelos de ouro sobre um fundo vermelho.

No século XIV, tornadas as ordens monástico-militares influentes na política do reino português, ocorre em 1384 a ascensão ao trono de dom João I (1357-1433), que era mestre da Ordem dos Cavaleiros de Avis. Dom João I juntou as insígnias de seus predecessores com a cruz da Ordem de Avis, cujos braços terminavam em formato de pontas da flor de lis, sendo esta conhecida como cruz florenciada. Dessa cruz ficaram aparecendo, na superposição do escudo, apenas as extremidades, que figuravam sobre a bordadura vermelha com 12 castelos dourados. Essa mesma bandeira também foi usada por dom Duarte (1391-1438) e dom Afonso V (1432-1481).

Entre 1485 e 1495, a bandeira portuguesa foi modificada por ordem de dom João II (1455-1495), que alterou a posição dos escudetes, colocando os dois laterais em posição vertical no formato de cruz; ele também retirou a Cruz da Ordem de Avis e reduziu o número de castelos para sete. Havia também versões com oito castelos, usadas por seu sucessor, dom Manuel I (1469-1521).

A partir de 1495, o brasão de armas passa a ser inserido como símbolo na bandeira nacional de Portugal, formada agora por um campo branco. O número de castelos, bem como o de besantes, como se observa anteriormente, é muito variável nas estampas, selos e moedas desde os primeiros tempos da monarquia portuguesa.

O formato do escudo também mudou. Os primeiros modelos eram em francês antigo, mas a partir de 1495 prevaleceu o formato ibérico (ou português), embora as bandeiras portuguesas também ostentassem o escudo em formato francês moderno no século XVIII. O formato ibérico voltaria e ser usado somente na bandeira da República Portuguesa (1910).

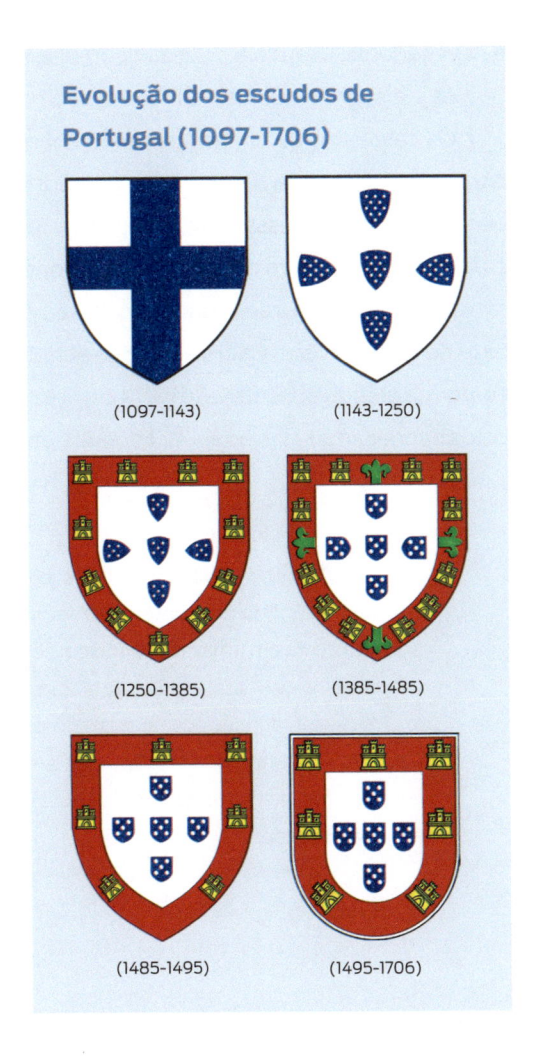

**Evolução dos escudos de Portugal (1097-1706)**

(1097-1143) (1143-1250)
(1250-1385) (1385-1485)
(1485-1495) (1495-1706)

## A BANDEIRA DA ORDEM DE CRISTO

Em 1312, quando o papa Clemente V extinguiu a Ordem dos Cavaleiros Templários e seus bens foram confiscados, dom Dinis (1261-1325), que sucedeu a dom Afonso III no trono português, sentindo a falta que tal ordem faria a seu reino, agiu com um lance de diplomacia. Dando-lhe outro nome – a Ordem de Nosso Senhor Jesus Cristo ou simplesmente Ordem de Cristo –, ele conseguiu contornar a situação difícil que se apresentava entre a Igreja e os cavaleiros templários em seu país, fazendo com que os bens confiscados fossem transferidos para a nova ordem que criara. Por uma bula expedida pelo papa João XXII em 15 de março 1319, essa nova ordem foi legitimada em Portugal.

Mas o mais notável dos mestres da Ordem de Cristo foi o infante dom Henrique (1394-1460), um dos filhos de dom João I (1357-1433), sagrado cavaleiro por seu próprio pai, em 1415, após a batalha que tomou a cidade de Ceuta, no norte da África, dos árabes. Dom Henrique reuniu em torno de si os melhores cartógrafos, mercadores

Bandeira da Ordem de Cristo (1332-1651)

e navegadores, usando a riqueza acumulada pela Ordem de Cristo para financiar a mítica escola de Sagres e dispor do que de mais avançado havia na época para explorar os mares.

Os cavaleiros da Ordem de Cristo tinham por vestimenta um manto branco onde figurava uma cruz vermelha, aberta nas pontas, sobreposta por uma cruz branca, que era estampada na altura do peito. Foi assim que essa insígnia passou a figurar nas bandeiras e nas velas das naus portuguesas que cruzaram os mares em direção às novas conquistas.

A bandeira da Ordem de Cristo foi também a primeira a tremular em solo brasileiro, trazida nas naus de Pedro Álvares Cabral em 22 de abril de 1500 e usada durante a primeira missa rezada em terra, conforme atestava, inclusive, a carta escrita por Pero Vaz de Caminha. No Brasil, esse símbolo foi usado pelos bandeirantes no século XVII durante as chamadas entradas e bandeiras.

### O nome correto da cruz

Não devemos confundir a cruz da Ordem de Cristo com a cruz de Malta. A Ordem de Cristo é formada por uma cruz branca inscrita em uma cruz vermelha, com as pontas abertas. Já a cruz de Malta – referente a essa ordem de cavaleiros medievais, conhecidos no passado como Hospitalários – tem as suas extremidades dilatadas, em formato de triângulo, opostas pelos vértices, que se apresentam recortadas em ângulo agudo.

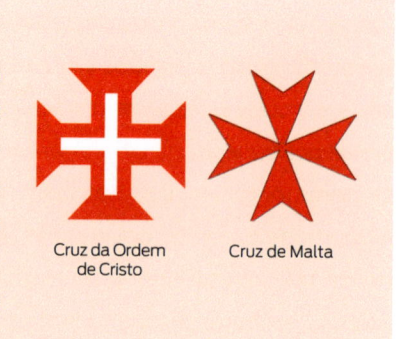

Cruz da Ordem de Cristo     Cruz de Malta

## AS BANDEIRAS DOS NAVEGADORES

Quando dom João II subiu ao trono, em 1481, fez adotar uma nova bandeira, utilizando pela primeira vez o brasão de armas de Portugal, em formato ibérico, com os cinco escudetes contendo cinco besantes cada, em formato de cruz e a borda vermelha com sete castelos. Esse conjunto heráldico estava sobreposto à cruz da Ordem de Cristo (em que só aparecem as pontas) sobre um campo branco e ficou conhecido como Bandeira Real, que foi utilizada largamente na época das navegações, embora fosse mais comum a bandeira da Ordem de Cristo.

Nesse período, os navegantes portugueses estavam entrando no auge da conquista marítima, com a descoberta de novas rotas comerciais ao contornar a África e chegar até o cabo da Boa Esperança, com a expedição de Bartolomeu Dias em 1487 e mais tarde a chegada de Vasco da Gama à Índia em 1498. Devemos lembrar que a vizinha Espanha chegara com Cristóvão Colombo à América e logo houve a necessidade de os dois reinos reivindicarem a posse das novas terras e rotas comerciais, da qual nasceu o Tratado de Tordesilhas (1494). Como sabemos, a esquadra comandada por Pedro Álvares Cabral trouxe em 1500, além da bandeira Real e da Ordem de Cristo, a pessoal de dom Manuel I e a das quinas.

A primeira delas foi adotada durante o reinado de dom Manuel I (1495-1521), sendo a primeira bandeira de uso pessoal atribuída a um rei português. O extraordinário desenvolvimento da navegação portuguesa durante os séculos XV e XVI foi acompanhado de sua bandeira, em formato quadrado esquartelado em

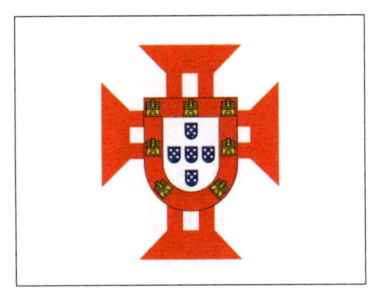

Bandeira Real (1495-1521)         Bandeira pessoal de dom Manuel I (1495) 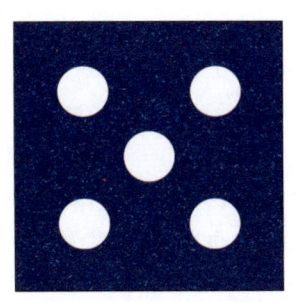        Bandeira das quinas

aspa – como se designa na linguagem heráldica essa divisão em forma de X –, formando dois triângulos vermelhos e dois triângulos brancos onde se assentava a figura de uma esfera armilar em amarelo-ouro.

Datada da mesma época, também se apresentava a bandeira das quinas (como é chamada popularmente a disposição dos cinco pontos no dado e nas peças de dominó), usada nos navios em conjunto com outras bandeiras. Recordava a lenda do rei Afonso Henriques, mostrando os cinco besantes brancos em campo azul. Uma variante desse estandarte era composta de uma flâmula branca de quinas invertidas em azul.

### A esfera armilar

A esfera armilar era um instrumento usado pelos gregos desde o século VI a.C. para ensinar a arte da navegação e simular o movimento aparente dos astros em torno da Terra. Era composta de dez círculos feitos com aros de metal, chamados de armilas. São eles: o meridiano, o horizonte, os dois coluros (meridianos que passam pelos pontos dos equinócios e dos solstícios), a eclíptica (onde se gravavam os símbolos do Zodíaco), os dois trópicos e os dois círculos polares. Ao centro se encontra uma pequena esfera, representando o globo terrestre. Como símbolo, a esfera armilar é aplicada desde a Antiguidade, significando o domínio científico, a autoridade, o império, o poder, a soberania e o próprio Deus – criador do Universo.

## AS BANDEIRAS DA ERA COLONIAL PORTUGUESA

No reinado de dom João III (1502-1557) desapareceu da bandeira a cruz da Ordem de Cristo e passou a figurar sobre o campo branco apenas o escudo com a coroa real em estilo aberto. Num selo dessa época figuram 14 castelos e, nas moedas, apenas sete.

O escudo também variava do estilo ibérico, ou seja, de base redonda, para a base em estilo pontudo, próximo ao modelo francês antigo. Sua importância refere-se ao fato de que essa foi a bandeira portuguesa usada na época em que Martim Afonso de Sousa fundou a cidade de São Vicente (1532), que as capitanias hereditárias foram criadas e os governadores-gerais do Brasil foram estabelecidos (1534); foi também a primeira bandeira usada pelos bandeirantes paulistas ao lado do exemplar da Ordem de Cristo.

Após uma empreitada malsucedida contra os árabes no norte da África, o jovem dom Sebastião (1554-1578), neto e sucessor de dom João III, veio a falecer. Como não tinha sucessores, o trono foi parar nas mãos de seu tio, o cardeal dom Henrique (1512-1580), que, sem herdeiros, ocasionou após sua morte a passagem da Coroa portuguesa para as mãos de seu sobrinho Filipe II (1527-1598), rei da Espanha. Assim, Portugal deixou de manter sua independência e passou a ser subordinado à Espanha, que controlava os dois reinos, no período que foi chamado de União Ibérica (1580-1640).

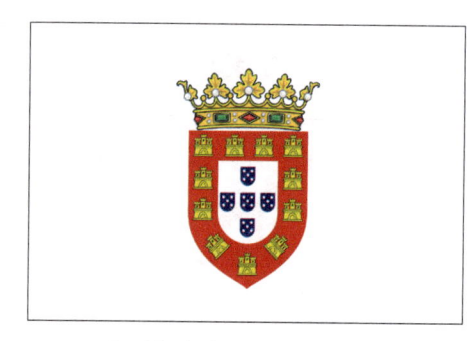

Bandeira de dom João III (1521-1616)

Dom Sebastião também teve uma bandeira pessoal, formada por um campo em cor carmesim com o brasão de armas de Portugal ao centro. Antes de partir para a batalha que lhe tiraria a vida (Alcácer-Quibir, em 1578), também ordenou que a coroa na bandeira nacional fosse substituída do estilo aberto para o estilo fechado, o que vai aparecer a partir da bandeira do domínio espanhol.

Bandeira do domínio espanhol (1616-1640)

A bandeira portuguesa foi conservada em sua estrutura básica, continuando toda branca com o escudo real, mas tendo agora atrás do escudo a figura de 16 ramos verdes de oliveira, sendo dez com hastes à mostra e seis escondidas. A bandeira desse período (1616-1640), segundo relatam alguns historiadores, foi criada pelo próprio rei Filipe II, e os ramos celebrariam sua conquista sobre o trono e as terras lusitanas, que se deu na época da colheita das oliveiras. Outras fontes dizem que não foi o rei espanhol, mas o governador do reino, o marquês de Alenquer, que teria acrescentado os ramos à bandeira portuguesa, em referência ao seu sobrenome (Silva).

Sendo então o Brasil parte da colônia espanhola, os inimigos da Espanha – em especial a Holanda, que havia travado uma longa guerra de independência contra a dinastia do rei Filipe II – passaram a ansiar novas conquistas. Assim, a colônia brasileira iria sofrer durante o século XVII a invasão de seu território, sobretudo com a instalação dos franceses no Maranhão e as ocupações holandesas no Nordeste, que também desfraldaram seus pavilhões em nosso território.

## OS EMBLEMAS DOS FRANCESES E HOLANDESES NO BRASIL

No curso do século XVII, os franceses, com pretensões de também constituir seu próprio império nas Américas, instalaram-se no litoral da região Nordeste do Brasil, onde fundaram em 8 de setembro de 1612 o forte de São Luís, berço da chamada França Equinocial. No dia 1º de novembro seguinte realizaram solenemente em Upaon-Açu (como os indígenas chamavam a ilha de São Luís) a cerimônia de posse daquela terra, em nome do rei Luís XIII, fixando ao lado da cruz cristã que instalaram o estandarte e as armas reais da França.

Esses relatos foram feitos pelo frei Claude d'Abbeville, o primeiro cronista da expedição chefiada por Daniel de La Touche e François de Rasilly à região sob as ordens da rainha-mãe e regente, dona Maria de Médici, e estão no livro *Historie de la mission des pères capucins en l'isle de Maragnan et terres circonvoisines* [História da missão dos padres capuchinhos na ilha de Maranhão e terras circunvizinhas]. Ao descrevê-la, ele acrescenta que nela:

> [...] está pintado um belo navio com todas as suas velas ao vento, suas cordagens e mais apetrechos necessários; na proa, ele tem a figura do cristianíssimo rei Luís XIII, em tamanho natural, sentado e revestido de sua régia indumentária e apresentando com a mão direita um ramo de oliveira à rainha regente, sua mãe, a qual também se acha pintada em tamanho natural, porém na popa do navio, e revestida igualmente de seu manto real e segurando com a mão direita o leme onde se lê a divisa – *Tanti dux fœmina facti* [É uma mulher que comanda tudo isso]; esse estandarte era enriquecido e semeado de grandes lírios de ouro que o embelezavam maravilhosamente. (D'ABBEVILLE apud MEIRELLES, 1972, p. 70)

Brasão atribuído à França Equinocial (1612)

Estandarte usado pelos franceses no Maranhão (1612)

Esse estandarte foi o primeiro símbolo a fixar-se nas terras maranhenses, pois, embora as insígnias do domínio português possam ter passado com os navegantes, nenhuma estabeleceu-se por muito tempo. Sabe-se, da mesma forma, que o livro escrito pelo frei D'Abbeville (e cuja imagem aparecia na ilustração de sua folha de rosto) fazia referência a um brasão que aludia possivelmente à França Equinocial, formado por um escudo todo azul com a figura de um sol de ouro ao centro, sendo timbrado por uma coroa dourada em estilo antigo. O sol representava a beleza, a realeza e a essência divina e, conforme os dizeres do livro, daí não sai e aí dorme perpetuamente, para mostrar que a região estava sobre latitudes equatoriais.

Estandarte real francês (1365-1632)

Após a reconquista do Maranhão pelos portugueses, em 1615, o capitão Henrique Afonso e seus soldados adentraram na fortaleza de São Luís, recolhendo a bandeira dos franceses e substituindo-a pela bandeira real das Quinas, para dar o testemunho autêntico da posse daquelas terras sob a Coroa lusitana.

Quanto ao uso de uma bandeira por parte dos colonizadores franceses no Rio de Janeiro, sob o comando de Nicolau Durand de Villegaignon, não há nenhum registro histórico conhecido, embora seja possível presumir que o estandarte real francês (composto de um campo azul com três flores de lis em amarelo-ouro dispostas em roquete, ou seja, em formato triangular) por lá possa ter tremulado entre os anos de 1555 e 1567, na chamada França Antártica.

No curso do século XVI os Países Baixos estavam sob o reino dos Habsburgos, e, como os portugueses, eram governados pelo rei espanhol Filipe II. Em 1572, os holandeses, em busca de sua independência, iniciaram uma longa guerra por terra e mar contra os espanhóis, alcançando a vitória final em 1579, formando uma federação – as Províncias Unidas –, cuja província de maior importância era a Holanda.

Durante a revolta holandesa, o príncipe Guilherme de Nassau (1533-1584) adotou uma bandeira tricolor horizontal simples, chamada *Prinsenvlag* (bandeira do príncipe), que logo passou a figurar como emblema de liberdade do povo holandês. Suas cores originais eram laranja, branco e azul. Com o tempo o laranja foi escurecendo, até tornar-se vermelho.

Portugal e Holanda tinham um longo histórico de relações comerciais (principalmente ligadas ao açúcar), e os holandeses conheciam muito bem a realidade do Nordeste brasileiro, mas, com a União Ibérica, os portugueses foram proibidos de fazer transações comerciais com qualquer país inimigo da Espanha. As terras coloniais da América, dentre elas as do Brasil, passaram então a fazer parte dos planos de conquista dos holandeses, pois além de oferecerem uma série de produtos tropicais, ninguém fora do mundo ibérico concordava com a divisão do mundo entre portugueses e espanhóis, agora sob uma única Coroa.

A primeira tentativa de invasão holandesa ocorreu na Bahia (1624), mas fracassaria já no ano seguinte. A segunda, em Pernambuco (1630), foi bem-sucedida, e os holandeses passaram a chamar a região de Nova Holanda, que conheceu grande modernização após a chegada do conde João Maurício de Nassau em 1637. A presença holandesa perderia o prestígio com o tempo, e as revoltas nativistas, iniciadas pelos brasileiros, seguiram-se até a definitiva expulsão dos holandeses do Nordeste brasileiro em 1654.

A conquista do Brasil foi financiada pela Companhia Holandesa das Índias Ocidentais (em holandês, West-Indische Compagnie) – empresa criada em 1621 que havia recebido do governo holandês o monopólio sobre o comércio nas colônias da América. Sua bandeira contava com as iniciais da companhia em preto (WIC) sobre as cores da República Holandesa, conforme demonstram os documentos da época. Muitas vezes também aparecia a sigla "GWC" (sendo a letra G de *Geoctrooieerde*, que quer dizer "privilegiada"). É muito provável que essa bandeira tenha tremulado nas capitanias nordestinas entre 1630 e 1637.

Bandeira da Companhia das Índias Ocidentais

A partir de 1637, por iniciativa de Maurício de Nassau, o Brasil Holandês ganhou uma bandeira própria, composta também das cores da tricolor holandesa. Ela tinha por timbre, na faixa vermelha, uma coroa de conde, que representava o domínio holandês sobre o Brasil na figura de Nassau. Havia na faixa central a figura de um monograma em amarelo-ouro, que provavelmente se referia à junção das iniciais IMCD para Iohannes Mauritius Comitis Dillenburgum – que era o nome e os títulos de realeza recebidos pelo conde Maurício de Nassau.

Bandeira do Brasil Holandês (1637-1654)

## OS BRASÕES DE ARMAS DO BRASIL HOLANDÊS

Além da bandeira da Companhia das Índias Ocidentais e da bandeira do Brasil Holandês, foram criados brasões para a colônia e as capitanias nordestinas sob domínio dos holandeses. Essa foi uma iniciativa de Maurício de Nassau, que concedeu brasões de armas próprios a cada uma delas, conforme carta endereçada do Supremo Conselho do Brasil à Assembleia Holandesa, datada de 6 de outubro de 1638. Nela, Nassau se dispôs a organizar alguns brasões que, de certo modo, tivessem analogia com a situação de cada capitania e expressassem algumas de suas características.

Assim, ele concedeu primeiramente a cada uma das quatro capitanias – Pernambuco, Paraíba, Rio Grande do Norte e Itamaracá – suas armas, reunindo-as depois em um só escudo, para constituírem o brasão do Supremo Governo do Brasil: um escudo em formato oval, dividido em quatro partes, onde havia um escudete que servia de emblema da Companhia das Índias Ocidentais, formado por uma nau navegando com as velas enfunadas. Por timbre havia uma coroa, associada ao seu domínio e aos estados-gerais da Holanda. Esse escudo era ainda circundado por uma grinalda de folhagem e frutos de laranjeira.

Brasão do Supremo Governo do Brasil Holandês

A capitania de Pernambuco ganhou em seu escudo uma donzela no ato de admirar a sua própria beleza em um espelho, simbolizando a formosura da terra e de sua capital, que na época era Olinda; ela tinha à mão direita uma haste de cana-de-açúcar, representando a grande e próspera produção açucareira dessa capitania.

O brasão da Paraíba era formado por seis pães de açúcar, pois Nassau considerava que ali se produzia um açúcar de excelente qualidade em seus engenhos. A capitania de Itamaracá, uma das 15 originais em que se dividiu o território brasileiro, tendo como limite norte a baía da Traição, na Paraíba, até Igarassu (ou Igaraçu), no norte de Pernambuco, ostentava em seu brasão cachos de uvas, em alusão a não haver em parte alguma do Brasil lugar que, como na ilha de Itamaracá, os desse em parreirais tão belos e formosos.

A capitania do Rio Grande do Norte tinha por brasão um rio de prata com filetes de azul, no qual figurava uma ema (que Nassau chamou de avestruz) – ave que na época se encontrava em abundância naquelas paragens. Todos esses quatro brasões eram encimados por uma coroa e adornados por folhagem e frutos, embora os registros existentes não apresentassem suas especificações.

Nenhum dos documentos da época descreve os brasões das demais comarcas existentes. Sabe-se que o brasão de Igarassu, então um povoado ao norte de Olinda, na divisa entre Pernambuco e Itamaracá, era formado por três caranguejos (ou aratus) dispostos em roquete. Já o de Serinhaém, ao sul de Recife, recebeu em seu escudo um cavalo passante, aludindo aos excelentes animais de sela criados naquela comarca. Ao sul da então capitania de Pernambuco, o povoado de Alagoas tinha por brasão três tainhas dispostas em faixa, provavelmente pela abundância de peixes nas suas lagoas. No escudo de Porto Calvo figuravam três montes, que representavam as serras da região, como sua principal característica geográfica.

Além dos oito brasões referidos, entre as obras e mapas holandeses aparece mais um, sem descrição, que é atribuído a Sergipe. Era formado por um sol de ouro (símbolo da luz e beleza), contendo na base três coroas de príncipe dispostas em roquete – uma alusão ao domínio holandês.

Pernambuco

Paraíba

Rio Grande do Norte

Itamaracá

Igarassu

Serinhaém

Alagoas

Porto Calvo

Sergipe

## AS BANDEIRAS DA RECONQUISTA PORTUGUESA

Em 1640 Portugal reconquista sua independência da Coroa espanhola, com dom João IV (1604-1656), que adota uma nova bandeira, na qual foi colocada uma borda azul, cor dedicada a Nossa Senhora da Conceição. Em 1656, subiu ao trono o rei Afonso VI, que, devido a problemas de saúde mental, foi substituído por seu irmão, dom Pedro II, em 1667.

Entre 1662 e 1667, no período em que Pedro II era regente, ele adotou o chamado Pavilhão Ordinário, formado por faixas diagonais dispostas em banda nas cores azul (seis), vermelha (cinco) e branca (cinco) – cores da dinastia dos Bragança –, sobrepostas por uma cruz negra que dividia o pavilhão em quatro. No cantão superior havia outra cruz sobreposta, em branco.

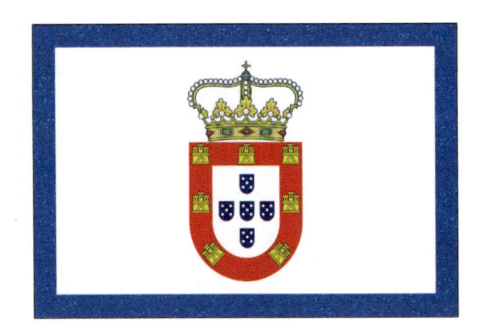

Bandeira da Restauração (1646-1667)

Quando dom Pedro II assumiu o trono português, criou uma nova bandeira pessoal a partir de 1667, que exibia as armas reais com uma nova coroa sobre um fundo verde. Vale notar que os elementos e o estilo dos brasões também evoluíram conforme os estandartes pessoais dos reis de Portugal (veja o quadro na p. 30) entre os séculos XVI e XIX.

Havia também as bandeiras de cunho militar. Durante a primeira fase do domínio holandês, a luta contra os invasores teve a colaboração das forças espanholas, já que o Brasil fazia parte de seus domínios.

A bandeira militar espanhola nessa época (1635-1640) é a única da qual se tem referência que foi efetivamente usada em solo brasileiro, conhecida por Cruz de Santo André de Borgonha ou simplesmente Cruz de Borgonha. Era formada por um campo branco, tendo dois ramos vermelhos podados e dispostos em aspa. Seu uso também era governamental, sendo essa a bandeira usada pelas colônias espanholas nas Américas e pela própria Coroa espanhola.

Os portugueses empunhavam a bandeira com a cruz da Ordem de Cristo durante as batalhas, mas havia nos tempos da restauração uma bandeira militar portuguesa composta de um pendão verde com a cruz da mesma ordem em estilo latino, ou seja, uma de suas bases mais larga que as outras.

Depois de 1645 o Brasil ganharia sua própria bandeira. Mas, antes, cabe ressaltar as bandeiras usadas em Portugal (no período que vai da restauração do reino, em 1640, até a criação da bandeira do Reino Unido de Portugal, Brasil e Algarves, após a vinda de dom João VI, já em 1816). Como visto, de 1646 a 1667 Portugal usou a bandeira nacional com uma borda azul. Possivelmente, no período de 1640 a 1646, a bandeira nacional portuguesa (admitindo-se a retirada dos ramos verdes do domínio espanhol) era toda branca, com o escudo em formato arredondado e a coroa com dois arcos visíveis. Após 1667, com a posse de dom Pedro II, a bandeira não sofreu grandes alterações; apenas a coroa do escudo passou a ter quatro arcos visíveis.

Pavilhão Ordinário (1662-1667)

Bandeira militar espanhola (Cruz de Borgonha)

Bandeira militar portuguesa (1640)

Com a subida ao trono de dom João V, as mudanças na bandeira atendem apenas ao gosto da época barroca. A partir de 1706, o escudo passa a ser em estilo francês moderno e adiciona-se à bandeira um forro púrpura, que é a cor imperial por excelência. Em meados do século XVIII, o formato exterior do escudo torna-se mais intrincado e complexo, com figuras barrocas em estilo rococó, quer dizer, com formas decorativas ornamentais.

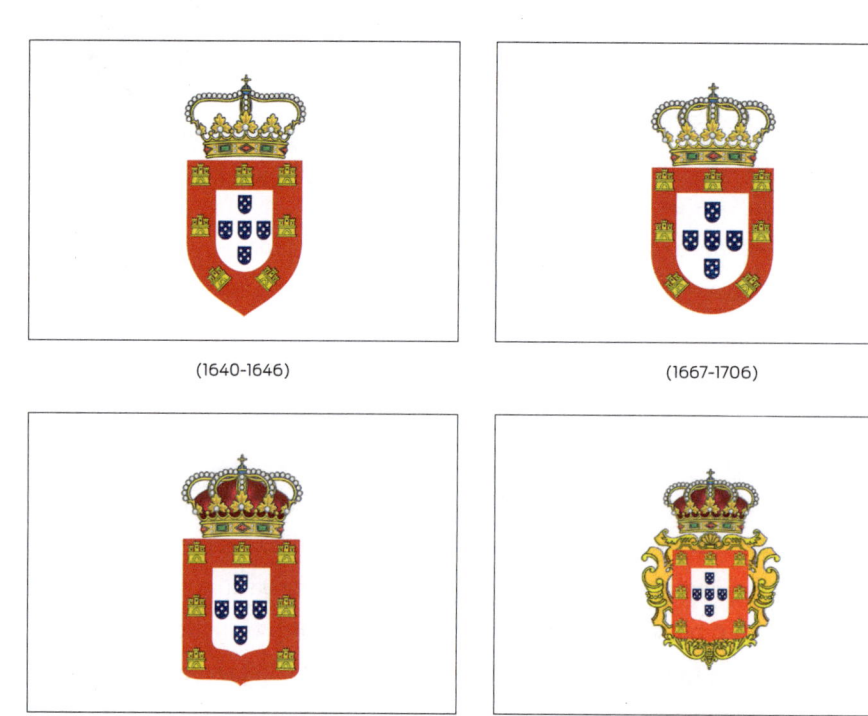

(1640-1646)

(1667-1706)

(1706-1750)

(1750-1816)

## Estandartes pessoais dos reis de Portugal (séculos XVI-XIX)*

Dom Sebastião

Dom João IV

Dom Pedro II

Dom João V

Dom José I, dona Maria I, dom Pedro III e dom João VI

Dom Pedro IV (dom Pedro I do Brasil)

* A bandeira pessoal de dom Manuel I (1495) está na seção "As bandeiras dos navegadores" (p. 22).

## A BANDEIRA E OS BRASÕES DO BRASIL COLONIAL

Quase um século e meio após a sua "descoberta", o Brasil ainda não tinha um símbolo exclusivo. Embora os donatários das capitanias tivessem seus próprios brasões, eram emblemas das famílias portuguesas e não de uso exclusivo para as terras brasileiras. Antes da União Ibérica, a Coroa lusitana havia concedido brasões às cidades de Salvador, Rio de Janeiro e Belém do Pará, mas só depois do chamado período da restauração nosso país ganharia um brasão próprio. Conforme visto, a primeira iniciativa de criar um brasão exclusivamente para o Brasil e suas capitanias partiu de Maurício de Nassau, na época do domínio holandês.

Após a batalha do Monte das Tabocas contra os holandeses em Pernambuco, em 1645, dom João IV tratou de conferir a seu filho primogênito, dom Teodósio (falecido em 1653), o título honorífico de príncipe do Brasil, recebendo à mercê desse título o seguinte brasão: uma esfera armilar toda de ouro, carregada com uma esfera menor, em azul, atravessada por uma faixa de prata na direção da eclíptica e encimada por uma pequena cruz vermelha. Foi também por esse ato que o Brasil foi elevado à categoria de principado e passou a usar a esfera armilar como símbolo.

A bandeira do principado do Brasil era composta de um campo branco no qual se inseria a esfera armilar, com o orbe encimado pela cruz, sendo o conjunto deslocado para a região da haste na proporção de um terço da bandeira. Até meados do século XVIII, a esfera armilar aparece em todos os documentos oficiais da realeza sem estilização alguma, sendo representada por todos os seus elementos e acessórios: pé, eixo, o globo azul e uma pequena cruz da Ordem de Cristo. Depois desse período, o desenho sofreu uma redução, e a esfera armilar passou a aparecer apenas representada pelas suas armilas.

Brasão de armas e bandeira do principado do Brasil (1645-1816)

### O primeiro brasão de armas do Brasil (1645)

Pouco antes de elevar o Brasil à categoria de principado e lhe conceder a esfera armilar como símbolo, em 1645, dom João IV já havia decidido conceder ao Brasil um brasão de armas próprio.

Conforme consta no códice *Tesouro da nobreza*, de autoria de Francisco Coelho Mendes, rei de armas da Índia (datado de 1675), ele é descrito como um escudo português simples em campo de prata, onde há uma uma árvore de sinopla (verde) com uma pequena cruz em goles (vermelha).

Esse desenho foi descoberto em 1949 pelo professor Hélio Viana nos arquivos da Torre do Tombo, em Lisboa, mostrando claramente que a árvore é o pau-brasil e, a cruz, alusiva aos sucessivos nomes dados à nova terra. Vale lembrar que quando um brasão traz elementos ou peças alusivos ao nome de uma pessoa ou localidade, diz-se que ele possui "armas falantes".

## OUTRAS BANDEIRAS USADAS NA ÉPOCA DO BRASIL COLONIAL

No século XVII, antes de criada a bandeira para o principado do Brasil, já existia a "bandeira para converter a Índia e a América", conhecida também como bandeira do comércio das Missões, formada por um campo branco no qual se inseriam três figuras: no centro havia a esfera armilar dourada; à esquerda do observador havia o escudo real português, apresentado em formato francês moderno, e à direita de quem a contempla havia a figura de Santo Antônio empunhando uma cruz.

A esfera armilar representava as descobertas, a soberania e o Império Português; o brasão de armas de Portugal recordava o papel da monarquia e a presença do rei, enquanto a imagem de Santo Antônio representava o ato evangelizador da colonização. Em algumas variantes dessa bandeira aparecia a figura de um padre jesuíta em vez da imagem do santo.

Havia também as bandeiras comerciais, como a da Companhia Geral do Comércio do Brasil (1650), formada por um pavilhão branco no qual se inseria a figura da esfera armilar, ao centro, sem o globo azul e a cruz. Essa companhia, criada em 1649, mantinha o monopólio do comércio entre a colônia e a metrópole e entrou em decadência a partir de 1659, sendo formalmente extinta em 1720.

Mais tarde surgiu a bandeira da Companhia de Comércio do Grão-Pará e Maranhão (1755), formada por um campo branco no qual estava inserida uma âncora sobreposta por uma estrela de ouro de sete pontas, com a imagem de Nossa Senhora da Conceição. Já a Companhia de Comércio de Pernambuco e Paraíba (1759) também tinha por bandeira um campo branco, no qual havia a figura de uma estrela de ouro de sete pontas por detrás da imagem de Santo Antônio carregando o Menino Jesus; abaixo encontrava-se a frase em latim *Ut luceat omnibus* (Que a luz ilumine todos). Houve também a Companhia do Comércio do Estado do Maranhão, criada em 1682, desconhecendo-se dela a existência de bandeira própria. Essas companhias foram criadas pelo marquês de Pombal em meados do século XVIII, como forma de estimular o comércio das diferentes partes da colônia com Portugal.

Bandeira para a Índia e a América (século XVII)

Companhia do Comércio do Brasil (1650-1720)

Companhia do Grão-Pará e Maranhão (1755)

Companhia de Pernambuco e Paraíba (1759)

Bandeiras do Comércio Marítimo Português (século XVI)

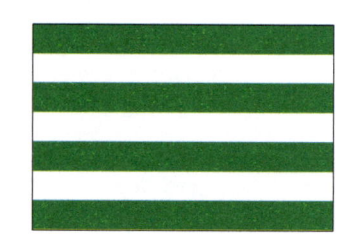

Pavilhão Mercante (1668-1706)

Cabe recordar que, ainda no século XVI, Portugal usava por bandeira do comércio marítimo um estandarte quadrangular e gironado, nas cores verde e branca, na qual estava sobreposta a cruz da Ordem de Cristo. Por vezes o campo gironado apresentava as cores azul e amarela, como aparece nas ilustrações do atlas feito por Jorge Reinel em 1540, indicando as conquistas na África e no Brasil.

Já o chamado pavilhão mercante foi usado para as frotas destinadas ao comércio do Brasil que tivessem menos de vinte peças de artilharia, sendo composto de listras horizontais nas cores verde e branca. O número de listras variava bastante, sendo mais comuns as que apresentavam-nas em número de 11 (seis verdes e cinco brancas) e sete (quatro verdes e três brancas).

## A BANDEIRA E O BRASÃO DO REINO UNIDO DE PORTUGAL, BRASIL E ALGARVES

No começo do século XIX o ideal republicano da Revolução Francesa tomou outros rumos com a ascensão de Napoleão Bonaparte, transformando a França em um império expansionista, marchando pela Europa em busca de novas conquistas e elegendo como seu principal adversário a Inglaterra, grande concorrente a ser vencido.

Quando Napoleão assinou o decreto do Bloqueio Continental (1806), que proibia que todos os países europeus tivessem relações político-econômicas com a nação inglesa, estava no alvo dessa disputa o reino português, histórico aliado da Inglaterra. Em 1807 o governo francês enviou um ultimato a Portugal: caso não aderisse ao bloqueio continental, teria o seu território invadido.

Dom João VI, então no poder, resolve transferir-se com a família real e parte de sua corte para as terras brasileiras – uma estratégia de manter a Coroa portuguesa no poder mesmo com a invasão de Portugal pelas tropas napoleônicas. Com sua chegada e a instalação da família real no Rio de Janeiro em 1808, o Brasil não só passaria por transformações políticas e econômicas, mas também culturais, e para refletir esse novo status o país ganha uma nova bandeira em 13 de maio de 1816.

Brasão do Reino de Portugal, Brasil e Algarves (1816-1822)

Foi também nessa data que ele elevou o principado do Brasil à categoria de reino e lhe deu por emblema heráldico a mesma esfera armilar de ouro do período colonial, na qual se aplicou um fundo azul. A esfera armilar teve uma leve simplificação, com a retirada do pé, da cruz e do globo. Depois reuniu esse emblema com o brasão de Portugal e Algarves – o tradicional escudo em formato francês moderno contendo os cinco escudetes azuis com cinco besantes de prata acompanhados pela

Bandeira do Reino de Portugal, Brasil e Algarves (1816-1822)

> **O decreto de dom João VI, em 13 de maio de 1816**
>
> *Eu, dom João, [...] faço saber aos que a presente Carta Lei virem, que tendo servido unir os meus Reinos de Portugal, Brasil e Algarves, para que juntos continuassem efetivamente um só e mesmo Reino, e incorporar em um só escudo as armas de todos estes três Reinos [...]; e ocorrendo que para este efeito que meu Reino do Brasil ainda não tem armas que caracterizem a bem merecida preeminência a que me aprouve exaltá-lo, hei por bem e me apraz o seguinte:*
>
> *1º – que o Reino do Brasil tenha por armas uma esfera armilar de ouro em campo azul;*
>
> *2º – que o Escudo Real Português, inscrito na dita esfera armilar em campo azul, com a coroa sobreposta, fique sendo, de hoje em diante, as armas do Reino Unido de Portugal, Brasil e Algarves e das mais partes integrantes de minha Monarquia;*
>
> *3º – que estas novas armas sejam, por conseguinte, as que uniformemente se hão de empregar em todos os estandartes, bandeiras, selos reais e cunhos de moeda, assim como em tudo o mais que até agora se tenha feito uso das armas precedentes.* (LUZ, 1999, p. 46)

borda vermelha e os sete castelos de ouro – sobrepondo ambos os símbolos e colocando por timbre a figura de uma coroa real portuguesa com forro púrpura. O novo escudo, aplicado sobre um pavilhão branco, constituía a bandeira do Reino Unido de Portugal, Brasil e Algarves.

Uma das especulações em torno desse período seria sobre a real existência de uma bandeira própria para o Reino do Brasil entre 1816 e 1822. Segundo alguns especialistas, ela seria formada por um campo azul com a esfera armilar de ouro disposta ao centro, embora seja muito pouco provável o seu uso na prática. As bandeiras nessa época tinham uso muito limitado (basicamente para fins militares e navais), o que indica que só teria sido usada a bandeira do Reino Unido de Portugal, Brasil e Algarves, ou mesmo uma bandeira branca com a esfera armilar com o fundo azul, que é a tese mais aceita.

Brasão do Reino do Brasil (1816-1822)

Provável bandeira do Reino do Brasil (1816-1822)

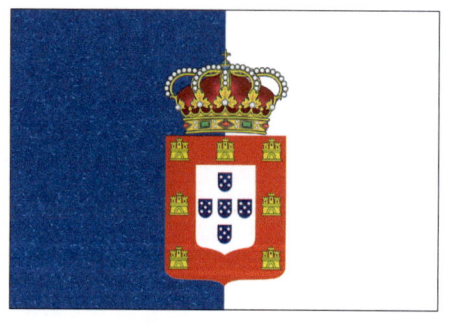

Bandeira do Regime Constitucional (uso em terra)

Bandeira do Regime Constitucional (uso marítimo)

Enquanto a família real continuava no Brasil, Portugal estava envolvido na guerra com as tropas francesas. Influenciados pelas ideias liberais que se propagavam pela Europa, os portugueses se revoltaram na cidade do Porto em 24 de agosto de 1820. Foram convocadas as cortes (parlamento) para votar uma nova Constituição, em substituição ao absolutismo monárquico, no sentido de promover a volta da família real para Portugal. Em 21 de agosto de 1821 é criada a nova bandeira nacional portuguesa, que passa a ser bipartida nas cores branca e azul, tendo sobrepostos o escudo e a coroa real. Havia duas versões: a usada em terra, com o campo azul e branco partido na mesma proporção, e a versão para uso marítimo, em que o campo azul ocupava um terço da bandeira, na região da tralha. No Brasil ela seria a última bandeira lusitana a tremular antes da Independência (1822) e ficou conhecida como "bandeira do Regime Constitucional". Em Portugal seria usada a partir de 1830 e duraria até a Proclamação da República Portuguesa, em 1910.

### A bandeira e o brasão da Cisplatina (1821-1828)

No começo do século XIX, com a pretensão de estender o domínio português na região da foz do Rio da Prata, dom João VI enviou ao sul a Divisão dos Voluntários Reais, que ocuparia a cidade de Montevidéu. Mas foi apenas com a vitória brasileira na batalha de Tacuarembó (1820) que se estabeleceu por completo o domínio sobre a Banda Oriental (antigo nome do Uruguai), com a sua completa anexação ao Reino Unido de Portugal, Brasil e Algarves no ano seguinte.

A bandeira para a Província Cisplatina foi criada em 18 de julho de 1821, embora sejam poucas as informações sobre seu significado e sobre quem a criou. Sabe-se que as autoridades portuguesas confeccionaram uma bandeira em formato tripartido na horizontal, formada por duas faixas verdes nas bordas transpassadas por outra branca, tendo ao centro uma esfera armilar de ouro com fundo azul (símbolo do Reino do Brasil entre 1816 e 1822) sobreposta à cruz da Ordem de Cristo, que era considerada o brasão de armas da Cisplatina. A esfera e a cruz tornar-se-iam mais tarde símbolos do Brasil imperial.

Quanto às cores verde e branca, não há uma referência clara sobre seu significado. Com o reconhecimento da independência do Uruguai pelo Brasil, essa bandeira deixou de tremular em 18 de dezembro de 1828.

## A BANDEIRA E O BRASÃO DO BRASIL IMPÉRIO

Dom João VI, procurando promover a cultura durante o período em que esteve no Brasil, tratou de criar bibliotecas, museus e escolas, como a Escola Real de Ciências, Artes e Ofícios, em 1816, com os professores da Missão Artística Francesa. Dentre os artistas, o que mais se destacou em registrar a vida cotidiana do Brasil na época foi o pintor e gravador francês Jean-Baptiste Debret, que seria de grande importância para o desenho de nossa bandeira.

Desde sua chegada em terras brasileiras até o retorno para Portugal (1821), dom João VI promoveu uma verdadeira transformação na colônia. Tal benefício cada vez mais se aliava ao sonho da independência e, prevendo tal acontecimento, acabou por deixar no Brasil seu filho, dom Pedro, na qualidade de príncipe regente, voltando (por pressão das cortes) para Lisboa para jurar a nova Constituição.

Contudo, em 1820, dom João havia feito um pedido para que o pintor e desenhista Jean-Baptiste Debret fizesse o esboço de uma futura bandeira para o Brasil independente. Nesse projeto já aparecia o campo verde no qual estava inscrito um losango amarelo e, sobre ele, a figura da esfera armilar sobreposta à cruz da Ordem de Cristo, tendo por timbre uma coroa real. Ladeavam a esfera sobre a cruz uma haste de cana-de-açúcar e um ramo de fumo, simbolizando as riquezas nacionais. O arranjo era circundado por 18 estrelas azuis, que representavam as províncias da época, havendo sob a coroa real uma outra estrela maior, representando a corte no Rio de Janeiro. Por arremate, via-se a versão do antigo dragão lusitano em verde.

Projeto de Jean-Baptiste Debret para a bandeira do Brasil (1820)

Com base nesse projeto, estabeleceram-se, como definitivas, as cores nacionais e a configuração da bandeira brasileira a partir de seus detalhes essenciais: o retângulo verde e o losango amarelo. Os demais elementos que a completam são reflexos das mudanças dos regimes que governariam o Brasil.

Alcançada a independência em 7 de setembro de 1822, às margens do riacho do Ipiranga, dom Pedro arrancou o tope azul e branco de seu uniforme, cujas cores eram representativas da Coroa portuguesa, passando a exibir naquela mesma noite, durante uma cerimônia na Ópera de São Paulo, uma

### Hipóteses sobre o formato da bandeira imperial

São duas as principais hipóteses para o desenho da bandeira brasileira criado por Jean-Baptiste Debret. A primeira é a de que ele tenha se inspirado em algumas bandeiras militares do tempo da Revolução Francesa e da era napoleônica, delas reproduzindo o motivo ornamental em estilo imperial de seus desenhos. Essas bandeiras eram formadas pelas cores vermelha, branca e azul, cujo padrão básico era composto de um losango inscrito em um retângulo.

A segunda hipótese é que, sendo a heráldica certamente familiar a Debret, os brasões das damas na época eram tradicionalmente compostos de um escudo em forma de losango, chamado lisonja. Por esse motivo, ele teria colocado um losango amarelo-ouro — cor derivada da Casa de Lorena-Habsburgo (da Áustria), à qual pertencia dona Maria Leopoldina — sobre um campo verde (que embora não fosse a cor da Casa de Bragança, era a preferida de muitos de seus soberanos), com os quais queria deixar uma clara homenagem à união da imperatriz com dom Pedro I, em 1817.

Na heráldica, quando se inscreve um losango sobre um escudo, dizemos que o escudo está lisonjado. Assim, o desenho na bandeira tratou apenas de se apresentar na versão horizontal e retangular desse modelo de escudo.

roseta nas cores verde-primavera com uma fita em amarelo-ouro contendo a divisa que mandara estampar: "Independência ou Morte". Como era tradição entre as nações da época, os cidadãos de um país usavam nas cerimônias públicas um tope, que era um laço ou roseta nas cores nacionais. É a partir desse ato que o verde e o amarelo tornam-se, de fato, as cores nacionais.

O Brasil passaria a ter a sua primeira bandeira "nacional" no dia 18 de setembro, quando dom Pedro I, por meio de decreto, criou a bandeira e o brasão de armas para a nação recém-independente. As cores da bandeira foram escolhidas pelo próprio imperador, ficando o desenho a cargo de Jean-Baptiste Debret, que a confeccionou conforme suas especificações.

Ela era formada por um campo retangular verde no qual estava inscrito um losango em amarelo-ouro, ao centro encontrava-se o brasão de armas imperial, formado por um escudo todo verde, em estilo inglês,[1] que ostentava a figura de uma esfera armilar sobreposta à cruz da Ordem de Cristo, inscrita em um círculo azul com 19 estrelas de prata. Ladeavam o escudo um ramo de café, à sua direita, e um ramo de tabaco, à sua esquerda, atados por um laço nas cores nacionais. Sobre o escudo estava a figura de uma coroa real, fechada, com o orbe, a cruz e o forro vermelho.

A esfera armilar era o símbolo tradicional do Brasil colonial desde 1645, e sua versão atravessada pela cruz da Ordem de Cristo (que representa o descobrimento e os primeiros nomes do país: Ilha de

> **Decreto promulgado por dom Pedro I em 18 de setembro de 1822**
> *Havendo o Reino do Brasil de que sou Regente e Defensor Perpétuo declarado a sua emancipação política, entrando a ocupar na grande família das nações o lugar que justamente lhe compete, como grande nação, livre e independente; sendo por isso indispensável que ele tenha um escudo real d'armas, que não só as distingam de Portugal e Algarve até agora reunidas, mas que sejam característica deste rico e vasto Continente; e desejando eu que se conservem as armas que a este reino foram dadas pelo Senhor Rei D. João VI, meu Augusto Pai, na carta de lei de 13 de maio de 1816; e ao mesmo tempo rememorar o primeiro nome que lhe fora imposto no seu feliz descobrimento, e honrar as 19 províncias compreendidas entre os grandes rios que são os seus limites naturais e que formam a sua integridade que eu jurei sustentar; hei por bem e com o parecer do meu Conselho de Estado determinar o seguinte: – Será, d'ora em diante, o escudo de armas do Reino do Brasil em campo verde uma esfera armilar de ouro atravessada por uma cruz da Ordem de Cristo, sendo circundada a mesma esfera de 19 estrelas de prata em uma orla azul; e firmada a coroa real diamantina sobre o escudo, cujos lados serão abraçados por dois ramos de plantas de café e tabaco como emblemas de sua riqueza comercial, representados na sua própria cor, e ligados na parte inferior pelo laço da nação. A Bandeira Nacional será composta de um paralelogramo verde e nele inscrito um quadrilátero romboidal [losango] cor de ouro, ficando no centro deste o escudo das armas do Brasil. – Paço, em 18 de setembro de 1822 – com a rubrica de sua Alteza Real, o Príncipe Regente – (a) José Bonifácio de Andrada e Silva. (LUZ, 1999, p. 49-50)*

---

1 Em algumas fontes o escudo aparece como samnítico, isto é, em estilo francês moderno, terminado com os ângulos retos. Essa questão não caracteriza um erro, apenas o estilo adotado, que variava muito em uma época que os desenhos eram feitos à mão. Durante o Império, tanto o brasão quanto a bandeira do Brasil apresentaram variações no seu desenho. Isso se explica pelo fato de não haver na época regras tão rígidas para a construção desses símbolos, principalmente pela disposição do alegórico sobre o heráldico, em que muitas vezes prevalecia o gosto do artista ou artesão sobre o desenho, ainda mais tratando-se de uma encomenda. Hoje, bandeiras e brasões são objetos industriais, e há uma série de normas para a sua confecção, muito diferente da época em que esses símbolos eram feitos praticamente de forma artesanal.

Brasão de armas e bandeira do Reino do Brasil (setembro a dezembro de 1822)

Brasão de armas e bandeira do Império do Brasil (1822-1889)

Vera Cruz e Terra de Santa Cruz), exatamente como se encontra no brasão imperial, já aparecia nas primeiras moedas brasileiras, cunhadas em 1695. A orla azul com 19 estrelas de prata foi a inovação desse brasão e servia para simbolizar as províncias do Brasil.[2]

No projeto original de Debret, o campo do escudo e o forro da coroa em timbre eram verdes. Félix Taunay, professor e primeiro diretor da Academia de Belas-Artes (assim como Debret), não concordou com a repetição da cor, sugerindo que fosse substituída pelo vermelho. Contudo, dom Pedro alegou que essa era a cor do escudo português, convindo que apenas o forro da coroa fosse substituído pela cor vermelha, pois para ele deveria prevalecer o verde e amarelo, que "representavam a riqueza e a primavera eterna do Brasil".

Em 1º de dezembro de 1822, um novo decreto promulgado por dom Pedro I ordenou a substituição da coroa real pela imperial. Essa mudança, consequentemente, também foi aplicada à bandeira. Além de substituída a coroa real diamantina pela coroa imperial, foi redesenhado o "paquife tropical" – os ramos de café e tabaco estavam mais vistosos, assim como o laço com as cores nacionais. Institucionalizado o novo brasão de armas e a bandeira do Império do Brasil, não houve nenhum decreto que alterasse os símbolos nacionais até a Proclamação da República (1889).

---

2   Sua origem pode estar na portada da Igreja de São Francisco de Assis, em Ouro Preto, onde se encontram, esculpidas por Aleijadinho, 19 estrelas que circundam as quinas do brasão português. Essa figura, que procurava substituir os tradicionais castelos do brasão real português por estrelas, poderia ter servido de inspiração a dom Pedro, que havia visitado a cidade em abril de 1822, ou mesmo seu pai, dom João VI. Essa hipótese sobre o brasão imperial foi apresentada por Luiz Marques Poliano em sua obra *Heráldica* (1986).

Cabe salientar que, por volta de 1870, dom Pedro II resolveu efetuar uma pequena alteração no brasão imperial – a adição da vigésima estrela –, o que ocorreu sem um ato oficial, para refletir a realidade territorial do Brasil com a independência da província da Cisplatina (atual Uruguai) em 1828 e a criação das províncias do Amazonas, em 1850, e do Paraná, em 1853.

**Decreto promulgado por dom Pedro I em 1º de dezembro de 1822**

*Havendo sido proclamada com a maior espontaneidade dos povos a Independência política do Brasil, e a sua elevação à categoria de Império pela minha solene aclamação, sagração e coroação, como seu Imperador Constitucional e Defensor Perpétuo: hei por bem ordenar que a Coroa Real que se acha sobreposta no escudo de armas estabelecido pelo meu imperial decreto de 18 de setembro do corrente ano, seja substituída pela Coroa Imperial, que lhe compete, a fim de corresponder ao grau sublime e glorioso em que se acha constituído este rico e vasto Continente – Paço, em 1º de dezembro de 1822, 1º da Independência e do Império – Com a rubrica de Sua Majestade Imperial. José Bonifácio de Andrada e Silva.* (LUZ, 1999, p. 50)

**Bandeira pessoal dos monarcas do Brasil**

Pouco conhecidas são as bandeiras de uso pessoal dos imperadores brasileiros. Alguns autores apontam que a bandeira pessoal de dom Pedro I tinha um campo verde com a coroa imperial dourada no centro, embora não haja nenhuma documentação ou decreto que apresente suas especificações, sendo este um desenho aproximado.

Após a segunda metade do século XIX surgiu a bandeira pessoal de dom Pedro II, formada também por um campo verde com a figura do brasão imperial em tons de dourado, com guirlandas de folhas de fumo em cada um de seus cantos. O campo verde permaneceria após 1889 na bandeira presidencial do Brasil.

## A BANDEIRA E O BRASÃO DO BRASIL REPÚBLICA

Durante as décadas de 1870 e 1880 a monarquia começou a entrar em crise no Brasil, devido a uma série de mudanças nas escalas política, econômica e social. Não vamos entrar em detalhes sobre as razões para o fim do regime monárquico, mas devemos ressaltar que, dentre os símbolos nacionais, apenas o brasão de armas imperial sofreu alterações significativas. A bandeira brasileira manteve o verde e amarelo como cores nacionais e sua forma básica, sendo apenas expressiva a troca do brasão imperial pela esfera celeste.

O marechal Manoel Deodoro da Fonseca proclamou a República em 15 de novembro de 1889, corporificando as ideias, desejos e planos de um novo período, de maneira que também procuraram os membros do governo provisório, de forma a romper com as tradições do Império, adotar novos símbolos. A maioria de seus intelectuais era adepta do positivismo – corrente filosófica criada pelo francês

Auguste Comte (1798-1857) englobando as perspectivas científicas no decorrer do século XIX.

Esse pensamento se refletiria mais tarde na bandeira nacional. Entretanto, era vontade de Deodoro manter a bandeira e o brasão, apenas eliminando a coroa imperial do escudo e substituindo-a pela imagem do Cruzeiro do Sul, conforme despacho assinado por ele mesmo dois dias depois, em 17 de novembro de 1889. Mas naquele mesmo 15 de novembro, horas mais tarde, o jornalista José do Patrocínio hasteou na redação do jornal *A Cidade do Rio* e depois na Câmara Municipal do Rio de Janeiro a primeira bandeira do Brasil republicano, que lá permaneceu até 19 de novembro.

Bandeira provisória do Brasil (15-19/11/1889)

### As diferentes versões da bandeira provisória

A bandeira provisória da República foi inspirada no pavilhão do Clube Republicano Lopes Trovão (criado para a recepção desse líder em 1888, quando regressou da Europa), formado por um conjunto de 13 listras, sete amarelas e seis verdes, com um cantão de cor negra com vinte estrelas brancas, agrupadas em quatro grupos de cinco.

Havia outro modelo pouco conhecido, criado pelo oficial da Marinha Gabriel Cruz (enquanto estava atracado em Pernambuco) em 1888 e depois enviado aos jornalistas Quintino Bocaiúva e José do Patrocínio no Rio de Janeiro. O modelo também tinha faixas em verde e amarelo, mas o cantão, azul, recebeu a imagem do Cruzeiro do Sul, ladeado por vinte estrelas brancas – o formato circular era inspirado no modelo imperial e as estrelas aludiam aos futuros estados.

Já a versão usada por quatro dias como bandeira do Brasil (proposta pelo advogado Rui Barbosa) continha mais uma estrela no cantão azul, (representando o Distrito Federal, então a cidade do Rio de Janeiro) e foi içada em 17 de novembro nos navios de guerra *Riachuelo* e *Parnaíba*, que estavam ancorados na baía de Guanabara.

Outras duas versões foram usadas no vapor *Alagoas*, que levou a família imperial ao exílio. A primeira tinha um cantão maior azul, ocupando o espaço de sete listras e contendo vinte estrelas. A bandeira foi retirada em São Vicente, Cabo Verde, em 1º de dezembro, quando foi içada na popa do navio outra bandeira, que imitava o M do Código Internacional de Sinais, na cor vermelha e que tinha uma cruz em aspa branca com 21 estrelas azuis, sendo a estrela do centro ligeiramente maior. Entregue em alto-mar pelo comandante do *Riachuelo* ao capitão do *Alagoas* como símbolo do novo regime brasileiro, quase causou um incidente diplomático por lembrar a bandeira confederada. Para evitar confusão até chegar a Lisboa, em 7 de dezembro, hasteou-se novamente a antiga bandeira imperial.

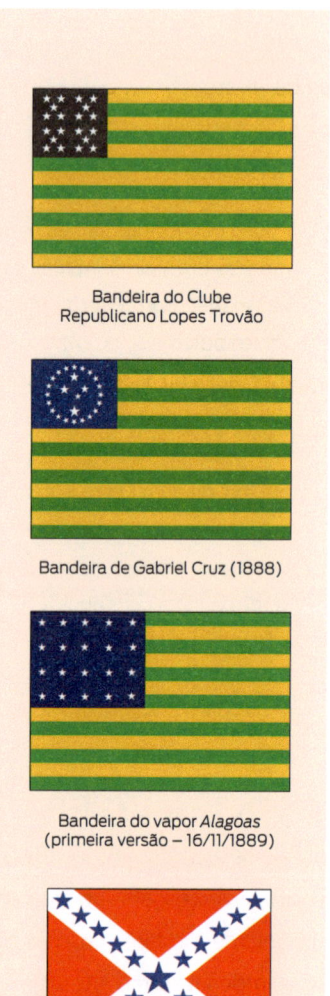

Bandeira do Clube Republicano Lopes Trovão

Bandeira de Gabriel Cruz (1888)

Bandeira do vapor *Alagoas* (primeira versão – 16/11/1889)

Bandeira do vapor *Alagoas* (segunda versão)

Notando o mau gosto da bandeira, os membros do governo voltaram a debater seu desenho, pois a bandeira provisória era uma imitação da dos Estados Unidos, além de ser inconveniente fazer crer uma filiação que não existia entre os dois povos. Raimundo Teixeira Mendes apresentou o projeto da nova bandeira que idealizara, desenhado pelo pintor Décio Vilares. Segundo outros pesquisadores, a autoria da bandeira seria, na verdade, de Miguel Lemos, com a colaboração de Teixeira Mendes.

O losango amarelo foi reduzido, e uma esfera azul, representando o globo celestial, com 21 estrelas, substituiu o antigo brasão do império. Benjamim Constant não concordou com a primeira disposição das estrelas, alinhadas como estavam no projeto de Teixeira Mendes. Assim, foi chamado o professor de astronomia da Escola Politécnica do Rio de Janeiro, Manuel Pereira Reis, que localizou as estrelas que são vistas na esfera. A divisa "Ordem e Progresso", escrita com letras verdes sobre a faixa branca, foi inspirada no lema de Auguste Comte: "O Amor por princípio e a Ordem por base; o Progresso por fim".

Logo depois de adotada, não faltaram críticas à bandeira brasileira em relação à ideia de o pavilhão nacional representar uma "carta astronômica". O lema foi também alvo de discordância durante os anos iniciais da existência da bandeira, sobretudo devido à divisa política adotada pelo regime republicano. O projeto final da bandeira brasileira foi levado por Benjamin Constant à casa do marechal Deodoro da Fonseca e oficializado por meio do decreto nº 4, sancionado na noite de 19 de novembro de 1889.

Conforme o decreto nº 4, na bandeira do Brasil haveria uma "esfera celeste azul", que tinha por objetivo representar o céu do Rio de Janeiro às 8:30 horas do dia 15 de novembro de 1889, quando a República foi proclamada. Curiosamente, não havia no texto do decreto uma indicação clara de qual estrela correspondia a qual estado. Essa associação só seria feita décadas mais tarde e acabou por se tornar oficial apenas em 1992.

### Decreto nº 4, de 19 de novembro de 1889

*O Governo Provisório da República dos Estados Unidos do Brasil: considerando que as cores de nossa antiga bandeira recordam as lutas e vitórias gloriosas de nosso exército e da armada na defesa da pátria; considerando, pois, que essas cores, independentemente da forma de governo, simbolizam a perpetuidade e integridade da pátria entre outras nações; decreta:*

*Art. 1º - A bandeira adotada pela República mantém a tradição das antigas cores nacionais – verde e amarelo – do seguinte modo: um losango amarelo em campo verde, tendo no meio a esfera celeste azul, atravessada por uma zona branca, em sentido oblíquo e descendente da direita para a esquerda, com a legenda – "Ordem e Progresso" – e pontuada por vinte e uma estrelas, entre as quais a da Constelação do Cruzeiro, dispostas na situação astronômica, quanto à distância e ao tamanho relativos, representando os vinte Estados da República e o Município Neutro [do Rio de Janeiro], tudo segundo o modelo debuxado no anexo nº 1.*

*Art. 2º - As armas nacionais são as que figuram na estampa nº 2.*

*Art. 3º - Para os selos e sinetes da República, servirá de símbolo a esfera celeste, qual se debuxa no centro da bandeira, tendo em volta as palavras – República dos Estados Unidos do Brasil.*

*Art. 4º - Ficam revogadas as disposições ao contrário.*

*Sala de Sessões do Governo Provisório, 19 de novembro de 1889, 1º da República.*

*Marechal Deodoro da Fonseca, Chefe do Governo Provisório – Quintino Bocaiuva – Aristides da Silva Lobo – Rui Barbosa – Manuel Ferraz de Campos Sales – Benjamim Constant Botelho de Magalhães – Eduardo Wandenkolk.* (LUZ, 1999, p. 58)

Quanto ao significado de cada uma das cores da bandeira, há diversas definições, desde as mais simples até as mais eruditas, que podem ser resumidas da seguinte forma:

**Verde**
Representa nossas matas, nossa agricultura e a eterna primavera brasileira.

**Amarelo**
Significa nossas riquezas minerais, que são representadas pelo ouro.

**Branco**
Significa o desejo de paz que almejamos para toda a humanidade.

**Azul**
Representa nosso céu, onde brilham as estrelas das constelações que formam a nossa federação – é também onde resplandece o Cruzeiro do Sul, relembrando a cruz da Ordem de Cristo e os primeiros nomes de nossa terra: Ilha de Vera Cruz e Terra de Santa Cruz.

Bandeira do Brasil (1992-)
Proporções – 14:20

### Estrelas e constelações na esfera celeste da bandeira brasileira

| Estado | Estrela | Estado | Estrela |
|---|---|---|---|
| Acre | Gama da Hidra Fêmea | Paraíba | Capa do Escorpião |
| Alagoas | Teta do Escorpião | Paraná | Gama do Triângulo Austral |
| Amapá | Beta do Cão Maior | Pernambuco | Mu do Escorpião |
| Amazonas | Alfa do Cão Menor (Procyon) | Piauí | Alfa do Escorpião (Antares) |
| Bahia | Gama do Cruzeiro do Sul | Rio de Janeiro | Beta do Cruzeiro do Sul |
| Ceará | Epsilon do Escorpião | Rio Grande do Norte | Lambda do Escorpião |
| Distrito Federal | Sigma do Oitante | Rio Grande do Sul | Alfa do Triângulo Austral |
| Espírito Santo | Epsilon do Cruzeiro do Sul | Rondônia | Gama do Cão Maior |
| Goiás | Alfa de Argus (Canopus) | Roraima | Delta do Cão Maior |
| Maranhão | Beta do Escorpião | Santa Catarina | Beta do Triângulo Austral |
| Mato Grosso | Alfa do Cão Maior (Sirius) | São Paulo | Alfa do Cruzeiro do Sul |
| Mato Grosso do Sul | Alfa da Hidra Fêmea (Alfard) | Sergipe | Iota do Escorpião |
| Minas Gerais | Delta do Cruzeiro do Sul | Tocantins | Epsilon do Cão Maior |
| Pará | Alfa de Virgem (Spica) | | |

### Evolução das estrelas na bandeira do Brasil (1889-1992)*

| 19/11/1889-1º/6/1960 | 1º/6/1960-28/5/1968 | 28/5/1968-11/5/1992 | 11/5/1992 |

Na época da criação da bandeira nacional, as estrelas representavam os seguintes estados: Alagoas, Amazonas, Bahia, Ceará, Espírito Santo, Goiás, Maranhão, Mato Grosso, Minas Gerais, Pará, Paraíba, Paraná, Pernambuco, Piauí, Rio de Janeiro, Rio Grande do Norte, Rio Grande do Sul, Santa Catarina, São Paulo, Sergipe e Distrito Federal (cidade do Rio de Janeiro).

Em 1960, com a mudança do Distrito Federal do Rio de Janeiro para Brasília, houve a criação do estado da Guanabara na antiga capital. O número de entidades federadas passou para 22 e a alteração na bandeira ocorreu em 1º de junho de 1960.

O Acre foi elevado à condição de estado em 1962, aumentando para 23 o número de entidades federadas, mas a inclusão da estrela na bandeira nacional só ocorreria em 28 de maio de 1968. Com a fusão do estado da Guanabara com o Rio de Janeiro (1975), voltaram a existir 22 unidades federadas e 23 estrelas na bandeira. A alteração não foi realizada, pois a lei nº 5.700, de 1º de setembro de 1971, determinou que os símbolos nacionais eram inalteráveis.

Em 1979, com a criação do estado de Mato Grosso do Sul, a antiga estrela que representava a Guanabara foi aproveitada, e o número de estrelas e unidades federadas voltou ao total de 23. Em 1982 foi criado o estado de Rondônia, mas a alteração não foi realizada.

Com a Constituição Federal de 1988 foram criados os estados do Amapá, Roraima e Tocantins, totalizando 27 unidades federadas. Entretanto, o número de estrelas na bandeira permaneceu 23. Com a lei nº 8.421, de 11 de maio de 1992, houve a inclusão das estrelas que representam o Amapá, Roraima, Rondônia e Tocantins, perfazendo-se o total de 27 estrelas na atual bandeira nacional.

---

* As estrelas que foram adicionadas em cada mudança na bandeira foram destacadas em amarelo.

A descrição do significado das cores da bandeira brasileira apareceu pela primeira vez no artigo "Apreciação filosófica – significado da bandeira nacional", de autoria de Raimundo Teixeira Mendes, publicado no *Diário Oficial*, no Rio de Janeiro, em 24 de novembro de 1889.

A bandeira criada pelos republicanos, preservando o campo verde sobre o losango amarelo, foi original por ser a primeira no mundo a representar o firmamento. As constelações estão dispostas em posição invertida ao que vemos no céu, para dar a impressão de que o observador as contempla do lado de fora. Vale lembrar que a esfera celeste se inspirou na esfera armilar – o tradicional símbolo do Brasil desde a época colonial –, razão pela qual é provável que a representação das estrelas seguisse o mesmo modelo. Por isso, a faixa branca (que na esfera armilar é constituída por uma faixa que a atravessa de forma oblíqua) representa na bandeira a "linha do equador celeste" (chamada Zodíaco) entre as constelações. Da mesma forma, ela é um recurso em 3D, mostrando que se trata de uma esfera e não de um círculo.

### A bandeira do cruzador *Almirante Barroso*

Nos últimos meses de 1889, o cruzador *Almirante Barroso* navegava pelos oceanos em uma tradicional viagem de volta ao mundo. Quando o navio aportou em Colombo, capital do atual Sri Lanka, o comandante Custódio José de Melo recebeu um telegrama do ministro da Marinha do governo provisório, notificando-o da Proclamação da República. Para se adequar ao novo status político do país, foi improvisada uma bandeira, na qual a coroa imperial foi substituída por uma estrela vermelha para simbolizar o regime republicano. Essa bandeira tremulou até abril de 1890, quando o *Almirante Barroso* recebeu a bandeira oficial brasileira no porto de Alexandria, no Egito.

Com relação ao brasão de armas adotado pela República, o decreto nº 4, de 19 de novembro de 1889, apenas estabeleceu que o desenho das armas nacionais estaria em anexo à lei, sem especificar suas formas e dimensões, bem como não havia um padrão para a correta execução do símbolo em cores, mas apenas sua representação.

Antes de descrever suas peças, é interessante conhecer um pouco mais sobre a história desse brasão de armas que foi idealizado por Artur Sauer, técnico alemão da Casa Laemmert, conhecido estabelecimento gráfico na cidade do Rio de Janeiro.

Antigo oficial do exército da Prússia (atual Alemanha), Sauer veio ao Brasil a convite de seus compatriotas, Eduardo e Henrique Laemmert, do qual se tornou sócio. Quando foi proclamada a República, Sauer incumbiu seu mestre de oficina, Luís Grüder, que, assim como ele, era desenhista, de fazer o desenho de um brasão com o objetivo de oferecê-lo ao governo provisório. Terminado o projeto, foi levá-lo ao marechal Deodoro da Fonseca, em sua casa no Campo de Santana. Ele gostou do desenho, aprovando-o de imediato, e, apesar de não ser especialista em heráldica, fez uma leitura correta do símbolo e seu significado ao comentar que o gládio ali presente representava a espada que proclamara a República.

No brasão aparecem as estrelas dispostas em orla e os ramos vegetais, aproveitados do brasão imperial, bem como a constelação do Cruzeiro do Sul, que era da preferência de Deodoro. Esse brasão foi alvo de várias críticas, tanto por seu desenho como por sua representatividade. Entretanto, continuou a ser o nosso símbolo nacional, adequando-se às necessidades e às eventuais alterações que sofreu.

(1889-1968)    (1968-1992)    (1992-)

44

Em resumo, pode-se observar que o brasão de armas se apresenta composto de um escudo redondo em blau (azul) onde são postas cinco estrelas de prata, na forma da constelação do Cruzeiro do Sul. Por fora deste, há um círculo azul, orlado de ouro por ambos os lados, carregado de estrelas de prata em igual número às existentes na bandeira nacional. O escudo está repousado sobre uma estrela partida-gironada, em sinopla (verde) e ouro, com duas bordaduras – a interior de goles (vermelho) e a exterior de ouro. Brocante (atrás), encontra-se uma espada posta em pala (vertical), formada por empunhadura de ouro, guardas em blau e centro de goles, onde se assenta uma estrela de prata, que figura sobre uma coroa formada de um ramo de café frutificado, à direita, e outro de fumo florido, à esquerda, ambos em suas cores naturais e atados por uma fita de blau. Todo o conjunto repousa sobre um resplendor (ou auréola) de ouro, cujos raios formam uma estrela de vinte pontas. À frente dos punhos da espada encontra-se um listel (faixa) de blau onde se escrevem com letras de ouro as legendas "República Federativa do Brasil" e, nas suas extremidades, as expressões à dextra "15 de Novembro", e à sinistra "de 1889".

### Bandeira presidencial do Brasil

Assim como no período imperial, após o Brasil se tornar uma república também foi adotada uma bandeira presidencial. Embora usada desde 1891, ela foi instituída oficialmente por meio do decreto nº 6.130, de 3 de janeiro de 1907, sendo formada por um campo todo verde com o brasão de armas da República, colocado ligeiramente descentrado para a direita da bandeira nesse período.

A partir de 1947, o brasão de armas passa a figurar no centro da bandeira, sofrendo alterações em 1968 e 1992, quando foram acrescidas novas estrelas à orla azul do emblema. A bandeira presidencial deve ser hasteada na sede do governo e no local em que o presidente da República residir quando estiver no Distrito Federal, e nos órgãos, autarquias e fundações federais, estaduais e municipais, sempre que o chefe de Estado a eles comparecer.

(1891-1968)

(1968-)

A primeira versão do brasão de armas apresentava a legenda "Estados Unidos do Brasil" (com a grafia do nome do país escrita com Z até 1922) e um total de vinte estrelas (lembrando que não estava incluída a estrela representativa do Distrito Federal) e sua descrição heráldica foi regulamentada pelo decreto-lei nº 4.545, de 4 de setembro de 1942. A lei nº 5.443, de 28 de maio de 1968, alterou a inscrição da faixa para "República Federativa do Brasil" (nome oficial do país a partir da Constituição de 1946). Em 1971 o número de estrelas foi ampliado para 22, representando o total de estados na época. Após a Constituição Federal de 1988 houve a necessidade de uma nova atualização, que ocorreu com a lei nº 8.421, de 11 de maio de 1992. A mudança principal foi justamente o número de estrelas, ajustando-se à mesma quantidade da bandeira brasileira (27).

> **Selo nacional**
>
> Foi criado através do decreto nº 4, de 19 de novembro de 1889, formado por um círculo representando a esfera celeste, idêntica à da bandeira, onde se escrevia originalmente "República dos Estados Unidos do Brasil".
>
> Em 1968, com a lei nº 5.443, que dispõe sobre a forma e apresentação dos símbolos nacionais, o selo passou a ter em volta as palavras "República Federativa do Brasil". Em 1992, a esfera celeste foi atualizada com as estrelas representativas das 27 unidades federativas do Brasil.
>
> Na versão em cores, a esfera segue o mesmo modelo da bandeira nacional, acompanhada por um círculo na cor dourada cercado por uma orla em azul. O nome oficial do país é escrito em verde. O selo nacional é usado para autenticar os atos de governo, os diplomas e certificados expedidos por escolas oficiais ou reconhecidas.

## ALGUNS PROJETOS CURIOSOS PARA A BANDEIRA DO BRASIL

Logo após a adoção da bandeira imperial houve algumas críticas quanto à combinação das cores verde e amarela, que, por serem pouco usadas na época, causaram estranheza aos olhos dos partidários do Império. Havia também a questão da orla azul estrelada, colocada diretamente sobre campo verde do brasão, o que resultava em uma infração na heráldica, pois nas suas regras não se pode colocar cor sobre cor, embora em muitos desenhos a orla se apresentasse separada por um filete de prata ou de ouro. Mesmo a escolha dos ramos de fumo e café no brasão de armas foi alvo de crítica, considerada por alguns imprópria, pois "um deles representava o vício e o outro uma planta exótica".

Dentre os projetos de reforma da bandeira conhecidos nesse período há o do almirante Pinto Guedes, futuro barão do Rio da Prata, que visava substituir o pavilhão imperial por outro que seria formado por cinco listras alternadas, sendo três azuis e duas vermelhas. A primeira delas, em azul, teria seis estrelas brancas, em dois grupos de três, ficando um espaço entre ambos; a segunda, em vermelho, apresentaria a figura da coroa imperial ao centro; a terceira, com sete estrelas brancas em campo azul; a quarta traria o escudo do Império sob a faixa vermelha; e a quinta apresentaria mais seis estrelas, dispostas como na primeira listra.

Outra proposta conhecida é a de Cândido Mendes, em que o pavilhão nacional seria todo vermelho, com o brasão imperial ao centro. Não existe data precisa, mas esses projetos surgiram, provavelmente, nos primeiros anos do Império, já que se trata apenas de propostas que nunca chegaram a sair do papel.

Foi nos últimos anos do Império que surgiram entre os propagandistas republicanos vários projetos de mudança do pavilhão nacional, na esperança de serem adotados caso viesse a ser proclamada a República. Em certos casos as paixões republicanas substituíam totalmente as cores verde e amarela e o retângulo-losango para apagar tudo o que lembrasse a monarquia. Mas também havia clubes republicanos que usavam o mesmo desenho do pavilhão imperial, com as mesmas cores e escudo, nas quais apenas a coroa ao estilo imperial foi substituída pelo barrete frígio ou por uma estrela em branco ou vermelho.

A proposta de bandeira nacional mais conhecida na época do final do Império foi a publicada no número inicial do jornal *O Rebate*, de São Paulo, dirigido pelo escritor Júlio César Ribeiro Vaughan, em 16 de julho de 1888. Júlio Ribeiro era um fervoroso partidário republicano e procurou naquele artigo, além de apresentar sua crítica ao pavilhão imperial, justificar a nova bandeira que criara. Ela chegou a ser hasteada em algumas repartições públicas da capital paulista nos dias seguintes à Proclamação da República, mas logo acabou esquecida. Porém, com o tempo, seu projeto se tornaria a futura bandeira do estado de São Paulo.

Depois de proclamada a República no Brasil, surgiram novos projetos para a mudança do pavilhão nacional, destacando-se dois grandes períodos: o primeiro deles vai da adoção da bandeira republicana até o ano de 1908. O segundo período se concentra em 1933, durante a elaboração da nova Constituição do Brasil. Em 31 de maio de 1934, a Assembleia Constituinte confirmou a presente bandeira como símbolo nacional, permanecendo até hoje inalterada, exceto pelo acréscimo de mais estrelas para representar o aparecimento dos novos estados.

Antônio da Silva Jardim foi um dos primeiros a apresentar uma proposta de alterar o pavilhão nacional, com uma bandeira tricolor horizontal, nas cores preta, vermelha e branca, representando os negros, indígenas e brancos, que, segundo ele, compõem etnograficamente a nação. Sobre a faixa vermelha, haveria um escudo verde em formato francês moderno, significando a defesa do país, com um globo dourado atravessado por uma âncora prateada, representando a força marítima e o comércio. O escudo era circundado por um ramo de cana e outro de café, representando as culturas agrícolas do Norte e do Sul. Sobre o escudo, haveria ainda a figura de um barrete frígio, significando a força progressiva do movimento popular.

José Maria da Silva Paranhos Júnior – o barão do Rio Branco –, estimulado pela criatividade de Silva Jardim, propôs a Lopes Trovão que desenhasse uma variação do projeto, com as mesmas cores, mas com um arranjo diferente, sendo dispostas em banda. Na faixa branca haveria um escudo verde, com bordadura em azul, ornado com 21 estrelas brancas. Ao centro seria colocada uma esfera armilar em amarelo-ouro sobreposta à tradicional cruz da Ordem de Cristo, tal como a do antigo escudo imperial. Acima do escudo haveria um sol nascente dourado, mantendo-se os ramos de café e fumo atados com um laço. Lopes Trovão, prudentemente, não quis apresentar esse projeto à Constituinte.

Em 1º de setembro de 1892, foi submetido à Assembleia Nacional o projeto nº 185, proposto pelo deputado Manuel Prisciliano de Oliveira Valadão. O texto visava manter o retângulo verde e o losango amarelo, retirando as estrelas e a faixa branca da esfera da bandeira e colocando em seu lugar as armas nacionais existentes na época, sob um fundo azul-marinho. Pela polêmica causada, o projeto foi arquivado.

Proposta do barão do Rio da Prata (c. 1830)

Proposta de Cândido Mendes (c. 1830)

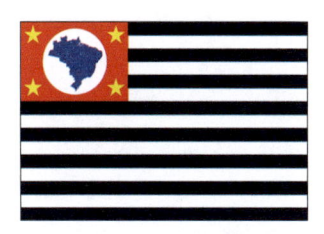

Projeto de Júlio Ribeiro (1888)

Projeto de Silva Jardim (1890)

Projeto do barão do Rio Branco (1890)

Projeto de Oliveira Valadão (1892)

Dias depois, em 7 de setembro, o vice-presidente Floriano Peixoto, na qualidade de governante, declarou-se contrário à mudança da bandeira nacional; porém, em um telegrama enviado aos comandantes do Exército, na condição de "simples cidadão", ele manifestou que não concordava com a bandeira, propondo que fosse mantida a bandeira imperial, apenas substituindo a coroa por uma estrela vermelha – curiosamente a mesma versão usada pelo cruzador *Almirante Barroso* entre 1889 e 1890.

As discussões voltaram à tona em julho de 1905, quando o deputado Celso de Souza apresentou à câmara o projeto de lei nº 50. Deixando intactos o retângulo e o losango, a proposta apresentava a reprodução do Cruzeiro do Sul, com o fundo azul circunscrito por dois círculos concêntricos, dentro dos quais havia as estrelas representativas dos estados.

Em 8 de junho de 1908, o deputado Wenceslau Escobar apresentou à Câmara o projeto de lei nº 77, no qual visava apenas retirar da bandeira a faixa branca com a legenda "Ordem e Progresso", justificando que não podia o estandarte da nação apresentar-se com a divisa de uma "seita", referindo-se, claro, ao lema adotado pelos positivistas. Esse projeto também acabou sendo rejeitado pela câmara.

Eurico de Góes, após minucioso estudo, assim propôs em seu livro um novo projeto para o pavilhão nacional em 1908: sobre um retângulo verde e losango amarelo inscrito, assenta-se uma grande estrela de prata de cinco pontas (simbolizando a República), no centro da qual se vê um anel azul circundado por 21 estrelas de prata (indicando o Império), e, dentro deste, uma esfera armilar de ouro (relembrando o Reino do Brasil), sobreposta à cruz vermelha da Ordem de Cristo (recordando a Colônia).

Em 1933, época em que se elaborava a nova Constituição do Brasil, surgiram outros projetos de reforma da bandeira nacional. O primeiro deles foi apresentado por Solano Carneiro da Cunha durante a reunião da comissão de reforma constitucional, em 7 de abril de 1933, cuja emenda era a seguinte: fica adotada a bandeira nacional instituída pelo decreto de 19 de novembro de 1889 com a seguinte alteração: a) supressão da zona oblíqua e do lema "Ordem e Progresso"; b) substituição da carta astronômica por uma orla estrelada na parte interna do globo azul e em toda a sua circunferência, com tantas estrelas quantas são os estados que compõem a União; c) uma estrela no centro do globo como símbolo da capital do Brasil; d) os ângulos do quadrilátero romboidal [losango] tocarão os lados do retângulo verde.

Eurico de Góes aproveitou a oportunidade para também apresentar um novo projeto para o pavilhão nacional. Dessa vez, sobre o campo verde e o losango amarelo, ao centro, estava a cruz da Ordem de Cristo, na sua

Projeto de Celso de Souza (1905)

Projeto de Wenceslau Escobar (1908)

Projeto de Eurico de Góes (1908)

Projeto de Solano Carneiro (1933)

Projeto de Eurico de Góes (1933)

Projeto de Mansueto Bernardi (1933)

cor, evocando a tradição desse símbolo nas bandeiras históricas brasileiras. Sobre a cruz se assentava uma esfera em azul, e, em sua borda, uma orla com 21 estrelas brancas, simbolizando os estados e o Distrito Federal, circundando a constelação do Cruzeiro do Sul. Em ambos os casos, as propostas foram descartadas.

Mansueto Bernardi, diretor da Casa da Moeda, propunha em seu livro que a bandeira brasileira deveria trazer uma moeda orlada de prata (embora não especificasse mais detalhes) no campo do losango de ouro. Segundo o autor, a ideia seria de Eannes de Souza. Entretanto, a proposta também cometia o erro na heráldica de colocar metal sobre metal. Embora alguns autores e mesmo parlamentares tivessem apresentado suas propostas em períodos posteriores a esse, elas foram apenas esporádicas em relação ao período fértil de debates que envolveu a chamada República Velha.

### Os projetos do livro *Brazões e bandeiras do Brasil* (1933)

Publicado em 1933 por Clóvis Ribeiro (a partir de uma coletânea de artigos iniciada em 1922), o livro é considerado uma obra clássica no que se refere à pesquisa e à história dos símbolos no Brasil. O autor, com a ajuda do pintor e especialista em heráldica José Wasth Rodrigues, propuseram uma série de sete modelos para a correção da bandeira brasileira na época. Cabe salientar que em todos os projetos o losango toca as bordas da bandeira, conforme o modelo original da bandeira imperial.

O projeto 1 retirava a faixa branca com o lema "Ordem e Progresso", além das estrelas, substituindo-as na esfera azul apenas pelas estrelas brancas que formam a constelação do Cruzeiro do Sul. Os projetos 2, 3 e 4 apresentavam variações contendo a esfera armilar de ouro em fundo azul, com a orla estrelada ao estilo do antigo pavilhão imperial.

Ainda nos projetos 3 e 4 aparece a cruz da Ordem de Cristo, sendo que no projeto 3 ela está colocada dentro da esfera azul e sob a esfera armilar; no 4, encontra-se atrás da esfera armilar e a orla estrelada, destacando-se no fundo da bandeira, onde se sobressai melhor a cor vermelha.

Os projetos 5, 6 e 7 são mais tradicionais ao restabelecer o antigo escudo imperial. O 5, por exemplo, visava apenas substituir a coroa pelo barrete frígio e alterar para 22 o número de estrelas em relação ao antigo pavilhão imperial (para incluir o Distrito Federal); já os dois últimos projetos mostravam novamente a cruz da Ordem de Cristo sob um escudo verde: o projeto 6 preservava os ramos de café e fumo como ornamentos exteriores, e o 7, só o escudo, a esfera armilar, a orla e a cruz.

Além dos sete projetos, havia também a proposta de um pavilhão mercante a ser usado exclusivamente para as embarcações brasileiras, formado pelo padrão losango amarelo inscrito em retângulo verde com a figura central da Cruz da Ordem de Cristo.

## OS HINOS DO BRASIL

A palavra hino vem do grego *hymnos* e significava "canto religioso", por assim ser entoado o louvor em adoração a uma divindade nos antigos templos daquela civilização. Do final da Antiguidade, desdobrando-se pela Idade Média, a história dos hinos esteve intimamente ligada ao crescimento da música na cultura ocidental, principalmente da Igreja, desde a primitiva melopeia cristã até a efusão abundante que se daria no período do chamado Renascimento.

Com o choque de culturas ainda na época das Cruzadas, a música tornou-se uma mescla de muitas vozes, e é a partir daí que são codificados os princípios da harmonia, o começo da orquestração e o desenvolvimento do sistema de pautas e notas. Por outro lado, estão a par desse desenvolvimento da música as canções de guerra, que embalavam os combatentes desde os tempos remotos. Esses cantos vão se mesclar com a influência da música nos círculos militares, onde surgem as marchas, que também irão influenciar a história dos hinos. Esse símbolo, tal como o conhecemos hoje, vai nascer no final do século XVIII, mas é a partir do século XIX que o hino nacional consagra-se como a canção oficial dos países que representam.

A história dos hinos no Brasil seguiu o caminho da colonização portuguesa e esteve ligada à Igreja e à catequese jesuítica nas cerimônias religiosas, pois a música ao estilo europeu da época era usada como um instrumento de conversão dos povos indígenas. Entretanto, sabe-se que o primeiro hino patriótico cantado em terras brasileiras foi entoado em Pernambuco pelos invasores holandeses. Tratava-se da canção *Wilhelmus van Nassouwe* (Guilherme de Nassau), executada pelas bandas militares dos regimentos das forças de ocupação; este era um hino muito mais "partidário" do que propriamente nacional, já que homenageava a figura do príncipe holandês.

Entre o fim do domínio holandês (1645) e a chegada ao Brasil da corte portuguesa (1808), transcorreu-se um século e meio de cânticos sagrados e ladainhas, sobretudo nas igrejas e mosteiros. Diferentemente das bandeiras e dos brasões, que eram símbolos visuais, foi rara a preocupação de se criar um hino colonial, e mesmo em Portugal, quando o rei morria, tornava-se necessário refazer a letra para homenagear um novo monarca no poder.

Dentre as revoluções e conjurações ocorridas no Brasil, antes e após a Independência, foram poucas as que compuseram um hino próprio, sendo o caso mais documentado o do Rio Grande do Sul em 1838. Anos antes, durante a Revolução Pernambucana de 1817, houve entre os músicos de Olinda a criação de um hino que se perdeu com o tempo, sendo conhecida apenas uma estrofe.

O mais antigo hino estadual ainda vigente é o da Bahia, chamado *Hino ao Dois de Julho*, cantado pela primeira vez naquela mesma data magna em 1828 para comemorar a luta pela independência. Mas a primeira canção que faz referência a uma província é a do vizinho Sergipe, executada em 1836 para comemorar a sua emancipação política. Somente após a Constituição de 1891 é que foi permitido, de forma oficial, o uso de hinos estaduais no Brasil.

Deve-se levar em conta que a maioria dos movimentos em busca de autonomia regional no Brasil ocorreu de forma breve, dificultando que se criasse um hino, e embora houvesse registros dessas tentativas, provavelmente tais documentos foram destruídos ao final das revoluções.

Outra hipótese para o desinteresse por compor hinos é a falta de músicos em meio ao ardor dos revolucionários e das batalhas, que não dispunham de recursos ou tempo para criar e executar essas obras. Também deve ser levado em consideração que uma bandeira ou brasão, por seu caráter visual e sua simbologia, são muito mais fáceis de ser carregados no campo de batalha, obtendo um impacto muito mais significativo e imediato do que propriamente um hino, que precisa ser conhecido e decorado. Especulações à parte, são poucos os hinos documentados de caráter civil de que se tem conhecimento durante o Brasil colonial.

## HINO NACIONAL BRASILEIRO

A história do *Hino nacional brasileiro* é muito rica. Esse símbolo, pela plasticidade provocada pela letra e pela música, é talvez aquele que mais reflita os momentos de nossa história e as aspirações de nosso povo. Mais do que a bandeira e o brasão, o *Hino nacional* se consagrou como uma vitória da tradição, pois foi nos momentos de manifestação da nacionalidade e pela intervenção vitoriosa do povo que ele se perpetuou e resistiu às mudanças políticas da nação brasileira.

Segundo argumentam alguns autores, foi no calor das agitações do grito do Ipiranga que o *Hino nacional brasileiro* nasceu. Seu compositor, Francisco Manuel da Silva (1795-1865), havia criado uma música para a ocasião ainda em 1822. Entretanto, percebendo a euforia daquele ano, em que surgiu também a letra e a música do nosso *Hino da Independência*, cuja composição musical era do próprio dom Pedro I, ele resolveu guardar aquela partitura para um momento mais oportuno. Nessa época, ainda não havia o conceito de hino nacional tal como o conhecemos hoje, por isso durante nove anos o Brasil não teve um hino, por assim dizer, "oficial", e por quase um século o hino nacional não teve letra definitiva.

Dom Pedro I vivia a dualidade de imperador do Brasil e de príncipe da dinastia portuguesa. Além da necessidade de reclamar para si o trono de Portugal, após algumas medidas que geraram insatisfação popular entre os brasileiros (como no caso da nomeação de políticos portugueses, o descontentamento de alguns militares e a própria dissolução da orquestra da capela imperial), ele resolve abdicar do trono a favor de seu filho, dom Pedro II, em 7 de abril de 1831.

O fato é que, quando dom Pedro I partiu para retomar o trono português, em 13 de abril daquele ano, ao deixar o cais do largo do Paço (atual praça 15 de Novembro) no Rio de Janeiro, foi executado pela primeira vez o nosso hino nacional, com música e regência do próprio Francisco Manuel da Silva. A melodia do hino foi cantada pelo povo com a letra do desembargador piauiense Ovídio Saraiva de Carvalho e Silva (1787-1852) e foi batizada de *Ao grande e heroico dia sete de abril – Hino oferecido aos brasileiros por um patrício nato*, que logo ficou conhecido como *Hino ao Sete de Abril* – data da abdicação do imperador. Apesar da euforia da letra, com o tempo ela acabou sendo esquecida, principalmente por insultar os portugueses em seus versos. Vale lembrar que é também por essa iniciativa que hoje comemoramos a data de 13 de abril como o dia do *Hino nacional brasileiro*.

## Hino ao Sete de Abril

*Estribilho*
Da pátria o grito
Eis se desata
Do Amazonas
Até o Prata.

Os bronzes da tirania
Já no Brasil não rouquejam
Os monstros que nos escravizam
Já entre nós não vicejam.

Ferros e grilhões e forcas
De antemão se preparavam;
Mil planos de proscrição
As mãos dos monstros gisavam.

Amanheceu finalmente
A liberdade no Brasil...
Ah! Não desça sepultura
O Dia Sete de Abril.

Este dia portentoso
Dos dias seja o primeiro.
Chamemos Rio de Abril
O que é Rio de Janeiro.

Arranquem-se aos nossos filhos
Nomes e ideias dos lusos
Monstros que sempre em tradições
Nos envolveram, confusos.

Ingratos a bizarria,
Invejosos de talentos,
Nossas virtudes, nosso ouro,
Foi seu diário alimento.

Alimentos bárbaros, gerados
De sangue judaico e mouro,
Desenganai-vos, a pátria
Já não é vosso tesouro.

Neste solo não viceja
O tronco da escravidão
A quarta parte do mundo
Às três dão melhor lição

Avante honrados patrícios
Não há momento a perder
Se já tendes muito feito
Idem mais resta fazer.

Uma prudente regência
Um monarca brasileiro
Nos prometiam venturosos
O porvir mais lisonjeiro.

E vós donzelas brasileiras
Chegando de mães ao estado
Dai ao Brasil tão bons filhos
Como vossas mães têm dado.

Novas gerações sustentam
Do povo a soberania
Seja isto a divisa deles
Como foi de abril de um dia.

Em 1841, o hino voltaria a ser executado durante os festejos da coroação de dom Pedro II. Entretanto, como no caso do *Hino ao Sete de Abril*, foi apresentada uma nova letra, aproveitando-se o estribilho da versão anterior, que além de incorreta do ponto de vista histórico e geográfico também não se ajustou ao gosto popular, pois era composta de versos que bajulavam o novo imperador. O poema foi anexado à primeira edição do *Hino nacional*, impresso pela Casa Guimarães no Rio de Janeiro, embora nunca tivesse sido adotada oficialmente. Durante o restante do período imperial, por determinação de dom Pedro II, a música passou a ser o hino do Brasil Império, permanecendo sem letra definitiva.

> **Hino da coroação de dom Pedro II**
>
> Quando vens faustoso dia
> Entre nós raiar feliz
> Vemos em Pedro II
> A ventura do Brasil.
>
> *Estribilho*
> Da Pátria do grito
> Eis se desata
> Do Amazonas
> Até o Prata.
>
> Negar de Pedro as virtudes
> Seu talento escurecer
> É negar como é sublime
> Da bela aurora o romper.
>
> Exultai, Brasil e o povo
> Cheio de santa alegria
> Vendo de Pedro o retrato
> Festejado nesse dia.

Em 15 de novembro de 1889, quando foi proclamada a República, o *Hino nacional* passou por sua maior prova de resistência, pois, para os membros do governo provisório, o país precisava de um novo hino que enquadrasse os seus ideais em vez do "velho" hino imperial sem letra. Era conhecido que José Joaquim de Campos da Costa Medeiros e Albuquerque havia escrito um poema em outubro de 1888, após um concurso organizado pelo Partido Republicano, com composição do farmacêutico Ernesto Fernandes de Sousa. Essa letra mais tarde se tornaria o nosso *Hino da República*. Mas a música não agradava nem mesmo aos republicanos, e no calor dos acontecimentos o governo provisório resolveu convidar o compositor Carlos Gomes para fazer o novo hino, mas, por ele ser amigo de dom Pedro II (vítima do regime republicano), recusou a oportunidade com um telegrama dizendo: "Não posso".

Foi aberto então um concurso para a escolha da nova música para a letra em 22 de novembro de 1889, cujas inscrições se encerravam no final daquele ano. Inscreveram-se 29 concorrentes, que apresentaram suas composições ao Ministério da Justiça. Em 4 de janeiro de 1890, foram divulgados no *Jornal do Comércio* do Rio de Janeiro os nomes do júri, que acabou selecionando as quatro melhores composições para a grande final.

No dia 15 de janeiro aconteceu o fato que mudaria a história do concurso. O major Serzedelo Correia preparara uma manifestação militar para a aclamação de Deodoro e dos outros ministros do governo republicano em frente ao antigo palácio do Itamaraty, onde se aglomerava uma pequena multidão e as tropas da Marinha. As bandas ali presentes tocaram a *Marselhesa* e depois várias marchas militares, sem despertar muito entusiasmo no público.

Não se sabe se preparado de antemão ou de forma espontânea, veio o pedido para que se tocasse a música de Francisco Manuel da Silva, o que foi aceito por Deodoro. Ele sabia o quanto a música lhe era cara, assim como para os militares que haviam lutado na Guerra do Paraguai, com suas notas ágeis e alegres, já enraizada na tradição popular e até conhecida pelo carinhoso nome de *Ta-ra-ta-ta-tchin*. Foi então tocada a música, para delírio dos cidadãos ali presentes, que aplaudiram o marechal e os membros do governo. A partir daquele fato, decidiu-se de antemão que aquela música continuaria como *Hino nacional brasileiro*.

> **Ta-ra-ta-ta-tchin!**
> Durante quase um século, o *Hino nacional brasileiro* foi executado sem ter uma letra oficial. As muitas tentativas de acrescentar letra à música não vingavam. Algumas versões eram carregadas de bajulações à família real brasileira, enquanto outras, mais eufóricas e nacionalistas, insultavam inclusive os portugueses. No período final do Império, o hino, por suas notas ágeis e alegres, acabou se enraizando na tradição popular, recebendo o carinhoso apelido de *Ta-ra-ta-ta-tchin* – devido ao som das primeiras notas tocadas em sua introdução musical.

O concurso do governo transformou-se então em uma competição para escolher a música do hino da proclamação da República, e não mais o hino nacional. Em 20 de janeiro realizou-se no antigo Teatro Lírico do Rio de Janeiro, com regência do maestro Carlos de Mesquita, a apresentação por banda e coro das músicas dos quatro finalistas: Antônio Francisco Braga, Jerônimo de Queiroz, Alberto Nepomuceno e Leopoldo Américo Miguez – este último o mais aplaudido durante a audição e o escolhido pela comissão julgadora. Para encerrar a ocasião, a pedido do público tocou-se o velho *Hino imperial*, para o delírio da plateia.

O presidente Deodoro e os quatro ministros que faziam parte da comissão julgadora deixaram o camarote oficial e voltaram logo em seguida, com a declaração do ministro do Interior, Aristides Lobo, que leu o decreto nº 171, que conservava a música de Francisco Manuel da Silva como o hino nacional e que seria adotada a composição de Medeiros e Albuquerque e de Leopoldo Miguez como *Hino da Proclamação da República*. Logo em seguida a orquestra executou novamente o *Hino nacional*, despertando mais uma vez o entusiasmo da plateia, seguido da composição vencedora para *Hino da República*, recebido por vivas e aclamações.

Mas o Brasil ainda continuava com um hino sem letra, e a música de Francisco Manuel era cantada com letras adaptadas, com diferentes variações ao longo dos estados brasileiros e no exterior. Em 20 de novembro de 1906, o maestro Alberto Nepomuceno dirigiu-se ao ministro da Justiça relatando a necessidade de uma instrumentação adequada para o hino, o que chamou a atenção do deputado Henrique Coelho Neto, que propôs à Câmara dos Deputados que se desse um poema digno para a música.

Em 29 de julho de 1909, foi formada uma comissão para a escolha da letra do Hino nacional, sagrando-se vencedora a versão composta pelo poeta e jornalista Joaquim Osório Duque Estrada (1870-1927). O poema de Joaquim Osório passou a ser conhecido e divulgado em todo o país, embora ainda não tivesse sido adotado por lei.

Foram precisos mais alguns anos até que, em 6 de setembro de 1922, às vésperas do primeiro centenário da Independência, o presidente Epitácio Lindolfo da Silva Pessoa assinasse o decreto nº 15.671 que tornava oficial a letra do *Hino nacional brasileiro*.

Por ter sido originalmente criada para a execução por orquestra, a música foi adaptada para também poder ser cantada, com arranjos do músico Alberto Nepomuceno. A orquestração ficou a cargo do maestro Antônio Assis Republicano e sua instrumentação para banda foi feita pelo tenente Antônio Pinto Júnior. A lei nº 5.700, de 1º de setembro de 1971, regulamentou o uso e as formas de apresentação do *Hino nacional*.

## Como era e como ficou

Sete anos após ter vencido o concurso, Duque Estrada ainda faria 11 modificações no poema original do *Hino nacional*:

| Como era | Como ficou |
|---|---|
| Da independência o brado retumbante | De um povo heroico o brado retumbante |
| Pelo amor da liberdade | Em teu seio, ó liberdade |
| Quando em teu céu, risonho e límpido | Se em teu formoso céu, risonho e límpido |
| És grande, és belo, impávido colosso | És belo, és forte, impávido colosso |
| Dos filhos do teu flanco és mãe gentil | Dos filhos deste solo és mãe gentil |
| Entre as ondas do mar e o céu profundo | Ao som do mar e à luz do céu profundo |
| Fulguras, ó Brasil, joia da América | Fulguras, ó Brasil, florão da América |
| Brasil, seja de amor eterno símbolo | Brasil, de amor eterno seja símbolo |
| O pavilhão que ostentas estrelado | O lábaro que ostentas estrelado |
| Mas, da justiça erguendo a clava forte | Mas, se ergues da justiça a clava forte |

## Existe uma letra para a introdução do hino nacional?

Há uma letra para a introdução musical em fá maior do *Hino nacional brasileiro* que nunca se tornou oficial. Existiram diferentes variantes, muitas delas hoje desconhecidas, sendo a versão escrita por Américo de Moura Marcondes de Andrade entre 1879 e 1880 a mais divulgada. Abaixo é reproduzida a letra a título de curiosidade, publicada pela primeira vez na *Revista do Centro de Ciências, Letras e Artes de Campinas* em 1913, antes da oficialização do texto do hino, que ocorreu em 1922:

Espera o Brasil
Que todos cumprais
O vosso dever!
Eia! Avante, brasileiros!
Sempre avante.
Gravai a buril*
Nos pátrios anais**
O vosso poder!
Eia! Avante, brasileiros!
Sempre avante.

Servir o Brasil
Sem esmorecer,
Com ânimo audaz!
Cumprir o dever
Na guerra e na paz!
À sombra da lei,
À brisa gentil,
O lábaro erguei
Do belo Brasil!
Eia! Sus! Oh! Sus!***

---

\* Buril: ferramenta de aço para a gravação em metal ou madeira.
\*\* Pátrios anais: registros históricos.
\*\*\* Eia! Sus! Oh! Sus!: interjeição em latim que significa "motivar", "em frente", "avante".

## Hino nacional brasileiro

I

Ouviram do Ipiranga as margens plácidas
De um povo heroico o brado retumbante,
E o sol da liberdade, em raios fúlgidos,
Brilhou no céu da pátria nesse instante.

Se o penhor dessa igualdade
Conseguimos conquistar com braço forte,
Em teu seio, ó liberdade,
Desafia o nosso peito a própria morte!

Ó Pátria amada,
Idolatrada,
Salve! Salve!

Brasil, um sonho intenso, um raio vívido
De amor e de esperança à terra desce,
Se em teu formoso céu, risonho e límpido,
A imagem do Cruzeiro resplandece.

Gigante pela própria natureza,
És belo, és forte, impávido colosso,
E o teu futuro espelha essa grandeza.

Terra adorada,
Entre outras mil,
És tu, Brasil,
Ó Pátria amada!

Dos filhos deste solo és mãe gentil,
Pátria amada,
Brasil!

II

Deitado eternamente em berço esplêndido,
Ao som do mar e à luz do céu profundo,
Fulguras, ó Brasil, florão da América,
Iluminado ao sol do Novo Mundo!

Do que a terra mais garrida
Teus risonhos, lindos campos têm mais flores;
"Nossos bosques têm mais vida",
"Nossa vida" no teu seio "mais amores".

Ó Pátria amada,
Idolatrada,
Salve! Salve!

Brasil, de amor eterno seja símbolo
O lábaro que ostentas estrelado,
E diga o verde-louro dessa flâmula:
– Paz no futuro e glória no passado.

Mas, se ergues da justiça a clava forte,
Verás que um filho teu não foge à luta,
Nem teme, quem te adora, a própria morte.

Terra adorada,
Entre outras mil,
És tu, Brasil,
Ó Pátria amada!

Dos filhos deste solo és mãe gentil,
Pátria amada,
Brasil!

# HINO NACIONAL BRASILEIRO

Música: Francisco Manuel da Silva
Letra: Joaquim Osório Duque Estrada

Ou - vi - ram do_I - pi - ran - ga_as mar - gens plá - ci - das. De_um po - vo_he - roi - co_o bra - do re - tum - ban - te, E_o sol da li - ber - da - de_em rai - os fúl - gi - dos, Bri - lhou no céu da pá - tria nes - se_ins - tan - te. Se_o pe - nhor des - sa_i - gual - da - de Con - se - gui - mos con - quis - tar com bra - ço for - te, Em teu sei - o, ó li - ber - da - de, De - sa - fi - a_o nos - so pei - to_a pró - pria mor - te! Ó Pá - tria_a -

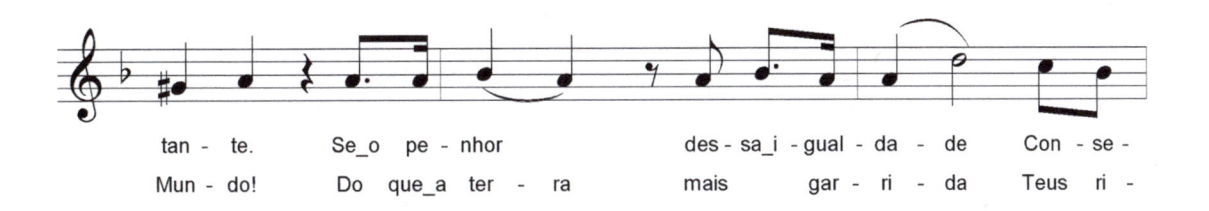

Dei - ta - do_e - ter - na - men - te_em ber - ço_es - plên - di - do, Ao som do mar e_à luz do céu pro - fun - do, Ful - gu - ras, ó Bra - sil, flo - rão da_A - mé - ri - ca, I - lu - mi - na - do_ao sol do No - vo Mun - do! Do que_a ter - ra mais gar - ri - da Teus ri - so - nhos, lin - dos cam - pos têm mais flo - res; "Nos - sos bos - ques têm mais vi - da", "Nos - sa vi - da" no teu sei - o "mais a - mo - res". Ó Pá - tria_a -

ma-da_i-do-la-tra-da, Sal-ve! Sal-ve! Bra-sil, um so-nho_in-ten-so_um rai-o
ma-da_i-do-la-tra-da, Sal-ve! Sal-ve! Bra-sil, de_a-mor e-ter-no se-ja

ví-vi-do De_a-mor e de_es-pe-ran-ça_à ter-ra des-ce, Se_em
sím-bo-lo O lá-ba-ro que_os ten-tas es-tre-la-do, E

teu for-mo-so céu ri-so-nho_e lím-pi-do, A_i-ma-gem do Cru-zei-ro res-plan-
di-ga_o ver-de-lou-ro des-sa flâ-mu-la: —Paz no fu-tu-ro_e gló-ria no pas-

de-ce. Gi-gan-te pe-la pró-pria na-tu-re-za, És
sa-do. Mas, se_er-gues da jus-ti-ça_a cla-va for-te, Ve-

be-lo_és for-te_im-pá-vi-do co-los-so, E_o teu fu-tu-ro_es-pe-lha_es-sa gran-
rás que_um fi-lho teu não fo-ge_à lu-ta, Nem te-me quem te_a-do-ra_a pró-pria

de-za, Ter-ra_a-do-ra-da, En-tre_ou-tras mil, És tu, Bra-sil, Ó Pá-tria_a-
mor-te. Ter-ra_a-do-ra-da, En-tre_ou-tras mil, És tu, Bra-sil, Ó Pá-tria_a-

ma-da! Dos fi-lhos des-te so-lo_és mãe gen-til, Pá-tria_a-ma-da, Bra-sil!
ma-da! Dos fi-lhos des-te so-lo_és mãe gen-til, Pá-tria_a-ma-da, Bra-sil!

# HINO DA INDEPENDÊNCIA DO BRASIL

A música do *Hino da Independência* foi composta, segundo a tradição, pelo próprio imperador dom Pedro de Alcântara de Bragança e Bourbon (1798-1834), mais conhecido como dom Pedro I do Brasil (ou dom Pedro IV de Portugal) às quatro horas da tarde do mesmo dia do grito do Ipiranga, em 7 de setembro de 1822, quando ele regressava da cidade de Santos para São Paulo. Outros historiadores dizem que Pedro I, na verdade, já havia composto a música a tempo de ser estreada na Casa da Ópera, na capital paulista, naquela mesma noite. Inegável era seu talento, pois tocava flauta, clarinete, fagote, trombone, cravo, violino e violoncelo, além de cantar modinhas tocando ao som do piano ou viola. Suas composições mais célebres foram o *Hino da Carta Constitucional* (1821), que foi o hino nacional de Portugal até 1910, e o *Hino da Independência* (1822). A letra é de autoria do político e jornalista Evaristo Ferreira da Veiga e Barros (1799-1837), embora não se saiba a data exata em que o poema foi escrito. Alguns especialistas apontam que ele havia escrito a letra em 16 de agosto de 1822, entregando-a à imperatriz Maria Leopoldina, que mais tarde passou-a às mãos de dom Pedro I. Outros afirmam que ele teria feito o poema após o brado da Independência, aproveitando-se do mote "Brava gente brasileira", chegando-se à versão que é conhecida hoje. Abaixo se apresentam a primeira, a segunda, a sétima e a nona estrofes, que são as mais famosas e as mais cantadas:

*Estribilho*
Brava gente brasileira
Longe vá, temor servil;
Ou ficar a pátria livre,
Ou morrer pelo Brasil.

I
Já podeis da pátria filhos
Ver contente a mãe gentil;
Já raiou a liberdade
No horizonte do Brasil.

II
Os grilhões que nos forjava
Da perfídia astuto ardil,
Houve mão mais poderosa,
Zombou deles o Brasil.

VII
Não temais ímpias falanges,
Que apresentam face hostil:
Vossos peitos, vossos braços
São muralhas do Brasil.

IX
Parabéns, ó brasileiros!
Já com garbo varonil
Do universo entre as nações
Resplandece a do Brasil.

# HINO DA INDEPENDÊNCIA DO BRASIL

Música: Dom Pedro I
Letra: Evaristo Ferreira da Veiga

Já podeis da pátria filhos Ver contente a mãe gentil, Já raiou a liberdade No horizonte do Brasil. Já raiou a liberdade já raiou a liberdade No horizonte do Brasil. Brava gente brasileira Longe vá, temor servil; Ou ficar a pátria livre, Ou morrer pelo Brasil. Ou ficar a pátria livre, Ou morrer pelo Brasil.

# HINO DA PROCLAMAÇÃO DA REPÚBLICA

Com a Proclamação da República, em 15 de novembro de 1889, os membros do governo provisório desejavam substituir o hino imperial. José Joaquim de Campos da Costa Medeiros e Albuquerque (1867-1934) já havia escrito o que se tornaria a futura letra do hino em outubro de 1888, em homenagem ao Partido Republicano, com composição do farmacêutico e músico Ernesto Fernandes de Sousa. Como a música não agradava aos republicanos, foi aberto um novo concurso em 22 de novembro de 1889. Como a composição de Francisco Manuel da Silva já havia se enraizado na cultura popular, o governo provisório decidiu mantê-la como "hino nacional". O concurso, então, passou a escolher o novo hino republicano. A apresentação final foi realizada no antigo Teatro Lírico do Rio de Janeiro, em 20 de janeiro de 1890, sagrando-se como vencedora a melodia composta por Leopoldo Américo Miguez (1850-1902). O decreto federal nº 171 (o mesmo que manteve a música do hino nacional brasileiro) passou a chamá-lo oficialmente de *Hino da Proclamação da República*.

I
Seja um pálio de luz desdobrado,
Sob a larga amplidão destes céus
Este canto rebel que o passado
Vem remir dos mais torpes labéus.
Seja um hino de glória que fale,
De esperança de um novo porvir,
Com visões de triunfos embale
Quem por ele lutando surgir.

*Estribilho*
Liberdade! Liberdade!
Abre as asas sobre nós
Das lutas, na tempestade
Dá que ouçamos tua voz.

II
Nós nem cremos que escravos outrora,
Tenha havido em tão nobre país
Hoje o rubro lampejo da aurora,
Acha irmãos, não tiranos hostis.
Somos todos iguais, ao futuro
Saberemos unidos levar,
Nosso augusto estandarte, que puro,
Brilha ovante, da pátria no altar.

III
Se é mister que de peitos valentes,
Haja sangue em nosso pendão,
Sangue vivo do herói Tiradentes,
Batizou este audaz pavilhão.
Mensageiro de paz, paz queremos,
É de amor nossa força e poder
Mas da guerra nos transes supremos,
Heis de ver-nos lutar e vencer.

IV
Do Ipiranga é preciso que o brado,
Seja um grito soberbo de fé,
O Brasil já surgiu libertado,
Sobre as púrpuras régias de pé.
Eia pois, brasileiros, avante!
Verde louros colhamos louçãos,
Seja o nosso país triunfante,
Livre terra de livres irmãos!

# HINO DA PROCLAMAÇÃO DA REPÚBLICA

Música: Leopoldo Miguez
Letra: Medeiros e Albuquerque

Seja um pálio de luz desdobrado,
Sob a larga amplidão destes céus
Este canto rebel que o passado
Vem remir dos mais torpes labéus.
Seja um hino de glória que fale,
De esperança de um novo porvir,
Com visões de triunfos embale
Quem por ele lutando surgir.
Liberdade! Liberdade!
Abre as asas sobre nós
Das lutas, na tempestade
Dá que ouçamos tua voz.

# HINO À BANDEIRA NACIONAL

O *Hino à bandeira nacional* surgiu em virtude de um pedido do prefeito do Rio de Janeiro, Francisco Pereira Passos, feito ao amigo e poeta Olavo Bilac (1865-1918), para que fizesse um poema em homenagem ao pavilhão nacional. O professor Francisco Braga (1868-1945), da Escola Nacional de Música, ficou encarregado de criar uma melodia para o poema. Um ano antes, durante a inauguração da Escola Tiradentes, o prefeito tinha ouvido o *Hino a Tiradentes*, de autoria de Francisco Braga e Olavo Bilac (que na época era inspetor escolar), e teve a ideia de criar uma canção para ser executada nas escolas municipais toda vez que houvesse o hasteamento da bandeira. A composição foi apresentada pela primeira vez ao grande público no antigo Teatro Lírico do Rio de Janeiro, em 15 de agosto de 1906. Aos poucos, o hino passou a se estender para as corporações militares e foi ganhando popularidade entre as unidades da federação.

I
Salve lindo pendão da esperança!
Salve símbolo augusto da paz!
Tua nobre presença à lembrança
A grandeza da pátria nos traz.

*Estribilho*
Recebe o afeto que se encerra
Em nosso peito juvenil,
Querido símbolo da terra,
Da amada terra do Brasil!

II
Em teu seio formoso retratas
Este céu de puríssimo azul,
A verdura sem par destas matas,
E o esplendor do Cruzeiro do Sul.

III
Contemplando o teu vulto sagrado,
Compreendemos o nosso dever,
E o Brasil por seus filhos amado,
Poderoso e feliz há de ser!

VI
Sobre a imensa nação brasileira,
Nos momentos de festa ou de dor,
Paira sempre, sagrada bandeira
Pavilhão da justiça e do amor!

# HINO À BANDEIRA NACIONAL

Música: Francisco Braga

Letra: Olavo Bilac

Salve lindo pendão da esperança! Salve símbolo augusto da paz! Tua nobre presença à lembrança A grandeza da pátria nos traz.

Recebe o afeto que se encerra Em nosso peito juvenil, Querido símbolo da terra, Da amada terra do Brasil!

Em teu seio formoso retratas Este céu de puríssimo azul, A verdura sem par destas matas, E o esplendor do Cruzeiro do Sul.

Contemplando o teu vulto sagrado, Compreendemos o nosso dever, E o Brasil, por seus filhos amado, Poderoso e feliz há de ser!

Sobre a imensa nação brasileira, Nos momentos de festa ou de dor, Paira sempre sagrada bandeira Pavilhão da justiça e do amor!

# ESTADOS

# A ORIGEM DOS SÍMBOLOS ESTADUAIS

Durante o período colonial, somente a metrópole portuguesa tinha o direito de conceder brasões às vilas e aos povoados fundados no Brasil. Era preciso autorização e autenticação do rei para que o símbolo fosse usado. Conforme visto, apenas em 1645 o próprio Brasil Colônia teve um brasão concedido pelo rei de Portugal. Por dois séculos, apenas seis brasões foram concedidos às cidades coloniais brasileiras: Salvador, Rio de Janeiro, Belém do Pará, São Luís, Vila Bela de Mato Grosso e Cuiabá.[3]

Quanto às capitanias, não se conhece nenhum brasão ou bandeira que tenha sido concedido ou autorizado pela metrópole portuguesa, apenas os brasões usados pelos primeiros donatários, que eram de uso pessoal. Quando o Nordeste do Brasil esteve sob o domínio dos holandeses (1630-1654), foi por iniciativa do conde Maurício de Nassau a criação de brasões de armas tanto para o Brasil quanto para as capitanias em 1637. Quando a região foi reconquistada por Portugal, apenas o Brasil já possuía bandeira e brasão próprios, concedidos em 1645.

São conhecidas as bandeiras regionais usadas nas revoluções que ocorreram em solo nacional, cujos movimentos buscaram a independência ou a implantação do regime republicano, como nos casos da Inconfidência Mineira (1789), da Conjuração Baiana (1798) e da Revolução Pernambucana (1817) na época da Colônia, e, após a Independência, com a Confederação do Equador (1824), a Revolução Federalista Baiana (1833) e a implantação da República Rio-Grandense (1835-1845).[4]

Após a Independência, com exceção das bandeiras das revoluções, não há referência da adoção de bandeiras e brasões próprios pelas províncias, embora essa prática não fosse proibida. Talvez pelo fato de nossa primeira Constituição (1824) manter grande parte do poder centrado nas mãos de dom Pedro I, poderia haver receio de que o estímulo ao uso de bandeiras e outros símbolos provinciais alimentasse desejos regionalistas e até separatistas em um país que ainda precisava costurar sua unidade nacional diante de tantas desigualdades. Tal situação se manteve até o final do Império.

---

3   Para mais informações sobre os brasões do período colonial, ver p. 180.
4   As informações referentes às bandeiras dessas revoluções foram colocadas em seções especiais junto aos capítulos das bandeiras estaduais, de forma a manter a continuidade e a relação histórica associada ao seu simbolismo.

Entretanto, alguns documentos mostram que, a partir da segunda metade do século XIX, o uso de bandeiras provinciais no Brasil Império poderia ter existido, mesmo que extraoficialmente. Prova disso são os chamados galhardetes que indicavam a província de origem dos navios mercantes brasileiros.

No livro *Album des pavillons, guidons et flammes de toutes les puissances maritimes*, publicado pela Marinha francesa em 1858, há desenhos dos galhardetes das províncias brasileiras. Eles eram retangulares, na proporção de 1:8 (outras fontes citam essa proporção em 1:16), e confeccionados em simples padrões geométricos, como as bandeiras de sinal que hoje são hasteadas no alto do mastro principal dos navios.

É provável que esses galhardetes, com o tempo, tenham se convertido também em bandeiras próprias, mais tarde usadas nas províncias de origem como símbolos particulares, caso contrário não teriam resistido até os nossos dias e se transformado no embrião de muitas bandeiras estaduais. Clóvis Ribeiro, na sua obra *Brazões e bandeiras do Brasil* (1933), explica que tais bandeiras eram na verdade hasteadas no morro do Castelo (centro do Rio de Janeiro) quando entrava na

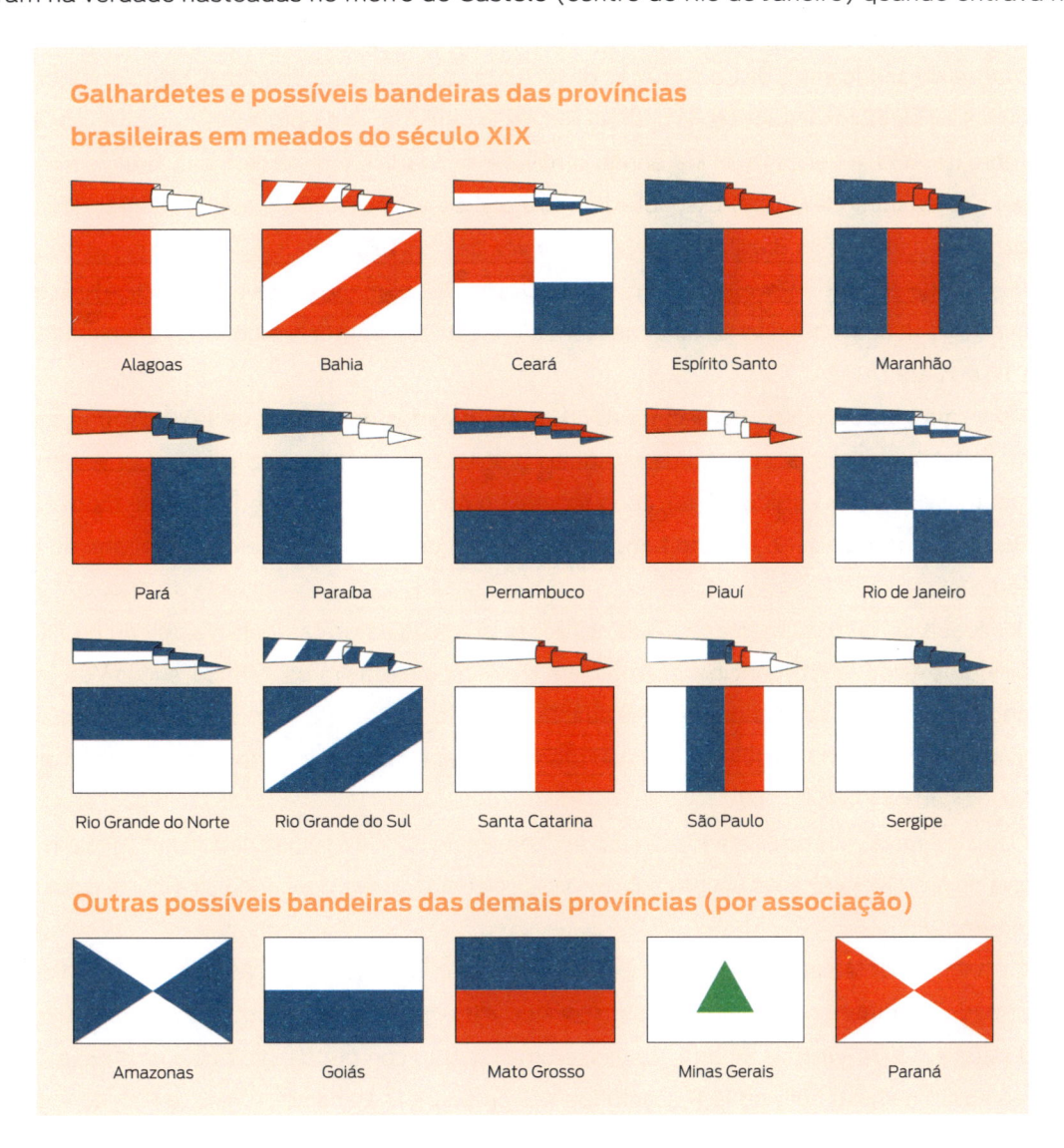

**Galhardetes e possíveis bandeiras das províncias brasileiras em meados do século XIX**

Alagoas, Bahia, Ceará, Espírito Santo, Maranhão

Pará, Paraíba, Pernambuco, Piauí, Rio de Janeiro

Rio Grande do Norte, Rio Grande do Sul, Santa Catarina, São Paulo, Sergipe

**Outras possíveis bandeiras das demais províncias (por associação)**

Amazonas, Goiás, Mato Grosso, Minas Gerais, Paraná

barra da baía de Guanabara um navio procedente da província correspondente. Entretanto, é difícil imaginar que tais bandeiras tenham apresentado única e exclusivamente essa função, já que o padrão e as cores de muitas delas chegaram ao período republicano.

Embora não haja registro de galhardetes para as outras províncias (Amazonas, Goiás, Mato Grosso, Minas Gerais e Paraná), é possível inferir pelo seu padrão geométrico de inversão (como nos casos de Alagoas e Santa Catarina; Espírito Santo e Pará) que elas poderiam assumir tal formato espelhado; em Minas Gerais a bandeira utilizada era a mesma da época da Inconfidência Mineira (sem a divisa em latim), bem como a bandeira da província de São Paulo, que fugia do padrão das demais.

Após a adoção da república no Brasil, e com a implantação da nova Constituição republicana de 1891 (com forte inspiração na Constituição dos Estados Unidos, que concedia maior liberdade aos entes federais), as províncias se converteram em estados federados e, segundo a lei, "poderiam ter bandeira, hino e armas próprias sem omitir os símbolos nacionais". Foi com a Constituição de 1891 que começou a história, ao menos "oficial", do uso de bandeiras, brasões e hinos pelos estados brasileiros.

Vale lembrar que antes da Constituição de 1891 o ideal republicano já influenciava a implantação dos primeiros símbolos estaduais. O hino do Rio de Janeiro, por exemplo, foi oficializado em 29 de dezembro de 1889; a bandeira do Maranhão já havia sido criada em dezembro daquele mesmo ano, e o pavilhão estadual de Mato Grosso foi adotado em 31 de janeiro de 1890, apenas 73 dias depois de oficializada a bandeira do Brasil. Já em 1891 era a vez de o Rio Grande do Sul recuperar as cores da bandeira criada durante a Revolução Farroupilha (1836). Nos primeiros anos da República as bandeiras de alguns clubes republicanos influenciaram a criação dos futuros símbolos estaduais da Bahia (1889) e do Pará (1898).

De forma geral, do início da década de 1890 até meados da década de 1920 ocorreu a instituição oficial da maioria dos símbolos estaduais brasileiros, adotados conforme a conveniência e o contexto vivido pelos estados. O território federal do Acre (elevado à condição de estado apenas em 1962) já adotaria em 1921, como bandeira, o modelo baseado na Revolução Acreana no início do século XX.

A década de 1930 foi marcada pelas agitações políticas e isso também se refletiu na história dos símbolos estaduais. O principal exemplo é a criação da bandeira da Paraíba, surgida da comoção popular pelo assassinato de João Pessoa. Projetando-se então como estado vanguardista na política e na economia brasileiras, São Paulo passou a usar sua bandeira e adotar seu brasão durante a Revolução de 1932.

O Brasil estava vivendo os efeitos da crise econômica de 1929, e a velha política do "café com leite" chegava ao fim. Nessa disputa política sobressaiu-se Getulio Vargas, ocupando o cargo de presidente interino em 1930.

Os ânimos não se acalmaram, e as pressões por uma nova Constituição levaram São Paulo à luta armada. E embora os paulistas tenham perdido a guerra, a nova Constituição que objetivavam foi adotada em 1934. História à parte, Vargas retoma o poder completo e promulga uma nova Constituição em 10 de novembro de 1937. Conforme seu artigo 2º: "A Bandeira, o Hino, o Escudo e as Armas Nacionais são de uso obrigatório em todo o País. Não haverá outras bandeiras, hinos, escudos e armas. A Lei regulará o uso dos Símbolos Nacionais" (PORTO, 2012). Essa posição foi confirmada no decreto-lei nº 1.202, de 8 de abril de 1939, em seu 53º artigo: "A Bandeira, o Hino, o Escudo e as Armas Nacionais são

> **Bandeiras estaduais queimadas**
> Em 27 de novembro de 1937 uma cerimônia oficial queimou as bandeiras estaduais na praça do Russell, Rio de Janeiro. Jovens em fila subiam ao palanque e entregavam os pavilhões para serem incinerados.

de uso obrigatório em todos os estados e municípios; proibidos quaisquer outros símbolos de caráter local" (BRASIL, 1939).

Os estados perderam toda a autonomia e os antigos governadores[5] foram destituídos e substituídos por interventores federais com o intuito de enfraquecer as lideranças políticas estaduais. Vargas acreditava que a unidade nacional só seria alcançada se o governo fosse uno e forte e imaginava que tal ideal só se faria por meio de uma única bandeira, brasão e hino, com o receio de que outros símbolos alimentassem os sentimentos federalistas, ressuscitando os direitos adquiridos pelos estados nos primeiros anos da fase republicana.

Foi somente após o fim da Segunda Guerra Mundial, com o desgaste do Estado Novo e a deposição de Vargas (1945), que surgiu a nova Constituição democrática de 18 de setembro de 1946, restabelecendo o uso dos símbolos estaduais e municipais no Brasil. Conforme o seu artigo 195: "São símbolos nacionais a Bandeira, o Hino, o Selo e as Armas vigorantes na data da promulgação desta Constituição. Parágrafo único: Os estados e municípios podem ter símbolos próprios".

A partir dessa Constituição, os estados passaram a restabelecer (ou criar) muitos dos seus símbolos hoje existentes, mas não o fizeram obrigados, tanto que algumas entidades federais, como é o caso de Minas Gerais, não possuem um hino oficial até hoje, embora a canção *Oh! Minas Gerais* seja muito usada.

É também nesse período que as últimas bandeiras das entidades estaduais então vigentes são oficialmente estabelecidas, como nos casos do Espírito Santo (1947), Rio Grande do Norte (1957), Minas Gerais (1963) e Rio de Janeiro (1965). Outros estados, como Santa Catarina (1954) e Alagoas (1963), reformularam por completo seus pavilhões, enquanto no Paraná (1947) e no Ceará (1967) ocorreram apenas modificações técnicas nos estilos adotados no começo da República. Houve também a transferência da nova capital do Rio de Janeiro para o Distrito Federal, com a inauguração de Brasília (1960), década essa em que a capital federal adotou símbolos próprios. O período do chamado Regime Militar não impediu que o ideal de federação continuasse a vigorar e assim também se mantiveram os símbolos estaduais.

O terceiro grande período na história de nossos símbolos estaduais se inicia justamente com a criação do estado de Mato Grosso do Sul, que adotou seus símbolos em 1979. Dois anos depois era a vez de Rondônia conseguir autonomia estadual e criar sua própria bandeira, hino e brasão de armas.

Os novos ventos rumo ao restabelecimento do ideal democrático conduziram o Brasil à sua atual Constituição Federal (1988). Nela, Amapá e Roraima foram elevados à condição de estado, e as lutas

---

5 Até 1946 usava-se o nome de "presidente" para designar os governadores estaduais. Para evitar confusões, a partir dos próximos capítulos a designação de "governador" será usada ao mencionar um governante estadual.

em torno da separação do norte de Goiás resultaram na criação do estado do Tocantins. A década de 1990 foi marcada pela adoção dos símbolos dos novos estados.

A chegada do século XXI assistiu à atualização de alguns dos símbolos estaduais vigentes. Além de Goiás, que trocou seu hino em setembro de 2001, as alterações na bandeira do Piauí (2005), o remodelamento da bandeira e do brasão do Ceará (2007) e a regulamentação das cores na bandeira de Pernambuco (2020) são alguns exemplos recentes. Não é surpresa que ocorram essas mudanças nos hinos, bandeiras e brasões em nossas entidades estaduais. Afinal, é preciso lembrar que os símbolos retratam a realidade e os anseios de uma nação, estado ou município e que por isso estão sujeitos a mudanças e ajustes ao longo da história.

## BANDEIRAS "VIRTUAIS" DAS UNIDADES FEDERATIVAS

Pode-se aplicar o termo "bandeiras virtuais" aos estandartes que nunca tremularam de fato, cuja proposta ocorreu no papel, bem como aos modelos que chegaram a ser confeccionados e foram usados em breves momentos da história, mas jamais tiveram o status de símbolo "oficial" por força da lei ou da prática comum. Dentre as versões conhecidas, algumas estão bem documentadas por meio de projetos e livros, enquanto outros modelos aparecem em breves relatos ou publicações avulsas, carecendo de fontes mais aprofundadas. Dentre as versões conhecidas, podem ser destacados os seguintes modelos:

- **Amapá:** há uma versão da bandeira do estado anterior a 1984 (quando os símbolos amapaenses foram oficializados) e que foi reproduzida por alguns atlas escolares até meados da década de 1990. Era formada por um campo tripartido na vertical, nas cores vermelho e branco; na faixa branca aparecia uma figura central com a silhueta da fortaleza de São José de Macapá e uma faixa com o lema "O Oiapoque e o Amazonas", recordando a defesa do território entre os rios que formam as fronteiras naturais do estado; também havia uma coroa acima da fortaleza – homenagem a José Maria da Silva Paranhos Júnior, o barão do Rio Branco, que em 1900 atuou na vitória diplomática em prol da região ante a França (que a reivindicava como parte da Guiana Francesa); a estrela azul simbolizava o então Território Federal do Amapá.

- **Distrito Federal:** durante a década de 1960 houve um desenho que foi creditado (em especial em alguns atlas escolares e álbuns de figurinhas da época) como a bandeira não oficial de Brasília a partir de 1967 – embora não haja nenhum registro de que ela tenha sido usada nos edifícios públicos da capital ou mesmo apresentada em forma de projeto. Disposta nas cores nacionais, era formada por um campo bicolor, em azul e branco, na proporção de um terço a partir da região da tralha. Na partição, aparecia o desenho de um escudo quadrangular, cortado nas cores verde (superior) e amarela (inferior), em que se sobrepunha a silhueta das pilastras do Palácio da Alvorada. A atual bandeira do Distrito Federal foi adotada em 1969.

- **Mato Grosso do Sul:** quando houve o processo de desmembramento do sul de Mato Grosso, surgiram duas bandeiras não oficiais até a adoção da versão oficial como símbolo do estado em 1979. A primeira delas apareceu entre maio e outubro de 1977, sendo formada por um campo tripartido nas cores azul e branca, apresentando a imagem do Cruzeiro do Sul no cantão superior e a legenda "Estado de Campo Grande"; a segunda versão apareceu entre 1977 e 1979, formada por um retângulo tripartido nas cores verde e branca, pois a lei complementar nº 31, de 11 de outubro de 1977, definiu que o futuro estado seria chamado de Mato Grosso do Sul, passando a ser descrito na bandeira.

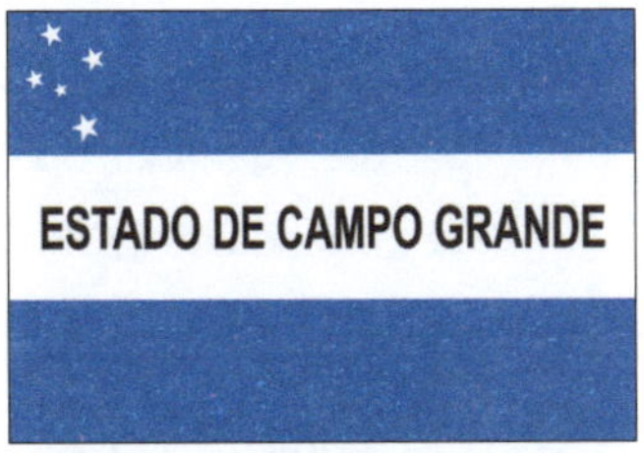

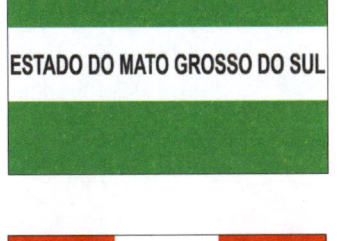

- **Pará:** no período de 1890 a 1898, o pavilhão usado pelo Clube Republicano Paraense, cuja autoria é atribuída ao republicano Philadelfo Condurú, tremulou como a bandeira do município de Belém. Segundo dados históricos, era formado por um campo tripartido na vertical, tendo as laterais em vermelho com uma faixa central branca, contendo uma estrela em azul ao centro. Também se pretendia oficializá-lo como bandeira estadual, conforme projeto da Câmara dos Deputados do Pará na época, porém o modelo acabou rejeitado, passando-se a adotar o atual desenho da bandeira paraense como símbolo estadual.

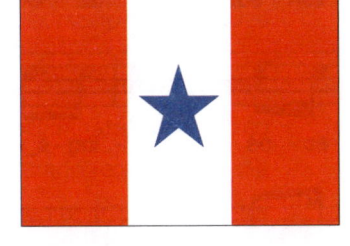

- **Paraíba:** após o assassinato de João Pessoa, em 26 de julho de 1930, foi formada uma comissão na Assembleia Legislativa do Estado para a escolha da nova bandeira estadual. O deputado Generino Maciel apresentou em 8 de setembro o projeto para a nova bandeira estadual, conhecido por Projeto nº 6 (ou Projeto da Bandeira Rubro-Negra). Segundo o texto da lei, a bandeira seria formada por faixas paralelas horizontais, de igual tamanho, vermelhas e pretas. No alto da bandeira haveria um cantão vermelho com um círculo azul e a data "5 de agosto de 1585" em letras negras. Um contorno branco separaria o círculo azul do campo vermelho, cercado na sua borda de tantas estrelas quantos fossem os municípios do estado; também apareceria a palavra "Négo", seguida da inscrição "29 de julho de 1929" – tudo em branco. Uma semana depois, o deputado refez o projeto inicial, resultando na atual bandeira paraibana.

- **Piauí:** assim como a bandeira creditada ao Distrito Federal, em alguns livros e álbuns de figurinhas aparece uma versão atribuída ao estado do Piauí, formada por um campo verde cortado por uma faixa branca diagonal disposta em banda. Provavelmente é uma versão pré-1922 (quando o estado adotou oficialmente sua bandeira) que apareceu nas ilustrações das figurinhas do sabonete Eucalol e foi reproduzida posteriormente em outras publicações até a década de 1960.

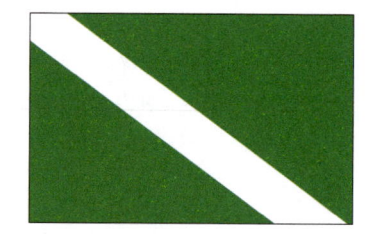

- **Roraima:** assim como o Amapá, há uma versão da bandeira de Roraima que apareceu em publicações até meados da década de 1990. Era formada por um retângulo tripartido, nas cores vermelha e branca, com um cantão azul onde se assentava uma estrela branca de cinco pontas. Vale lembrar que em 1943 foi criado o Território Federal do Rio Branco, tornando-se Território Federal de Roraima a partir de 1962. É provável que a bandeira tenha surgido por uma dessas ocasiões, sendo a estrela um indicativo do status que Roraima possuía na época. Deixou de ser usada em 1988. Os atuais símbolos do estado foram oficializados em 1996.

- **Santa Catarina:** acredita-se que houve uma segunda versão da bandeira catarinense, virtualmente existente entre 1946 e 1954. O losango coberto de estrelas da bandeira adotada em 1895 foi substituído por uma única estrela solitária amarela, embora não tenha sido encontrado nenhum exemplar confeccionado ou mesmo fotografias dessa bandeira em uso. Proibidos a partir do Estado Novo (1937), os símbolos estaduais foram novamente permitidos pela Constituição Federal de 1946 e, quando a bandeira catarinense foi reintroduzida oficialmente, em 19 de fevereiro de 1954, passou a ser usado o brasão de armas do estado no lugar da estrela solitária.

- **Tocantins:** em 1956, o movimento separatista do norte de Goiás lançou proposta do Estado do Tocantins, com a criação de uma bandeira pelo juiz Feliciano Machado Braga. O desenho era formado por 13 listras horizontais, alternadas em verde e branco, com o mesmo significado da bandeira brasileira. O número 13 é uma referência à data do lançamento do manifesto (13 de maio) e também ao Paralelo 13 S (na atual divisa entre Goiás e Tocantins). Sobreposta às listras horizontais havia uma faixa diagonal, em banda, na cor vermelha, para expressar o ardor e o calor do povo tocantinense. A inscrição da palavra "velo" em letras brancas simbolizava que o novo Estado "velaria" pelos interesses brasileiros na região.

# ACRE

**Capital:** Rio Branco | **Gentílico:** Acreano | **Região:** Norte

## BANDEIRA

A atual bandeira acreana foi inspirada nos pavilhões usados durante a Revolução Acreana (1899-1903). A cor verde representa a esperança, a força, a longevidade e a imortalidade, enquanto o amarelo simboliza a eternidade e recorda a riqueza e o valor por ser a cor da terra fértil. A estrela vermelha simboliza o farol que guiou o elevado ideal daqueles que lutaram e deram o sangue pela incorporação do estado ao território brasileiro.

Proporção 14:20

Na bandeira brasileira, a "estrela altaneira" que simboliza o estado do Acre chama-se Gama e pertence à constelação da Hidra Fêmea. Entre 1930 e 1946, a bandeira acreana foi abolida, primeiro pelo decreto nº 4, do governador Hugo Carneiro, e mais tarde pela Constituição de 1937. Foi restaurada em 1962, quando o Acre foi elevado à condição de estado, sendo sua atual disposição regulamentada pela lei nº 1.170, de 22 de dezembro de 1995.

### Bandeiras da Revolução Acreana (1899-1903)

Criada por Luís Galvez durante o governo provisório do estado independente do Acre, a bandeira compunha-se de dois triângulos retângulos unidos pelas hipotenusas com as cores verde e amarela — derivadas da bandeira brasileira — através do decreto nº 2, de 15 de julho de 1899.

Durante o comando de Plácido de Castro (1902-1903), foi acrescentada uma estrela vermelha ao modelo original, colocada logo abaixo da linha descendente da bandeira. Quando Epaminondas Jácome foi governador do território federal do Acre, mandou seu secretário-geral redigir o texto que adotava oficialmente a bandeira criada por Luís Galvez como símbolo acreano (resolução nº 5, de 24 de janeiro de 1921). O secretário acabou, por engano, invertendo a posição dos triângulos da bandeira, que ficou disposta no sentido inverso do original, como atualmente se observa.

Bandeira acreana criada por Luís Galvez (1899-1902)

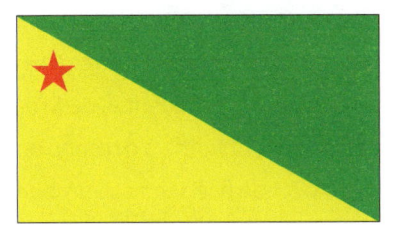

Bandeira acreana alterada por Plácido de Castro (1902-1903)

# BRASÃO DE ARMAS

O brasão de armas do estado do Acre foi regulamentado pela lei nº 1.173, de 22 de dezembro de 1995 e compõe-se de um escudo oval no qual há, no plano inferior, uma estrela vermelha que expressa o ideal de perfeição e de luta pela autonomia. Ela se assenta sobre um campo verde que simboliza, além da riqueza do solo, a vegetação, a esperança, a honra, a liberdade, a amizade e a cortesia. Sobre esse campo corre um rio de prata, representando o rio Acre, que deu nome ao estado. Ao centro há a figura de um leopardo solitário, recordando a altivez, a ferocidade e a força e, atrás deste, uma seringueira (*Hevea brasiliensis*) como símbolo da histórica riqueza acreana. Ao fundo aparece o céu azul, representando justiça, formosura, serenidade e as grandes aspirações. O escudo é revestido por uma borda de prata com a frase em latim *Nec luceo pluribus impar* (Não inferior a muitas estrelas) expressando o status do Acre como membro da federação. Está ladeado, ainda, por quatro bandeiras acreanas envoltas por ramos de café (à direita) e de tabaco (à esquerda) e guardadas por duas espadas entrecruzadas que recordam a força humana. Sob esse conjunto, apresenta-se uma faixa com as datas: "6-8-1902" e "24-1-1903" – início e fim da Revolução Acreana – e "15-6-1962", dia em que o Acre foi elevado à condição de estado. A âncora simboliza firmeza e solidez, enquanto o barrete frígio (acima do escudo) é alusivo ao ideal republicano. Todos esses elementos repousam sobre um sol de ouro.

## Brasões históricos do Acre

O primeiro emblema acreano foi criado em 1899 por Luís Galvez, com a proclamação do estado independente do Acre. Porém, após a vitória sobre as tropas bolivianas, Plácido de Castro modificou o desenho em 1902, inspirando-se no brasão de sua terra de origem: o Rio Grande do Sul. Além do escudo oval com a figura do leopardo repousando sobre uma palmeira e guardando um rio de prata, havia uma estrela de mesmo metal na base do escudo. Em sua bordadura de prata aparecia a frase "Estado Independente do Acre" e a data "7 de agosto de 1902". As espadas entrecruzadas e a âncora figuravam atrás de uma faixa branca com a frase: *Libertas quæ sera tamen* ("Liberdade, ainda que tardia") – inspirada no lema dos inconfidentes de Minas Gerais. Ladeavam o escudo quatro bandeiras (conforme o desenho da época) circundadas por ramos vegetais. Ao fundo havia um sol, simbolizando a liberdade conquistada.

Primeiro brasão de armas do Acre (1902-1903)

O segundo modelo foi criado por Epaminondas Jácome (resolução nº 45, de 22 de maio de 1922), baseado no brasão de armas do Brasil na época. A estrela vermelha em destaque no escudo simbolizava o Acre e as datas inscritas sobre a faixa branca eram alusivas ao início e fim da Revolução Acreana. Como novidade, foi incluída a frase em latim *Nec luceo pluribus impar*, para lembrar o desejo de igualdade entre os membros da federação.

Segundo brasão de armas do Acre (1922-1989)

# HINO

O hino foi composto em 5 de outubro de 1903 por Francisco Mangabeira (1879-1904). A letra nasceu no seringal Capatará, propriedade de José Plácido de Castro e quartel-general do exército das forças revolucionárias, no qual Mangabeira era médico. A música foi composta em 1926 pelo maestro Mozart Donizetti Gondim (1890-1934), recém-chegado à vila de Seabra, atual município de Tarauacá. Cearense nascido em Sobral, Donizetti também havia morado em Manaus e viveu seus últimos dias na cidade de Cruzeiro do Sul.

*Estribilho*
Fulge um astro na nossa bandeira,
Que foi tinto no sangue de heróis
Adoremos na estrela altaneira
O mais belo e o melhor dos faróis.

I
Que este sol a brilhar soberano
Sobre as matas que o veem com amor
Encha o peito de cada acreano
De nobreza, constância e valor...
Invencíveis e grandes na guerra,
Imitemos o exemplo sem par
Do amplo rio que briga com a terra,[6]
Vence-a e entra brigando com o mar.

II
Triunfantes da luta voltando,
Temos n'alma os encantos do céu
E na fronte serena, radiante,
Imortal e sagrado troféu,
O Brasil, a exaltar, acompanha
Nossos passos: portanto, é subir,
Que da glória a divina montanha
Tem no cimo o arrebol do porvir.

III
Possuímos um bem conquistado
Nobremente com as armas na mão...
Se o afrontarem, de cada soldado
Surgirá de repente um leão.
Liberdade – é o querido tesouro
Que depois do lutar nos seduz:
Tal o rio que rola, o sol de ouro
Lança um manto sublime de luz.

IV
Vamos ter como prêmio da guerra
Um consolo que as penas desfaz,
Vendo as flores do amor sobre a terra
E no céu o arco-íris da paz.
As esposas e mães carinhosas
A esperar-nos nos lares fiéis
Atapetam as portas de rosas
E, cantando, entretecem lauréis.

V
Mas se audaz estrangeiro algum dia
Nossos brios de novo ofender,
Lutaremos com a mesma energia,
Sem recuar, sem cair, sem temer...
E ergueremos então destas zonas
Um tal canto vibrante e viril
Que será como a voz do Amazonas
Ecoando por todo o Brasil.

---

6   Refere-se à pororoca, ondas abruptas causadas pelo encontro do rio Amazonas com as águas das marés altas do oceano Atlântico, gerando o desbarrancamento de suas margens e produzindo um ruído estrondoso.

# HINO DO ESTADO DO ACRE

Música: Mozart Donizetti Godim
Letra: Francisco Mangabeira

Que este sol a brilhar soberano
Sobre as matas que o veem com amor
Encha o peito de cada acreano
De nobreza constância e valor...
Invencíveis e grandes na guerra,
Imitemos o exemplo sem par
Do amplo rio que briga com a terra,
Vence a e entra brigando com o mar.
Fulge um astro na nossa bandeira,
Que foi tinto no sangue de heróis
Adoremos na estrela altaneira
O mais belo e o melhor dos faróis.

# ALAGOAS

**Capital:** Maceió | **Gentílico:** Alagoano | **Região:** Nordeste

## BANDEIRA

A bandeira do estado de Alagoas é tricolor, disposta verticalmente nas cores vermelha, branca e azul. A origem dessas cores está associada ao folclore alagoano, pois o anil e o encarnado, por vezes combinados com o branco, figuram tradicionalmente nas festas populares do estado, como reisados, guerreiros, cavalgadas, quilombos e pastoris. No campo branco da bandeira está presente o brasão de armas alagoano, com exceção da faixa e do mote. Foi adotada por meio da lei nº 2.628, de 23 de setembro de 1963.

A primeira bandeira alagoana foi adotada em 1894, pelo mesmo decreto que instituiu o brasão de armas do estado. Era composta de um estandarte bipartido em vermelho e branco, no qual figurava ao centro o primeiro brasão de armas estadual; suas cores derivam da bandeira usada pelos navios mercantes alagoanos no século XIX. Com a proibição dos símbolos estaduais pela Constituição de 1937, ela voltaria a tremular entre 1946 e 1963, quando foi substituída pelo pavilhão atual.

Proporção: 14:20

(1894-1963)

## BRASÃO DE ARMAS

O brasão foi adotado pela mesma lei que regulamenta a bandeira do estado. É composto de um escudo português dividido em três partes que evocam as antigas vilas que deram origem a Alagoas: à direita do escudo, sobre um campo prateado, há um rochedo sustentando uma torre, em vermelho, que representa a cidade de Penedo, tendo por referência o forte Maurício de Nassau (construído pelos holandeses que se apossaram da região entre 1637 e 1645); a base em azul com ondas alternadas em prata relembra o rio São Francisco e sua posição estratégica para a região; à esquerda do escudo, também sobre um fundo prateado, há três morros unidos na cor vermelha, dispostos sobre oito faixas, alternadas em prata e azul, que aludem a Porto Calvo, sua região serrana e o mar.

Na parte superior do escudo, há três tainhas de prata nadando sobre um fundo azul, que se referem à antiga vila de Alagoas e a Maceió, capital do estado. Essas três tainhas já figuravam no brasão de armas concedido pelos holandeses a Alagoas em 1638. Ladeiam o escudo, à sua direita, uma haste de cana-de-açúcar empendoada (com flor) e, à esquerda, um ramo de algodoeiro encapuchado e florido, que representam os principais produtos agrícolas alagoanos.

Acima do escudo há uma estrela de prata (Teta do Escorpião) que representa Alagoas como membro da federação brasileira. Abaixo aparece uma faixa na cor verde, com a divisa em latim: *Ad bonum et prosperitatem* (Pelo bem e pela prosperidade).

Já o primeiro brasão de armas de Alagoas foi aprovado pelo decreto nº 53, de 25 de maio de 1894. Consistia em um escudo atravessado por uma faixa dourada com a legenda "Paz e Prosperidade", como a principal aspiração do povo alagoano. Na base, à esquerda do escudo, como representação do comércio e da indústria, havia um trem e um barco mercante. No lado direito do escudo aparecia representada a cachoeira de Paulo Afonso, na divisa com a Bahia, formada pelo rio São Francisco, como o acidente geográfico mais notável da região. Havia ainda uma estrela de ouro, que representava Alagoas. Um feixe de cana-de-açúcar, à direita do escudo, e um ramo de algodoeiro florido, à esquerda, lembravam os principais produtos agrícolas. A águia prateada, com as asas estendidas e pousada sobre o escudo, cercada ao fundo por uma auréola de ouro, era o emblema de força e altivez. Finalmente, existia uma fita vermelha com os dizeres "Estado de Alagoas", outra em azul, no plano inferior, onde se lê "Brasil".

(1894-1963)

## HINO

O primeiro hino de Alagoas foi composto em 15 de dezembro de 1889 por Misael Domingues, mas a obra caiu logo no esquecimento e não chegou a ser adotada como símbolo estadual. Em 15 de fevereiro de 1894, o poema apresentado por Luiz Mesquita (1861-1918) agradou ao governador da época, Gabino Besouro, que instituiu um concurso para a escolha da melodia em 1º de abril daquele mesmo ano.

A primeira apresentação das músicas concorrentes ocorreu dias depois, em 27 de maio, e foram executadas pela banda do Batalhão Policial de Alagoas. A comissão julgadora aprovou a composição criada por Benedito Raimundo da Silva (1859-1921) como a que mais se ajustou ao poema.

O hino do estado de Alagoas foi oficializado pelo decreto nº 57, de 6 de junho de 1894. Devido à extensão da letra, é comum apenas se cantar as três primeiras e as três últimas estrofes do hino.

I
Alagoas, estrela radiosa,
Que refulge ao sorrir das manhãs,
Da República és filha donosa,
Maga estrela entre estrelas irmãs.

A alma pulcra de nossos avós.
Como bênção de amor e de paz,
Hoje paira, a fulgir sobre nós,
E maiores, mais fortes nos faz.

*Estribilho*
Tu, liberdade formosa,
Gloriosa hosana entoas:
Salve, ó terra vitoriosa!
Glória à terra de Alagoas!

II
Esta terra quem há que idolatre-a
Mais que os filhos que lhe são?
Nós beijamos o solo da pátria
Como outrora o romano varão.

Nesta terra de sonhos ardentes,
Só, palpitam, como alma de sóis,
Corações, corações de valentes,
Almas grandes de grandes heróis!

*Estribilho*
Tu, liberdade formosa,
Triunfal hosana entoas:
Salve, ó terra gloriosa!
Berço de heróis! Alagoas!

III
Ide, algemas que o pulso prendias
Desta pátria, outros pulsos prender.
Nestes céus, nas azuis serranias,
Nós, só livres, podemos viver.

E se a luta voltar, hão-de os bravos
Ter a imagem da pátria por fé.
Que Alagoas não procria escravos:
Vence ou morre!... Mas sempre de pé!

*Estribilho*
Tu, liberdade formosa,
Ridentes hinos entoas:
Salve, ó terra grandiosa
De luz, de paz, Alagoas!

IV
Salve, ó terra que, entrando no templo,
Calmo e ovante, da indústria te vás;
Dando às tuas irmãs este exemplo
De trabalho e progresso na paz!

Sus! Os hinos de glórias já troam!...
A teus pés os rosais vêm florir!...
Os clarins e fanfarras ressoam,
Te levando em triunfo ao porvir!

*Estribilho*
Tu, liberdade formosa,
Ao trabalho hosana entoas!
Salve, ó terra futurosa!
Glória à terra de Alagoas!

# HINO DO ESTADO DE ALAGOAS

Música: Benedito Raimundo da Silva

Letra: Luiz Mesquita

Alagoas, estrela radiosa, Que refulge ao sorrir das manhãs, Da República és filha donosa, Maga estrela entre estrelas irmãs. A alma pulcra de nossos avós. Como bênção de amor e de paz, Hoje paira a fulgir sobre nós, E maiores, mais fortes nos faz.

Tu, liberdade formosa, Gloriosa hosana entoas: Salve, ó terra vitoriosa! Glória à terra de Alagoas! Tu, liberdade formosa, Gloriosa hosana entoas: Salve ó terra vitoriosa! Glória à terra de Alagoas! Salve...

*Para prosseguir...*

# AMAPÁ

**Capital:** Macapá | **Gentílico:** Amapaense | **Região:** Norte

## BANDEIRA

A bandeira do Amapá apresenta uma faixa azul que simboliza a justiça e o céu amapaense, enquanto o amarelo-ouro alude à união e às riquezas do subsolo do estado. O verde representa as florestas nativas e simboliza a esperança, o futuro, a liberdade e a abundância do povo amapaense. O branco recorda a pureza, a paz e a vontade de que no Amapá haja sempre a comunhão entre o poder público e a população. A cor negra simboliza o respeito a todos aqueles que deram a vida em defesa do estado e da região. O campo verde que avança para as extremidades da bandeira traz a figura geométrica que representa a fortaleza de São José de Macapá, simbolizando que o Amapá é o guardião e a porta de entrada para toda a região da Amazônia brasileira. Foi aprovada pelo decreto nº 4, de 30 de janeiro de 1984.

Proporção: 14:20

## BRASÃO DE ARMAS

O brasão de armas do Amapá é composto de um escudo prateado com as bordas nas cores azul e vermelho, retratando o antigo uniforme da guarda da fortaleza de São José de Macapá. As formas arquitetônicas dessa fortaleza aparecem nos flancos da parte superior do escudo.

No centro há o mapa do Amapá, mostrando a extensão geográfica do estado. Sua cor dourada simboliza as riquezas de seu solo e subsolo, aludindo também à união, à fé e à constância nos atos. Dentro do mapa há a figura do amapazeiro (*Parahancornia amapa*), árvore-símbolo do estado, apoiada em um campo verde, que representa a esperança, o futuro, o amor, a liberdade, a amizade, a abundância e a cortesia, bem como os férteis campos agrícolas amapaenses. O mapa está dividido por um corte horizontal, que representa a linha do Equador, que atravessa a capital Macapá. Dele enraiam-se 25 arestas negras, lembrando por sua convergência o respeito pelos antepassados que lutaram em defesa da região. Acima do escudo há uma estrela de prata, cor da pureza, com bordadura em negro e dourado, simbolizando o surgimento do Amapá como estado da federação. Abaixo desta há uma faixa com os dizeres "Aqui começa o Brasil".

O brasão é guardado ainda pelos ramos do amapazeiro e seus frutos, atados por um laço branco – a fita do Divino Espírito Santo –, que representa o folclore amapaense. Foi desenhado pelo artista plástico Herivelto Brito Maciel, depois de realizado concurso para a escolha do símbolo.

## HINO

A *Canção do Amapá* surgiu a partir da letra de autoria de Joaquim Gomes Diniz (1893-1949), advogado da prefeitura de Macapá entre os anos de 1929 e 1945. Em abril de 1944, ele conheceu o maestro Oscar Santos (1905-1976), que o ajudou nos arranjos musicais para o poema. Santos nasceu em Abaetetuba, Pará; atuou como compositor e professor de música em vários municípios paraenses, ajudou a formar bandas sinfônicas e conjuntos musicais por onde passava, antes de vir a lecionar em Macapá. O hino foi instituído pelo decreto nº 8, de 23 de abril de 1984, que regulamenta os símbolos oficiais do estado.

**Canção do Amapá**

I

Eia! Povo destemido
Deste rincão brasileiro.
Seja sempre o teu grito partido
De leal coração altaneiro.

Salve! Rico torrão do Amapá
Solo fértil de imensos tesouros
Os teus filhos, alegres, confiam
Num futuro repleto de louros.

*Estribilho*
Se o momento chegar algum dia
De morrer pelo nosso Brasil
Hei de ver deste povo à porfia,
Pelejar neste céu cor de anil.

II

Eia! Povo herói, varonil
Descendente da raça guerreira
Ergue forte, leal, sobranceira,
A grandeza de nosso Brasil.

Salve! Rico torrão do Amapá
Solo fértil de imensos tesouros
Os teus filhos, alegres, confiam
Num futuro repleto de louros.

*Estribilho*
Se o momento chegar algum dia
De morrer pelo nosso Brasil
Hei de ver deste povo à porfia,
Pelejar neste céu cor de anil.

# HINO DO ESTADO DO AMAPÁ
## "Canção do Amapá"

Música: Oscar Santos
Letra: Joaquim Gomes Diniz

Eia! Povo deste mido Desterincão brasileiro. Seja sempre o teu grito partido De leal coração altaneiro. Salve! Rico torrão do Amapá Solo fértil de imensos tesouros Os teus filhos, alegres, confiam Num futuro repleto de louros. Se o momento chegar algum dia De morrer pelo nosso Brasil Hei de ver deste povo à porfia, Pelejar neste céu cor de anil. Se o mo- nil. Eia! nil.

# AMAZONAS

**Capital:** Manaus | **Gentílico:** Amazonense | **Região:** Norte

## BANDEIRA

A bandeira do Amazonas tem sua origem no ano de 1897, quando foi confeccionada para ser levada aos campos de combate da guerra de Canudos (na Bahia), pelo batalhão militar amazonense que se integrou às forças dos demais estados naquela luta.

O azul e o branco eram as cores tradicionais usadas pelos portugueses durante o período colonial, assim como mais tarde apareceriam também na bandeira republicana do Brasil. A cor vermelha representa o sangue que corre nas veias dos amazonenses. Vermelho, azul e branco também são o símbolo de liberdade em vários países. Sobre o cantão azul, aparecem 25 estrelas brancas, simbolizando o número de municípios existentes no estado em 4 de agosto de 1897. Foi oficializada pela lei nº 1.513, de 14 de janeiro de 1982, e regulamentada pelo decreto nº 6.189, em 10 de março do mesmo ano.

Proporção: 15:21

### Municípios do Amazonas representados nas estrelas da bandeira do estado (1897)

| Borba | Silves | Barcelos | Maués | Tefé | Parintins | Itacoatiara | Coari |
|---|---|---|---|---|---|---|---|
| Codajás | | Manicoré | | Manaus | Barreirinha | | São Paulo de Olivença |
| Urucará | | Humaitá | | | Boa Vista (RR) | | Moura |
| Fonte Boa | Lábrea | São Gabriel da Cachoeira | Canutama | Manacapuru | Urucurituba | Carauari | São Felipe do Juruá (Eirunepé) |

## BRASÃO DE ARMAS

O brasão de armas do estado do Amazonas foi instituído pelo decreto nº 204, de 24 de novembro de 1897, e regulamentado pelo decreto nº 10.534, de 16 de setembro de 1987.

Em sua elipse, posta no centro do escudo, aparece uma faixa em amarelo-ouro que o divide em três campos, representando a confluência do rio Negro com o rio Solimões – a partir dela é que se forma o rio Amazonas.

O campo azul, abaixo da margem direita dos rios, representa o céu do Brasil, onde uma estrela de prata indica a paz e o progresso; na junção dos dois rios, no terço superior, também em azul, há o desenho de um barrete frígio, em vermelho, símbolo da lealdade do Amazonas à República.

No campo verde, que representa as florestas, estão postas duas setas cruzadas e duas penas entrelaçadas, que simbolizam a civilização moderna. A elipse é circundada por uma corrente presa por quatro volutas que saem do escudo, em cuja base se assenta uma âncora de ferro, símbolo da navegação e de sua importância histórica e econômica para o estado.

Abaixo da elipse aparecem dois ramos vegetais atados por uma faixa verde com as datas "22 de junho de 1832", na qual o Amazonas buscou a independência provincial, e "21 de novembro de 1889", quando o estado aderiu à República. Do lado esquerdo do escudo aparecem amarrados por uma corda vermelha os emblemas da indústria (uma ferramenta e uma roda dentada) e do lado direito os símbolos do comércio e da agricultura (um caduceu e uma cornucópia).

No alto do escudo pode-se ver ainda o sol radiante, símbolo da boa fama, da glória e da liberdade e, pousada sobre um pedestal, uma águia amazonense, estilizada e de asas abertas, simbolizando a grandeza e a força.

## HINO

O hino do Amazonas foi instituído pela lei nº 1.404, de 1º de setembro de 1980. A música foi composta pelo maestro amazonense Claudio Franco de Sá Santoro (1919-1989), que além de se dedicar ao violino e ao piano, atuou também como professor no Departamento de Música da Universidade de Brasília. A letra foi escrita pelo poeta acreano Jorge Tufic Alaúzo (1930-2018), que também foi membro da Academia Amazonense de Letras. A composição foi apresentada pela primeira vez na data de sua instituição oficial, na praça do Congresso, às oito horas da manhã, durante a abertura da Semana da Pátria e da Semana do Amazonas.

I
Nas paragens da história, o passado
É de guerras, pesar e alegria,
É vitória pousando suas asas
Sobre o verde da paz que nos guia.
Assim foi que nos tempos escuros
Da conquista apoiada ao canhão,
Nossos povos plantaram seu berço,
Homens livres, na planta do chão.

*Estribilho*
Amazonas, de bravos que doam,
Sem orgulho nem falsa nobreza,
Aos que sonham, teu canto e lenda,
Aos que lutam, mais vida e riqueza.

II
Hoje o tempo se faz claridade,
Só triunfa a esperança que luta,
Não há mais o mistério e das matas
Um rumor de alvorada se escuta.
A palavra em ação se transforma
E a bandeira que nasce do povo
Liberdade há de ter no seu pano,
Os grilhões destruindo de novo.

III
Tão radioso amanhece o futuro
Nestes rios de pranto selvagem,
Que os tambores da glória despertam
Ao clarão de uma eterna paisagem.
Mas viver é destino dos fortes,
Nos ensina, lutando, a floresta,
Pela vida que vibra em seus ramos,
Pelas aves, suas cores, sua festa.

# HINO DO ESTADO DO AMAZONAS

Música: Cláudio Franco de Sá Santoro

Letra: Jorge Tufic Alaúzo

Nas paragens da história, o passado
É de guerras, pesar e alegria,
É vitória pousando suas asas
Sobre o verde da paz que nos guia.
Assim foi que nos tempos escuros
Da conquista apoiada ao canhão,
Nossos povos plantaram seu berço,
Homens livres, na planta do chão.

Amazonas, de bravos que doam,
Sem orgulho nem falsa nobreza,
Aos que sonham, teu canto e lenda,
Aos que lutam, mais vida e riqueza.

# BAHIA

**Capital:** Salvador | **Gentílico:** Baiano | **Região:** Nordeste

## BANDEIRA

A bandeira da Bahia nasceu em uma reunião do Congresso Republicano, realizada em Salvador em 26 de maio de 1889, quando o dr. Deocleciano Ramos apresentou seu desenho aos membros do partido. A partir desse momento, aquela bandeira partidária, pelo uso e costume, passou a figurar como o pavilhão estadual. Desde então, a sua forma permaneceu inalterada conforme a aceitação popular, mantendo o seu uso tradicional.

Proporção: 14:20

Ela é constituída de quatro listras horizontais, brancas e vermelhas de forma alternada, tendo no cantão azul a figura de um triângulo equilátero branco. As cores vermelha, branca e azul já figuravam na bandeira idealizada pelos revolucionários de 1798 (na chamada Conjuração Baiana ou Revolta dos Alfaiates). O triângulo branco homenageia a bandeira criada durante a Inconfidência Mineira de 1789. Já a sua disposição em forma de listras com um cantão azul é atribuída à bandeira dos Estados Unidos, cujo ideal de democracia teve forte repercussão entre os brasileiros daquele período.

A bandeira baiana foi hasteada pela primeira vez em 17 de novembro de 1889, quando, oficialmente, a Bahia reconhecia a República proclamada no Brasil. Após a proibição dos símbolos estaduais pela Constituição de 1937, foi oficialmente restabelecida pelo decreto nº 19.628, de 11 de junho de 1960.

### Bandeiras das revoltas nativistas ocorridas na Bahia

Em 12 de agosto de 1798 deflagrou-se em Salvador a chamada Conjuração Baiana (ou Revolta dos Alfaiates, assim conhecida por causa da profissão de alguns de seus membros), influenciada pelas ideias iluministas e republicanas. Seus membros pregavam o fim da escravidão, a instalação de um governo igualitário e a criação de uma República na Bahia. A bandeira adotada pelo movimento era composta de um pavilhão com faixas verticais nas cores branca e azul, tendo ao centro uma grande estrela vermelha rodeada, entre as pontas, de cinco estrelas menores da mesma cor. Essas cores eram muito populares na época por estarem associadas à ideia de liberdade e revolução. Seus conspiradores acabaram presos pelas tropas portuguesas e foram enforcados na praça da Piedade, em Salvador, em 8 de novembro de 1799.

Conjuração Baiana (1798)

O Recôncavo Baiano seria novamente agitado entre 1832 e 1833, com o movimento liderado por Bernardo Miguel "Guanais" Mineiro, que pregava a autonomia provincial (federalismo) e a formação de uma

República no Brasil. Após serem presos e levados ao Forte do Mar, os revoltosos conseguiram sublevar a própria guarnição do forte, que apontou seus canhões para a cidade de Salvador.

Em 26 de abril de 1833 hastearam a bandeira federalista, que era tripartida, formada de um campo branco com uma faixa azul-celeste central disposta na vertical. Após armado o cerco ao forte, os rebelados se renderam três dias depois, tendo o movimento recebido o nome de seu líder.

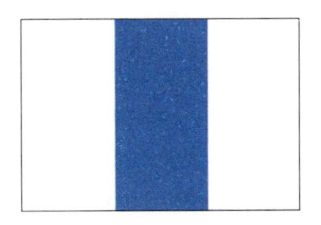

Confederação Guanais (1833)

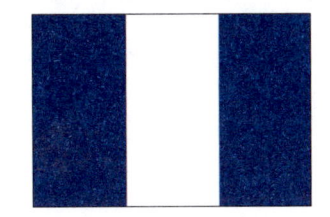

Em 7 de novembro de 1837 eclodiu a Sabinada, liderada pelo médico Francisco Sabino Álvares da Rocha Vieira. O movimento contestava o poder local (exercido por autoridades nomeadas pelo governo regencial) e propunha a formação de uma República na Bahia. A bandeira alçada pelo movimento era parecida com a da Conjuração Baiana de 1798, mas sem as estrelas vermelhas dispostas ao centro. As tropas imperiais realizaram um cerco à cidade de Salvador, sufocando a revolta em 15 de março de 1838.

Sabinada (1837)

## BRASÃO DE ARMAS

O esboço do atual brasão da Bahia apareceu pela primeira vez em uma coleção de leis do estado referente ao ano de 1891. Foi com essa base, com o apoio do Instituto Genealógico do Estado e da Câmara dos Deputados, que a Assembleia Legislativa teve em mãos os elementos essenciais para adotar a versão final do brasão estadual em 1947.

Ele é composto de um escudo em estilo samnítico, com um campo de fundo azul onde aparece sobre o mar a figura de um saveiro (barco estreito e longo) mostrando a popa, com uma vela branca içada. Vê-se nele um marujo acenando com um lenço branco e, ao fundo, a praia onde se levanta o monte Pascoal, uma alusão ao local do descobrimento do Brasil. O escudo é sustentando, à sua direita, pela figura de um homem seminu, segurando uma marreta, tendo ao fundo uma roda dentada e uma bigorna como personificação da indústria. À esquerda do escudo há a figura de uma mulher usando como chapéu um barrete frígio como personificação da República. Traz consigo uma bandeira da Bahia, na qual é preso na haste um triângulo maçônico, em ouro, recordando o valor daqueles que lutaram pela equidade social. Eles estão apoiados sobre uma fita vermelha que tem por lema a frase em latim *Per ardua surgo* ("Pela dificuldade eu venço" ou, conforme a tradução literal, "Vencer apesar das dificuldades"). Acima do escudo há uma estrela de ouro reluzente (Gama, da constelação do Cruzeiro do Sul), acompanhada dos dizeres em semicírculo "Estado da Bahia" e abaixo do conjunto a palavra "Brasil", simbolizando o seu status como membro da federação brasileira.

## HINO

Composto em homenagem às lutas pela independência da Bahia, o *Hino ao Dois de Julho* rememora a data magna no estado. Foi nesse dia que, em 1823, as tropas brasileiras, após uma longa série de batalhas, entraram na cidade de Salvador (então ocupada pelo Exército Português), consolidando a vitória final em prol da manutenção da independência do Brasil.

Sua letra foi escrita por Ladislau dos Santos Títara (1801-1861), que era poeta, secretário, alferes do Exército e herói da independência na Bahia, enquanto a música ficou a cargo do professor José dos Santos Barreto. O hino foi cantado pela primeira vez em 2 de julho de 1828 e adotado pela lei estadual nº 11.901, de 21 de abril de 2010.

**Hino ao Dois de Julho**

I
Nasce o sol a dois de julho
Brilha mais que no primeiro
É sinal que neste dia
Até o sol, até o sol é brasileiro.

*Estribilho*
Nunca mais, nunca mais o despotismo
Regerá, regerá nossas ações
Com tiranos não combinam
Brasileiros, brasileiros corações.

II
Salve, oh! Rei das campinas
De Cabrito a Pirajá[7]
Nossa pátria hoje livre
Dos tiranos, dos tiranos não será.

III
Cresce, oh! Filho de minha alma
Para a pátria defender,
O Brasil já tem jurado
Independência, independência ou morrer.

---

7   Bairros situados em Salvador onde ocorreram os principais combates entre as tropas brasileiras e portuguesas.

# HINO DO ESTADO DA BAHIA
## "Hino ao Dois de Julho"

Música: José dos Santos Barreto

Letra: Ladislau dos Santos Títara

Nasce o sol a dois de julho
Brilha mais que no primeiro
É sinal que neste dia
Até o sol, até o sol é brasileiro.
Nunca mais, nunca mais o despotismo
Regerá, regerá nossas ações
Com tiranos não combinam
Brasileiros, brasileiros corações.
Nunca mais, nunca mais o despotismo
Regerá, regerá nossas ações.
Com tiranos não combinam
Brasileiros, brasileiros corações.
Com tiranos não combinam Brasileiros, brasileiros corações.
Salve ó! ções.

# CEARÁ

**Capital:** Fortaleza | **Gentílico:** Cearense | **Região:** Nordeste

## BANDEIRA

O desenho da bandeira cearense é creditado ao comerciante João Tibúrcio Albano, que substituiu a esfera celeste da bandeira brasileira por uma de cor branca, colocando ao centro a figura do primeiro brasão de armas do Ceará, adotado em 1897. A ideia de Albano estimulou outros estabelecimentos públicos a utilizarem aquela bandeira, que passou a tremular nos eventos cívicos da capital cearense.

Seu simbolismo é o mesmo que guarda o pavilhão nacional, sendo o verde representativo das matas que cobrem o estado e o amarelo-ouro a riqueza de seu solo. Já o branco ressalta a paz, a união, a harmonia e a luz. A bandeira cearense foi oficializada pelo decreto nº 1.971, de 25 de agosto de 1922, e reformulada em 31 de agosto de 1967. Com a alteração sofrida pelo brasão de armas do estado, seu atual desenho foi novamente modificado por meio da lei nº 13.878, de 23 de fevereiro de 2007.

Instituída oficialmente em 1922, a primeira bandeira do Ceará tinha um losango amarelo inscrito em um retângulo verde; a esfera branca trazia o desenho do primeiro brasão de armas do estado. Embora mantivesse o desenho da bandeira brasileira, o losango tocava as bordas do retângulo, assim como era o modelo do pavilhão imperial. Essa bandeira foi proibida após a Constituição de 1937, voltando a tremular de 1947 a 1967. Foi com a lei nº 8.889, de 31 de agosto de 1967, que o tamanho do losango foi ajustado com base na bandeira nacional. Além desse procedimento, o escudo do estado foi redesenhado, suprimindo-se os ramos de fumo e algodão, bem como o laço vermelho que os atava, conforme o projeto da bandeira original.

Proporção: 14:20

Primeira bandeira do Ceará
(1922-1937/ 1947-1967)

Segunda bandeira do
Ceará (1967-2007)

## BRASÃO DE ARMAS

O brasão de armas do Ceará é formado por um escudo cujo estilo é chamado de "polônio", fendido e cosido (dividido com a mesma cor) em verde, com uma borda prata. A metade inferior apresenta sete estrelas de prata que representam atualmente as mesorregiões do estado: Metropolitana de Fortaleza, Jaguaribe, Sertões, Noroeste, Norte, Centro-Sul e Sul Cearense. No centro do escudo há uma elipse, em que estão inseridos elementos da paisagem do estado.

Na linha do horizonte há o sol nascente com seus raios e à frente deste há o farol do Mucuripe (monumento histórico de Fortaleza construído na década de 1840), representando a orientação, o porto seguro e a luz noturna que guiava os viajantes. Acompanha a faixa litorânea o oceano Atlântico, em azul, onde há uma jangada com sua vela aberta ao vento, representando as riquezas do mar, o trabalho tradicional da pesca e o lendário Dragão do Mar (Francisco José do Nascimento) – herói jangadeiro que participou do movimento abolicionista cearense. Há também o desenho de uma carnaúba (*Copernicia prunifera*) – símbolo natural e oficial do estado – representando o sertão, e uma pomba branca, alusiva à paz e à liberdade. Complementa a figura a representação do litoral e do sertão, tendo ao fundo as serras verdes – referência à beleza natural do Ceará. Acima do escudo há a figura de um forte que representa a capital Fortaleza e recorda a antiga fortificação onde se formou a primeira vila do Ceará.

O primeiro brasão do Ceará foi instituído por meio da lei nº 393, de 11 de setembro de 1897. Na versão original, a base do escudo estava semeada de estrelas prateadas, dispostas conforme "quantos fossem os municípios cearenses na época". A pomba branca aparecia estilizada no campo verde do escudo, na primeira versão vista de frente e, na segunda, de asas abertas. Embora o desenho oficial fosse uma carnaúba, outras versões do brasão traziam a figura de uma palmeira, coqueiro e até uma bananeira. No período de 1897 a 1937 e de 1947 a 1967 o escudo estava ladeado por um ramo de algodão (à sua esquerda) e outro de fumo (à sua direita), ambos atados por uma fita na cor encarnada.

Em 1967, o brasão foi redesenhado, apresentando um coqueiro no lugar da carnaúba. A quantidade de estrelas presentes dentro do escudo também variou conforme as diferentes versões ao longo do tempo, até a padronização do brasão em 2007.

Primeiro brasão de armas (1897-1937/1947-1967)

Segundo brasão de armas (1967-2007)

## HINO

O hino do Ceará teve sua primeira execução em 31 de julho de 1903, em sessão solene realizada na Assembleia Legislativa do Estado, para a comemoração de seu tricentenário. Sua letra é de autoria do poeta, contista e romancista Thomaz Pompeu Lopes Ferreira (1879-1913). Natural de Fortaleza, Ferreira cursou medicina e direito no Rio de Janeiro, além de ter servido como diplomata. A composição musical é do pianista, regente, professor e compositor Alberto Nepomuceno (1864-1920). Também natural de Fortaleza, Nepomuceno é um dos grandes expoentes da música erudita brasileira, atuando como diretor do Instituto Nacional de Música entre 1902 e 1916. É também de sua autoria a harmonização do *Hino nacional brasileiro*, feita em 1907. A primeira e a quarta estrofes do hino do Ceará são as mais comumente cantadas e sua regulamentação ocorreu pelo decreto nº 27.275, de 5 de dezembro de 2003.

I

Terra do sol, do amor, terra da luz![8]
Soa o clarim que a tua glória conta!
Terra, o teu nome, a fama aos céus remonta
Em clarão que seduz!
– Nome que brilha, esplêndido luzeiro
Nos fulvos braços de ouro do cruzeiro!

II

Mudem-se em flor as pedras dos caminhos!
Chuvas de prata rolem das estrelas...
E, despertando, deslumbrada ao vê-las,
Ressoe a voz dos ninhos...
Há de aflorar, nas rosas e nos cravos
Rubros, o sangue ardente dos escravos!

III

Seja o teu verbo a voz do coração,
– Verbo de paz e amor, do sul ao norte!
Ruja teu peito em luta contra a morte,
Acordando a amplidão.
Peito que deu alívio a quem sofria
E foi o sol iluminando o dia!

IV

Tua jangada afoita enfune o pano!
Vento feliz conduza a vela ousada;
Que importa que teu barco seja um nada?
Na vastidão do oceano,
Se, à proa, vão heróis e marinheiros
E vão, no peito, corações guerreiros!

V

Sim, nós te amamos, em ventura e mágoas!
Porque esse chão que embebe a água dos rios
Há de florar em messes, nos estios
Em bosques, pelas águas!
Selvas e rios, serras e florestas
Brotem do solo em rumorosas festas!

VI

Abra-se ao vento o teu pendão natal,
Sobre as revoltas águas dos teus mares!
E, desfraldando, diga aos céus e aos ares
A vitória imortal!
Que foi de sangue, em guerras leais e francas,
E foi, na paz, da cor das hóstias brancas!

---

8   O apelido carinhoso de Terra da Luz foi dado por José do Patrocínio, pelo fato de ter sido o Ceará pioneiro no processo abolicionista no Brasil em 1884.

# HINO DO ESTADO DO CEARÁ

Música: Alberto Nepomuceno

Letra: Thomaz Pompeu Lopes Ferreira

Ter - ra do sol, do_a - mor, ter - ra da luz! So_a_o cla - rim que_a tu - a gló - ria con - ta! Ter - ra, o teu no - me_a fa - ma_aos céus re - mon - ta Em cla - rão que se - duz! — No - me que bri - lha es - plên - di - do lu - zei - ro Nos ful - vos bra - ços de ou - ro do cru - zei - ro!

# DISTRITO FEDERAL (BRASÍLIA)

**Gentílico:** Brasiliense | **Região:** Centro-Oeste

## BANDEIRA

A bandeira do Distrito Federal foi elaborada pelo poeta e heraldista paulista Guilherme de Almeida, que se apoiou nas cores nacionais para compô-la. O campo branco da bandeira representa a paz "nas auras dos ventos que hão de vir", segundo o poeta. Nele se assenta um escudo quadrangular na cor verde (símbolo da esperança), com um novo tipo de cruz, em amarelo-ouro, cujos braços terminam em setas, que o autor batizou de "cruz de Brasília". Essa cruz apresenta muitos simbolismos: recorda os indígenas, os primeiros habitantes do Brasil, por meio da ponta da seta, em formato de flecha. Lembra também a localização geográfica de Brasília, no centro do país, com as quatro setas formando a chamada rosa dos ventos, com os pontos cardeais (norte, sul, leste, oeste), cujo poder se irradia para os quatro cantos do país. Dispostas em cruz, as setas recordam a fé cristã dos brasileiros, e repetem o emblema permanente no céu (o Cruzeiro do Sul), nos mares (cruz das velas dos descobridores) e na terra (o lenho da primeira missa em nosso solo).

O decreto nº 1.090 a instituiu como bandeira oficial em 25 de agosto de 1969, na mesma data da inauguração do palácio do Buriti, sede do governo no Distrito Federal. Esse foi o último trabalho de Guilherme de Almeida como heraldista antes de seu falecimento.

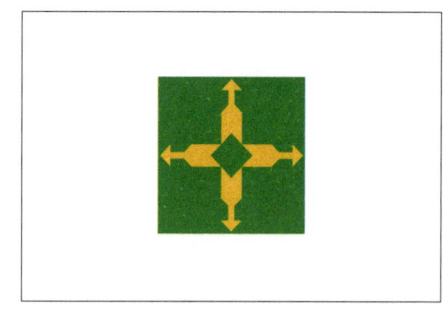

Proporção: 14:20

## BRASÃO DE ARMAS

O decreto nº 11, de 12 de setembro de 1960, instituiu o brasão de armas de Brasília, também criado por Guilherme de Almeida, que havia oferecido o desenho ao então presidente Juscelino Kubitschek, como símbolo para a futura capital do Brasil.

Assim como está representado na bandeira, aparece, ao centro, a figura do escudo quadrangular nas cores verde e amarelo-ouro; soma-se a estas a prata (branco). Esse escudo está assentado sobre outro maior, nas mesmas cores, cujo formato inovador representa uma das pilastras do Palácio da Alvorada, residência oficial do presidente da República, projetado pelo arquiteto Oscar Niemeyer. Abaixo do escudo quadrangular aparece a frase latina *Venturis ventis*, que significa "Aos ventos que hão de vir", simbolizando os futuros desafios em que se lançava a nova capital. Acima do escudo aparece, em dourado, a representação das formas arquitetônicas modernas (como a tradicional coroa mural dos brasões municipais), relembrando que Brasília é o centro das decisões nacionais.

## HINO

O *Hino a Brasília* surgiu do entusiasmo e do idealismo da pianista e professora de música carioca Neusa Pinho França Almeida (1920-2016), em parceria com o poeta, escritor, jornalista e tradutor Geir Nuffer Campos (1924-1999). A canção foi composta originalmente em 1958 na cidade do Rio de Janeiro.

Depois que se mudou para Brasília, ela apresentou o hino pela primeira vez durante a inauguração do prédio da escola do Caseb (Comissão de Administração do Centro Educacional de Brasília), em 16 de maio de 1960. A letra e a música foram oficializadas por meio do decreto nº 51.000, de 19 de julho de 1961.

**Hino a Brasília**

Todo o Brasil vibrou,
E nova luz brilhou,
Quando Brasília fez maior a sua glória:
Com esperança e fé,
Era o gigante em pé,
Vendo raiar outra alvorada em sua história!

Com Brasília no coração,
Epopeia a surgir do chão,
O candango[9] sorri feliz,
– Símbolo da força de um país!

Capital de um Brasil audaz,
Bom na luta e melhor na paz,
Salve, o povo que assim te quis,
– Símbolo da força de um país!

---

9   O termo "candango" tem sua origem na África, nome pelo qual os negros chamavam os portugueses nos séculos XVIII e XIX. No Nordeste brasileiro, a palavra reapareceu no sentido pejorativo, para se referir aos emigrantes e às pessoas de trabalho rústico. Com a construção de Brasília, os trabalhadores braçais que lá chegavam acabaram por receber essa designação, inicialmente ofensiva. Com o tempo, a alcunha passou a ser aplicada a todos os brasilienses, ganhando um novo sentido: passou a se referir àqueles que, com arrojo, força e idealismo, construíram e passaram a viver na nova capital do Brasil.

# HINO DO DISTRITO FEDERAL
## "Hino a Brasília"

Música: Neusa Pinho França Almeida

Letra: Geir Nuffer Campos

To-do_o Bra - sil vi brou, E no-va luz bri - lhou, Quan-do Bra - sí - lia fez mai - or a su - a gló - ria: Com es - pe - ran - ça_e fé, E - ra_o gi - gan - te_em pé, Ven-do rai - ar ou - tra_al - vo - ra - da_em sua his - tó - ria! Com Bra - sí - lia no co - ra - ção, E - po - pe - ia_a sur - gir do chão, O can - dan - go sor - ri fe - liz, – Sím - bo - lo da for - ça de_um pa - ís! To-do_o Bra - ís.

Ca - pi - tal de_um Bra - sil au - daz, Bom na lu - ta_e me - lhor na paz, Sal - ve_o po - vo que assim te quis, – Sím - bo - lo da for - ça de_um pa - ís!

Obs: do 𝄋 até o Fim.

# ESPÍRITO SANTO

**Capital:** Vitória | **Gentílico:** Capixaba ou espírito-santense | **Região:** Sudeste

## BANDEIRA

A autoria da bandeira do Espírito Santo deve-se ao advogado e político capixaba Jerônimo de Souza Monteiro, que a idealizou no formato tricolor horizontal, com as cores azul, branca e rosa.

O azul significa a harmonia e a suavidade; o rosa, a alegria e a felicidade; e no branco aparece a inscrição "Trabalha e confia" disposta em arco, na cor azul. Essa legenda, proposta por Jerônimo Monteiro, foi inspirada na doutrina de Santo Inácio de Loyola (fundador da ordem religiosa da Companhia de Jesus), cujo significado é: "Trabalha como se tudo dependesse de ti e confia como se tudo dependesse de Deus". Ela foi adotada em 24 de julho de 1947 pelo decreto nº 16.618, que dispõe sobre os símbolos do estado.

As cores foram inspiradas nas vestes de Nossa Senhora da Vitória. Posteriormente, quando a bandeira foi oficializada (1947), a imagem de Nossa Senhora da Penha – padroeira do estado – acabou recebendo as mesmas tonalidades do pavilhão estadual.

Proporção: 14:19

## BRASÃO DE ARMAS

O brasão de armas do estado foi adotado pela primeira vez em 7 de setembro de 1909, por meio do decreto nº 456 e instituído oficialmente em 1947.

O escudo é representado por uma grande estrela azul e rosa, símbolo de harmonia e alegria. Ao centro uma paisagem retrata a entrada da baía de Vitória, com os montes Moreno (ao fundo) e Penha (à frente) em sua cor natural, destacando-se a figura do convento de Nossa Senhora da Penha, monumento dedicado à santa padroeira e protetora do estado. A paisagem está envolvida por uma bordadura circular negra onde se inscreve em letras prateadas os dizeres "Trabalha e confia" e "Estado do Espírito Santo".

Circundam a grande estrela dois ramos: de cana (à direita) e de café (à esquerda), representando, respectivamente, os principais produtos agrícolas da economia capixaba antes e após a segunda metade do século XIX. Os ramos estão atados por um laço rosa e azul, com as datas "23 de maio de 1535" e "12 de junho de 1817". Elas marcam, respectivamente, a chegada de Vasco Fernandes

Coutinho ao Espírito Santo, início da colonização do território, e o dia do fuzilamento, na Bahia, de Domingos José Martins – herói capixaba e um dos chefes da Revolução Pernambucana. Ao redor do escudo há três estrelas menores azuis, acima, abaixo e à direita do escudo, representando os estados vizinhos do Espírito Santo: Bahia, Rio de Janeiro e Minas Gerais.

> **A origem do termo "capixaba"**
> Além de espírito-santense, é comum chamar os habitantes do estado de capixabas, palavra oriunda da língua tupi e cujo significado é "lugar de roça", "roçado" ou "terra limpa para o plantio". Os indígenas do litoral capixaba usavam o termo para se referir às suas plantações de milho e mandioca. Com o tempo, a população de Vitória passou a chamá-los de capixabas, nome que logo foi se apegando aos moradores da capital até designar os habitantes do próprio estado.

## HINO

O hino do estado do Espírito Santo foi composto em 1894, com letra do poeta e jornalista José Joaquim Pessanha Póvoa (1837-1904) e música do pianista e compositor Arthur Napoleão dos Santos (1843- -1925), que nasceu em Lisboa e viveu grande parte de sua vida no Rio de Janeiro. Pessanha Póvoa também atuou como secretário da Educação e procurou apresentar no poema o otimismo vivido nos primeiros anos do advento da República, de forma a motivar por seus versos a juventude capixaba.

A canção foi ganhando popularidade e caiu no gosto do povo espírito-santense, sendo adotada em 1947 pelo decreto que instituiu a bandeira, o selo e o brasão de armas do estado.

I
Surge ao longe a estrela prometida,
Que a luz sobre nós quer espalhar;
Quando ela ocultar-se no horizonte,
Há de o sol nossos feitos lumiar.

II
Nossos braços são fracos, que importa?
Temos fé, temos crença a fartar;
Supre a falta de idade e de força,
Peitos nobres, valentes, sem par.

*Estribilho*
Salve, oh, povo espírito-santense!
Herdeiro de um passado glorioso,
Somos nós a falange do presente,
Em busca de um futuro esperançoso.

III
Saudemos nossos pais e mestres,
A pátria, que estremece de alegria,
Na hora em que seus filhos, reunidos,
Dão exemplos de amor e de harmonia.

IV
Venham louros, coroas, venham flores,
Ornar os troféus da mocidade;
Se as glórias do presente forem poucas;
Acenai para nós posteridade!

*Estribilho*
Salve, oh, povo espírito-santense!
Herdeiro de um passado glorioso,
Somos nós a falange do presente,
Em busca de um futuro esperançoso.

# HINO DO ESTADO DO ESPÍRITO SANTO

Música: Arthur Napoleão dos Santos

Letra: José Joaquim Pessanha Póvoa

Surge ao longe a estrela prometida, Que a luz sobre nós quer espalhar; Quando ela ocultar-se no horizonte, Há de o sol nossos feitos luminar. Nossos braços são fracos, que importa? Temos fé, temos crença a fartar; Supre a falta de idade e de força, Peitos nobres, valentes, sem par. Salve oh, povo espírito-santense! Herdeiro de um passado glorioso, Somos nós a falange do presente, Em busca de um futuro esperan-ço-so. Saudemos nossos pais e mestres, A pátria, que estremece de alegria, Na hora em que seus filhos, reunidos, Dão exemplos de amor e de harmonia. Venham louros, coroas, venham flores, Ornar os troféus da mocidade; Se as glórias do presente forem poucas; Acenai para nós posteridade! Salve oh

# GOIÁS
**Capital:** Goiânia | **Gentílico:** Goiano | **Região:** Centro-Oeste

## BANDEIRA

A bandeira do estado de Goiás, inspirada nas cores nacionais, é composta de oito faixas. As quatro verdes simbolizam as matas e os cerrados, enquanto as quatro amarelas aludem ao ouro, a principal riqueza de seu subsolo. O cantão em azul representa o céu, em que se assentam cinco estrelas brancas que simbolizam a constelação do Cruzeiro do Sul, a que mais se sobressai no céu goiano. Essas estrelas relembram, ainda, os primeiros nomes do Brasil – Ilha de Vera Cruz e Terra de Santa Cruz. A bandeira foi projetada por Joaquim Bonifácio de Siqueira e instituída pela lei estadual nº 650, de 30 de julho de 1919.

Proporção: 14:20

## BRASÃO DE ARMAS

O brasão de armas de Goiás é composto de um escudo em formato de coração, representando o estado, que é geograficamente o "coração" do Brasil. No plano superior, há uma paisagem onde pastam exemplares de gado bovino, referindo-se à pecuária como principal produção de Goiás e sua maior fonte de riqueza na época. Ela simboliza também o território que seria destinado ao Distrito Federal.

Os produtos de grande relevância na economia goiana estão representados por ramos de café, arroz, fumo e cana-de-açúcar. Os dois primeiros aparecem no alto do brasão, em forma de molho, enquanto os dois últimos compõem seu ornamento externo, com o ramo de fumo à sua direita, enquanto o de café encontra-se à sua esquerda.

Dentro de um espaço em azul, no campo partido do escudo, há a figura prateada do cometa de Biela (descoberto em 1826 pelo astrônomo austríaco Wilhelm von Biela e observado em Goiás em 1846). Ele forma, com seus dois braços, a ilha do Bananal – a maior ilha fluvial do mundo, que fica nas águas do rio Araguaia (atualmente no território do estado do Tocantins).

Os cursos de água do estado foram lembrados nos anéis de prata que circundam os campos do coração. Trata-se de três anéis horizontais que homenageiam as três maiores bacias hidrográficas que recebem as águas dos rios goianos: a do Amazonas, a do Prata e a do São Francisco. Há também 12 anéis verticais sobre o campo azul, que se referem aos principais rios de Goiás: São Marcos, Veríssimo, Corumbá, Meia Ponte, dos Bois, Claro, Vermelho, Corrente, Aporé, Sucuriú, Verde e Pardo. Já a riqueza mineral está presente no campo amarelo-ouro, onde se destaca um losango vermelho, representando as riquezas do subsolo goiano.

Na base do brasão há um prato em chamas, relembrando o estratagema usado por Bartolomeu Bueno da Silva, o Anhanguera, às margens do rio Vermelho para obrigar os índios a se submeterem ao seu domínio. O brasão foi projetado por Luiz Gaudie Fleuri e adotado pela mesma lei que instituiu a bandeira do estado.

> **A lenda de Anhanguera**
> À procura do curso do rio Vermelho, na região do atual estado de Goiás, o bandeirante Bartolomeu Bueno da Silva encontrou a tribo goyá e notou que os indígenas estavam ricamente adornados com objetos de ouro. Como se recusaram a falar onde estava a fonte do ouro, ele pôs fogo em um prato com aguardente, afirmando que faria o mesmo com todos os rios e fontes. Com medo, os índios indicaram o local do rio e o apelidaram de Anhanguera, que em tupi-guarani significa "diabo velho". A região ficou conhecida como Minas dos Goyazes, nome que depois se converteu em Goiás.

## HINO

O hino de Goiás foi instituído pela lei nº 13.907, de 21 de setembro de 2001, com letra do professor, historiador, poeta, cronista e jornalista José Mendonça Teles (1936-2018) e música do professor, maestro e compositor Joaquim Thomaz Jayme (1941-2017). A atual versão substituiu o primeiro hino do estado, com letra de Antônio Eusébio de Abreu Júnior e música de Custódio Fernandes Góis, adotado em 1919.

I
Santuário da Serra Dourada[10]
Natureza dormindo no cio,
Anhanguera, malícia e magia,
Bota fogo nas águas do rio

Vermelho, de ouro, assustado,
Foge o índio na sua canoa.
Anhanguera bateia o tempo
Levanta arraial Vila Boa[11]

---

10 Essa serra é um anteparo para a cidade de Goiás, que acaba envolvida por seus contrafortes. Com suas escarpas, formações de arenito e campos altos, a serra possui grande valor ecológico e ficou famosa pelas areias das mais diversas cores, que no final da tarde refletem a luz do sol, provocando o efeito dourado que também lembra o ouro na origem da região.
11 Fundada em 1726 e elevada à categoria de vila em 25 de julho de 1739, Vila Boa de Goiás passou a se chamar mais tarde apenas Goiás ou Goiás Velho. Foi a primeira capital do estado até 1933, quando foi inaugurada a cidade de Goiânia.

*Estribilho*
Terra querida,
Fruto da vida
Recanto da paz.
Cantemos aos céus,
Regência de Deus,
Louvor, louvor a Goiás!

II
A cortina se abre nos olhos
Outro tempo agora nos traz.
É Goiânia, sonho e esperança,
É Brasília pulsando em Goiás[12]

O cerrado, os campos e as matas,
A indústria, gado, cereais.
Nossos jovens tecendo o futuro,
Poesia maior de Goiás!

*Estribilho*
Terra querida,
Fruto da vida
Recanto da paz.
Cantemos aos céus,
Regência de Deus,
Louvor, louvor a Goiás!

III
A colheita nas mãos operárias,
Benze a terra, minérios e mais:
O Araguaia dentro dos olhos[13]
Eu me perco de amor por Goiás!

*Estribilho*
Terra querida,
Fruto da vida
Recanto da paz.
Cantemos aos céus,
Regência de Deus,
Louvor, louvor a Goiás!

---

12  Inaugurada em 1960, Brasília tornou-se a nova capital do Brasil. Com uma área de 5.814 quilômetros quadrados, a capital encontra-se dentro do estado de Goiás (embora haja um pequeno limite a leste na divisa de Minas Gerais).
13  O rio Araguaia nasce no estado de Goiás, na serra do Caiapó, próximo ao Parque Nacional das Emas. Divisa natural entre os estados de Mato Grosso e Goiás, e Mato Grosso e Tocantins, ele adentra o estado do Pará, possuindo uma extensão total de mais de 2 mil quilômetros, com vários trechos de exuberantes barrancos de areia.

# HINO DO ESTADO DE GOIÁS

Música: Joaquim Thomaz Jayme

Letra: José Mendonça Teles

Santuário da Serra Dourada Natumelho, de ouro assustado, Foge o reza dormindo no cio, Anhanguera, malícia e maíndio na sua canoa. Anhanguera batia o gia, Botafogo nas águas do rio Vertempo Levanta arraial Vila Boa! Terra querida, Fruto da vida Recanto da paz. Cantemos aos céus, Regência de Deus, Louvor, louvor a Goiás! Cantemos aos céus, Regência de Deus, Louvor, louvor a Goiás! A cortina se abre nos olhos Outro tempo agora nos rado, os campos e as matas, A indústria, gado, ceretraz. É Goiânia sonho e esperança, É Brasília, pulsando em Goiais. Nossos jovens tecendo o futuro, Poesia maior de Goi-

ás! O Cer-
ás!
Ter-ra que-ri-da, Fru-to da vi-da Re-
can-to da paz. Can-te-mos aos céus, Re-gên-cia de Deus, Lou-
vor, lou-vor a Goi-ás! Can-te-mos aos céus, Re-
gên-cia de Deus, Lou-vor, lou-vor a Goi-ás! A co-
lhei-ta nas mãos o-pe-rá-rias, Ben-ze_a ter-ra, mi-né-rios e mais: O Ara-
gua-ia den-tro dos o-lhos Eu me per-co de_a-mor por Goi-ás!
Ter-ra que-ri-da, Fru-to da vi-da Re-can-to da paz. Can-
te-mos aos céus, Re-gên-cia de Deus, Lou-vor, lou-vor a Goi-ás! Can-
te-mos aos céus, Re-gên-cia de Deus, Lou-vor, lou-vor a Goi-ás!

# MARANHÃO
**Capital:** São Luís | **Gentílico:** Maranhense | **Região:** Nordeste

## BANDEIRA

A bandeira do Maranhão foi criada pelo poeta Joaquim de Sousa Andrade, conhecido popularmente por Sousândrade. Republicano convicto, ele viveu na França e nos Estados Unidos, tendo se inspirado na bandeira norte-americana para criar o pavilhão maranhense.

Segundo o autor, as nove listras – três vermelhas (índios), quatro brancas (brancos) e duas pretas (negros) – representam a união e a mistura racial que caracterizam o povo brasileiro e maranhense. O cantão azul representa o céu do Brasil, no qual está uma estrela branca (Beta, da constelação do Escorpião), que corresponde ao Maranhão na bandeira brasileira. Em 21 de dezembro de 1889 deu-se a sua primeira oficialização, pelo decreto estadual nº 6, que durou até a proibição constitucional de 1937. Foi por meio da lei nº 3.210, de 19 de novembro de 1971, que ela foi restabelecida oficialmente como símbolo estadual.

Proporção: 18:27

## BRASÃO DE ARMAS

O brasão de armas do Maranhão apresenta um escudo em formato circular dividido em quatro partes iguais, cada uma chamada de quartel. Os dois quartéis à esquerda do escudo, em verde e amarelo, representam as cores nacionais, simbolizando a fidelidade do estado do Maranhão ao Brasil. Os dois à direita retratam, no quartel superior, o desenho da bandeira estadual maranhense e, no quartel inferior, em fundo prateado, o emblema da instrução, formado por um pergaminho atravessado por uma pena, ornado pelos raios da luz do conhecimento.

O escudo, em ouro velho, está emoldurado por contornos em estilo barroco. Acima dele aparece um laurel semiaberto (que era a coroa de louros usada pelos heróis na Grécia antiga), simbolizando as vitórias alcançadas e os atos heroicos do povo maranhense. Criado pelo decreto nº 58, de 30 de dezembro de 1905, o brasão foi regulamentado pela lei nº 416, de 27 de agosto de 1906.

## HINO

O hino maranhense é de autoria de Antônio Batista Barbosa de Godóis (1860-1923), que foi escritor, poeta, professor, advogado e fundador da Academia Maranhense de Letras. Para acompanhar os versos de Barbosa de Godóis (que nasceu em São Luís e faleceu no Rio de Janeiro), a música ficou a cargo do maestro e compositor Antônio Carlos dos Reis Rayol (1855-1905).

Natural da capital maranhense, Rayol também atuou como tenor e violinista e aperfeiçoou seus estudos no Rio de Janeiro e na Itália. Em 1901 criou a Escola de Música do Maranhão, época em que também recebeu convite para dar melodia ao poema *O hino do estado do Maranhão*, que se tornou oficial por meio da lei nº 167, de 30 de março de 1911.

I
Entre o rumor das selvas seculares,
Ouviste um dia no espaço azul, vibrando,
O troar das bombardas nos combates,
E, após um hino festival, soando.

*Estribilho*
Salve pátria, pátria amada!
Maranhão, Maranhão, berço de heróis,
Por divisa tens a glória
Por nome, nossos avós.

II
Era a guerra, a vitória, a morte e a vida
E, com a vitória, a glória entrelaçada,
Caía do invasor a audácia estranha,
Surgia do direito a luz dourada.

III
Quando às irmãs os braços estendeste,
Foi com a glória a fulgir no teu semblante
E sempre envolta na tua luz celeste,
Pátria de heróis, tens caminhado avante.

IV
Reprimiste o flamengo aventureiro,
E o forçaste a no mar buscar guarida;
Dois séculos depois, disseste ao luso:
– A liberdade é o sol que nos dá vida.

V
E na estrada esplendente do futuro
Fitas o olhar, altiva e sobranceira,
Dê-te o porvir as glórias do passado
Seja de glória tua existência inteira.

### O significado do hino do Maranhão

O hino do Maranhão lembra na primeira estrofe a batalha de Guaxenduba, ocorrida em 19 de novembro de 1614 contra os franceses, que garantiu a posse lusitana sobre o território maranhense.

Na segunda, relata a expulsão dos franceses e a vitória do direito a favor dos portugueses. O passado de glórias do Maranhão é retratado na terceira estrofe, enquanto na quarta são lembradas a expulsão dos holandeses (1644) e a adesão do Maranhão à Independência do Brasil (1823). Finalmente, na quinta estrofe o poeta pede que o futuro dê ao estado as mesmas glórias do passado. O estribilho recorda as glórias do Brasil e do povo maranhense.

# HINO DO ESTADO DO MARANHÃO

Música: Antônio Carlos dos Reis Rayol
Letra: Antônio Batista Barbosa de Godóis

Entre o rumor das selvas seculares, Ouviste um dia no espaço azul, vibrando, O troar das bombardas nos combates, E após um hino festival, soando. O troar das bombardas nos combates, E após um hino festival, soando. E, após um hino festival, soando. Salve pátria, pátria amada! Maranhão, Maranhão, berço de heróis, Por divisa tens a glória Por nome, nossos avós. Por divisa tens a glória Por nome nossos avós. Por nome nossos avós. Era a guerra vós.

# MATO GROSSO

**Capital:** Cuiabá | **Gentílico:** Mato-grossense | **Região:** Centro-Oeste

## BANDEIRA

Símbolo mais antigo do estado, a bandeira de Mato Grosso foi criada por meio do decreto nº 2, de 31 de janeiro de 1890, apenas 73 dias depois de oficializada a bandeira do Brasil, da qual ela herdou desenho semelhante.

O azul representa o céu, a elevação espiritual e a ascensão em busca da perfeição. O branco do losango, além de representar a pureza, a paz e o otimismo, significa o Zodíaco. O losango lembra, ainda, a importância da mulher na sociedade, pois esse era o formato do escudo usado pelas mulheres nobres, assim como representa a figura feminina da República.

Proporção: 14:20

A esfera verde refere-se às florestas e aos campos mato-grossenses, bem como a sua importância no desenvolvimento socioeconômico, além de ser a cor da esperança e da juventude. A estrela representa Mato Grosso na bandeira nacional (Sirius, da constelação do Cão Maior); por ser de primeira grandeza, expressa a imensidão territorial do estado. O amarelo relembra o ouro como uma das principais riquezas históricas de Mato Grosso, mas também é a cor do reconhecimento dado aos bandeirantes. Representa, por fim, o brilho da luz, da cultura, da riqueza, do poder e da glória de seus cidadãos.

## BRASÃO DE ARMAS

O brasão de armas do estado de Mato Grosso foi criado por meio da resolução nº 799, de 14 de agosto de 1918, e regulamentado pelo decreto nº 5.003, de 29 de agosto de 1994.

É composto de um escudo em estilo português, contornado por um filete dourado, apresentando em sua base um campo verde no qual aparece a figura de um morro de ouro de dois cabeços, um maior, ao centro, e outro menor, à sua esquerda. O desenho representa as terras mato-grossenses – em especial a região da depressão cuiabana –, expressando fidelidade às cores nacionais.

Completa o escudo a imagem do céu azul, símbolo de pureza, no qual domina, na posição superior, a figura de um braço armado, todo de prata. Ele segura uma flâmula quadridentada com a imagem da cruz da Ordem de Cristo. Essa bandeira é a mesma que os bandeirantes usavam para

desbravar as terras de Mato Grosso, cuja cruz já aparecia nas velas das embarcações dos descobridores portugueses.

Acima do escudo aparece uma fênix dourada – ave fantástica da mitologia que é símbolo da imortalidade – no ato de renascer sobre as chamas em brasa. Ladeiam o escudo um ramo de erva-mate (*Ilex paraguariensis*) à sua direita, que representava os ervais do sul do estado (atualmente em Mato Grosso do Sul), e um ramo de seringueira (*Hevea brasiliensis*) à sua esquerda, reportando-se aos seringais do Norte (atual estado de Rondônia); ambos estão floridos e dispostos em suas cores naturais. Os ramos estão enlaçados por uma faixa vermelha, onde se lê com letras douradas a frase em latim *Virtute plusquam auro* (Mais pela virtude que pelo ouro). Essa frase quer expressar que Mato Grosso será grande pela virtude e pelo trabalho de seus filhos, pelo seu ideal de justiça e patriotismo, e não apenas por suas riquezas naturais e minerais.

## HINO

O hino do estado de Mato Grosso foi o último dos três símbolos do estado a tornar-se oficial, estabelecido por meio do decreto nº 208, de 5 de setembro de 1983. A letra pertence ao poema "Canção mato-grossense", de autoria de dom Francisco de Aquino Corrêa (1885-1956), que foi arcebispo da capital Cuiabá, governador do estado e primeiro mato-grossense a pertencer à Academia Brasileira de Letras. O poema foi cantado em público pela primeira vez durante as comemorações do bicentenário de fundação de Cuiabá, em 8 de abril de 1919. A música ficou a cargo do maestro Emílio Heine, que também viveu em solo cuiabano, ocupando mais tarde o posto de tenente. Em 1983, a comissão formada para a regulamentação do hino, que ainda não era oficial, julgou por bem manter a letra original na totalidade dos seus versos.

**Canção mato-grossense**

I
Limitando, qual novo colosso,
O ocidente do imenso Brasil.
Eis aqui, sempre em flor, Mato Grosso,
Nosso berço glorioso e gentil!

Eis a terra das minas faiscantes,
Eldorado como outros não há,
Que o valor de imortais bandeirantes
Conquistou ao feroz paiaguá![14]

---

14   A tribo dos paiaguás habitava originalmente o território compreendido entre o Paraguai e o sul de Mato Grosso. As incursões dos bandeirantes pelo rio Paraguai tinham por objetivo escravizar esse grupo indígena, que se mostrou muito aguerrido e resistiu bravamente até a conquista definitiva da região.

*Estribilho*
Salve, terra de amor, terra de ouro,
Que sonhara Moreira Cabral![15]
Chova o céu dos teus dons o tesouro
Sobre ti, bela terra natal!

III
Hévea fina, erva-mate preciosa,[16]
Palmas mil são teus ricos florões;
E da fauna e da flora o índio goza
A opulência em teus virgens sertões!
O diamante sorri nas grupiaras
Dos teus rios que jorram, a flux,
A hulha branca das águas tão claras,
Em cascatas de força e de luz!

II
Terra noiva do sol, linda terra,
A quem lá, do teu céu azul todo azul,
Beija, ardente, o astro louro na serra,
E abençoa o Cruzeiro do Sul!
No teu verde planalto escampado,
E nos teus pantanais como o mar,
Vive, solto, aos milhões, o teu gado,
Em mimosas pastagens sem par!

IV
Dos teus bravos a glória se expande
De Dourados até Corumbá;[17]
O ouro deu-te renome tão grande,
Porém mais nosso amor te dará!
Ouve, pois, nossas juras solenes
De fazermos, em paz e união,
Teu progresso imortal como a fênix
Que ainda timbra o teu nobre brasão!

---

15 Refere-se ao bandeirante paulista Pascoal Moreira Cabral Leme (1654-1730), que descobriu ouro na confluência dos rios Coxipó e Cuiabá, em 1718, dando início à colonização portuguesa na região. A Vila Real do Bom Jesus do Cuiabá foi fundada em 1719, e seu núcleo daria origem à capitania de Mato Grosso em 1748.

16 Neste trecho o autor relembra duas das riquezas vegetais de Mato Grosso, com a *Hevea brasiliensis*, que é o nome científico da seringueira, de onde se extrai o látex, presente no antigo norte do estado (atual Rondônia), e do cultivo da erva-mate (*Ilex paraguariensis*) ao sul, hoje Mato Grosso do Sul.

17 Dourados e Corumbá são atualmente dois municípios do estado de Mato Grosso do Sul; na época em que a letra do hino foi escrita, elas faziam parte de Mato Grosso. Vale lembrar que o autor se referiu à glória dos filhos de Mato Grosso e não ao espaço geográfico em si, associado às lutas daqueles brasileiros na Guerra do Paraguai em defesa do território nacional.

# HINO DO ESTADO DE MATO GROSSO
## "Canção mato-grossense"

Música: Emílio Heine
Letra: D. Francisco de Aquino Corrêa

Li-mi-tan-do, qual no-vo co-los-so, O_o-ci-dente do_i-men-so Bra-sil. Eis a-qui sem-pre_em flor, Mato Gros-so, Nos-so ber-ço glo-rio-so_e gen-til! Eis a terra das mi-nas fais-can-tes, El-do-ra-do co-mo_ou-tros não há, Que_o va-lor de_i-mor-tais ban-dei-ran-tes Con-quis-tou ao fe-roz pai-a-guá! Sal-ve, ter-ra de_a-mor, ter-ra de_ou-ro, Que so-nha-ra Mo-rei-ra Ca-bral! Cho-va_o céu dos teus dons o te-sou-ro Sobre ti, be-la ter-ra na-tal! Cho-va_o céu dos teus dons o te-sou-ro Sobre ti, be-la ter-ra na-tal! Ter-ra tal!

# MATO GROSSO DO SUL

**Capital:** Campo Grande | **Gentílico:** Sul-mato-grossense | **Região:** Centro-Oeste

## BANDEIRA

Projetada por Mauro Miguel Munhoz, foi adotada logo após a emancipação do estado, pelo decreto nº 1, de 1º de janeiro de 1979. O verde representa as matas e os campos, considerados o maior tesouro natural da região, assim como retrata a necessidade da constante preservação para as futuras gerações. O azul representa o céu e a estrela dourada (chamada Alfa, da constelação da Hidra Fêmea), o estado na bandeira nacional. Ela também simboliza a riqueza do trabalho, traduzindo ainda a sabedoria, a fidelidade e a clarividência. A faixa branca, disposta em barra, relembra a paz e a concórdia, como também a altivez serena da amizade entre os povos. A bandeira igualmente simboliza o equilíbrio, a firmeza e a serenidade que guiam o estado de Mato Grosso do Sul.

Proporção: 14:20

## BRASÃO DE ARMAS

O brasão de armas é composto de um escudo em estilo português, onde, no chefe, há uma estrela de ouro sobre um fundo azul, representando o alvorecer de Mato Grosso do Sul como membro da federação. A cor dourada relembra o futuro promissor, bem como as riquezas minerais do estado. Na base, um campo verde mostra uma onça-pintada (*Panthera onca*) passante, estilizada na cor dourada e com suas pintas negras características. Ela representa a fauna do estado, pois é símbolo de solidez, firmeza, segurança, audácia e bravura. O escudo é composto, ainda, de uma bordadura azul, separado por filetes prateados e coberto com 55 pequenas estrelas, que representam os novos municípios que fizeram parte do estado na data de sua criação, em 1º de janeiro de 1979.

Ladeiam o escudo um ramo de café à direita e à esquerda há um ramo de erva-mate: as duas culturas significativas na história e na economia do estado. Figura ao fundo um sol nascente formado por raios de ouro, representando a fama, a glória, a liberdade e o porvir. Abaixo do escudo há uma fita azul onde se lê a data "11-10-1977", que se refere à lei complementar nº 31 que criou o estado de Mato Grosso do Sul, cujo nome é escrito nas dobras inferiores. O brasão foi elaborado por José Luiz de Moura Pereira e adotado pelo decreto estadual nº 2, de 1º de janeiro de 1979.

## HINO

Aprovado pelo decreto nº 3, de 1º de janeiro de 1979, o hino foi elaborado com a coordenação da comissão de escolha dos futuros símbolos estaduais. A letra, que relembra fatos da história do estado, ficou a cargo de Jorge Antônio Siufi (1932-2011) e Otávio Gonçalves Gomes (1916-1992), membros da Academia Sul-Mato-Grossense de Letras.

A melodia do hino – encomendada pela comissão ao maestro Radamés Gnattali (1906-1988), residente no Rio de Janeiro – foi executada ao piano pela professora Neusa Gomes, com a ajuda de Couto Pontes, para auxiliar os poetas em sua criação. Em sessão solene realizada no Teatro Glauce Rocha, na cidade de Campo Grande, o hino foi executado pela Orquestra Sinfônica Brasileira com o coral da Universidade Federal de Mato Grosso durante a cerimônia de posse do primeiro corpo governamental do estado.

I
Os celeiros de farturas,
Sob um céu de puro azul,
Reforjaram em Mato Grosso do Sul
Uma gente audaz.
Tuas matas e teus campos,
O esplendor do Pantanal,
E teus rios são tão ricos
Que não há igual.

*Estribilho*
A pujança e a grandeza
De fertilidades mil,
São o orgulho e a certeza
Do futuro do Brasil.

II
Moldurados pelas serras,
Campos grandes: Vacaria,[18]
Rememoram desbravadores,
Heróis, tanta galhardia!
Vespasiano,[19] Camisão[20]
E o tenente Antônio João,[21]
Guaicurus,[22] Ricardo Franco,[23]
Glória e tradição!

---

18 A vila fundada na região era chamada Campo Grande da Vacaria. Passou a ser apenas Campo Grande a partir de sua elevação a município, em 26 de agosto de 1899. Relembra também a área de campos naturais onde se desenvolveu a criação de gado.

19 Vespasiano Barbosa Martins (1889-1965) foi médico e político, sendo por quatro vezes prefeito de Campo Grande e senador por dois mandatos. Também liderou o movimento para a emancipação política de Mato Grosso do Sul durante a Revolução Constitucionalista em 1932, ocorrida em São Paulo, na qual obteve apoio.

20 O coronel Carlos de Morais Camisão (1821-1867) lutou na Guerra do Paraguai (1864-1870) defendendo o território sul-mato-grossense.

21 Antônio João Ribeiro (1823-1864) foi militar e herói da Guerra do Paraguai. Em dezembro de 1864 liderou a defesa diante dos invasores paraguaios. Embora tenha morrido fuzilado, conseguiu salvar heroicamente a população civil.

22 Os índios guaicurus são uma tribo de Mato Grosso do Sul. Hábeis caçadores, guerreiros e cavaleiros, eles lutaram pela defesa do território do estado quando os paraguaios ameaçaram invadir a região em meados do século XIX.

23 O militar Ricardo Franco de Almeida Serra (1748-1809) fez o levantamento das fronteiras do Brasil colonial entre os séculos XVIII e XIX. Foi o fundador do Forte Coimbra, construído para defender o território brasileiro contra invasões espanholas e palco de várias batalhas na Guerra do Paraguai.

# HINO DO ESTADO DE MATO GROSSO DO SUL

Música: Radamés Gnattali

Letra: Jorge Antônio Siufi e Otávio Gonçalves Gomes

Os celeiros de farturas, Sob um céu de puro azul, Reforjaram em Mato Grosso do Sul Uma gente audaz. Tuas matas e teus campos, O esplendor do Pantanal, E teus rios são tão ricos Que não há igual. A pujança e a grandeza De fertilidades mil, São o orgulho e a certeza Do futuro do Brasil.

# MINAS GERAIS
**Capital:** Belo Horizonte | **Gentílico:** Mineiro | **Região:** Sudeste

## BANDEIRA

A bandeira do estado de Minas Gerais reproduz aquela que foi idealizada pelos participantes da Inconfidência Mineira em 1789, movimento que tinha como intuito conquistar a liberdade da Coroa portuguesa.

Seu líder, Joaquim José da Silva Xavier – o Tiradentes –, insistiu que no projeto do pavilhão houvesse um triângulo equilátero que, segundo ele, simbolizaria a Santíssima Trindade. Seus companheiros concordaram que a bandeira fosse formada por um campo branco com a figura de um triângulo circundado com a seguinte frase, escrita em letras negras: *Libertas quæ sera tamen*, que significa "Liberdade ainda que tardia". Ela passou a ser instituída como pavilhão oficial do estado de Minas Gerais pela lei nº 2.793, de 8 de janeiro de 1963.

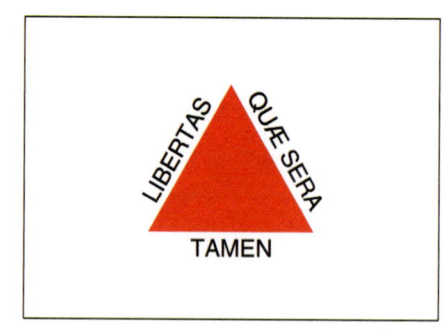

Proporção: 14:20

## A bandeira dos inconfidentes (1789)

A bandeira projetada pelos inconfidentes mineiros nunca saiu do papel. Acredita-se que o triângulo idealizado por Tiradentes fosse, originalmente, de cor verde, que simboliza a esperança. Já o branco está associado às bandeiras coloniais portuguesas.

O maior dos debates ficou em torno da frase a ser escrita na bandeira, do qual Tiradentes não participou. Um dos inconfidentes, Cláudio Manoel da Costa, queria que fosse colocado o lema *Aut libertas aut hit!* (Ou liberdade ou morte!), mas no final acabou vencendo a proposta sugerida por outro inconfidente, José Ignácio de Alvarenga Peixoto: *Libertas quæ sera tamen*. Essa frase foi inspirada em um verso do poeta romano Virgílio, cuja versão integral é a seguinte: *Libertas quæ sera tamen respexit inertem* (A liberdade que, embora tardia, me olhou inerte).

Quando a bandeira foi adotada pela Assembleia Legislativa do Estado de Minas Gerais, em 1963, optou-se pelo uso do triângulo na cor vermelha, por ser essa cor mais comumente associada às revoluções. Na bandeira do estado da Bahia, o triângulo branco é uma homenagem ao pavilhão idealizado pelos inconfidentes mineiros.

## BRASÃO DE ARMAS

O brasão de armas de Minas Gerais tem por escudo uma estrela vermelha de cinco pontas, cada uma delas dividida ao meio. A estrela está contornada por um filete da mesma cor com uma bordadura em prata. No centro figuram duas picaretas de mineração cruzadas e, sobre elas, um candeeiro (lanterna de mineiro). De cada lado da estrela há um ramo de café na parte exterior e dois ramos de fumo a partir dos vértices de baixo da estrela, nas suas cores naturais e floridos.

Na parte inferior do escudo corre uma faixa branca, onde se escreve com letras negras o nome "Estado de Minas Gerais". Abaixo há um laço, mantendo as mesmas cores, com a data "15 de junho de 1891", referente à adoção da primeira Constituição do estado. Os instrumentos do mineiro e os ramos de café e fumo simbolizam duas das riquezas iniciais de Minas Gerais: a mineração e a agricultura. Cercando a ponta superior da estrela está a divisa em latim presente na bandeira do estado: *Libertas quæ sera tamen*. O brasão foi aprovado pelo decreto nº 6.498, de 5 de fevereiro de 1924.

### Selo do Estado (1891-1924)

Adotado pela lei nº 1, de 14 de dezembro de 1891, o primeiro "brasão" de Minas Gerais era disposto em formato de selo, sendo formado por um escudo em estilo barroco, na cor dourada, onde se inseria um broquel de prata em que apareciam os símbolos alusivos às riquezas do estado: uma picareta e uma pá cruzadas junto a um feixe de ramos de trigo, café e tabaco e uma pilha de minérios, ambos apoiados sobre um arado e encimados por um barrete frígio – simbolizando a República. Apoiados sobre o escudo, apareciam à sua direita a figura de uma donzela (alusiva à liberdade) e à esquerda um mineiro (representativo da mineração), acompanhados de uma estrela radiante em amarelo-ouro. O conjunto era apoiado sobre um rico adorno onde se desatava uma faixa com o lema da Inconfidência Mineira – *Libertas quæ sera tamen*. Circuncidavam internamente o selo as inscrições – Estado de Minas Geraes (na grafia original) e "15 de junho de 1891", data da adoção da Constituição estadual.

## HINO

Minas Gerais ainda não possui um hino oficial.[24] No entanto, várias composições dedicadas ao estado se tornaram conhecidas ao longo do tempo. A canção que ganhou maior popularidade, inclusive fora do estado, foi *Oh! Minas Gerais*. Trata-se de uma adaptação de uma tradicional valsa *Viene sul mare*, que chegou ao

---

24  Houve, no entanto, tentativas de oficializar um hino para o estado de Minas Gerais. Um desses momentos ocorreu em 1985, quando a Secretaria Estadual da Cultura promoveu um concurso para escolha do hino, mas a ideia não chegou a se concretizar. A versão aqui apresentada foi gentilmente enviada pela Secretaria Estadual da Cultura de Minas Gerais.

estado a partir de companhias líricas e teatrais italianas que vinham ao Brasil durante o século XIX e início do XX. A letra foi adaptada pelo compositor mineiro José Duduca de Morais (1912-2002) e gravada em 1942, com arranjo musical do cantor e compositor Manuel Pereira de Araújo (1913-1993). A presente versão é a mais comumente cantada pelos mineiros.

**Oh! Minas Gerais**

*Estribilho*
Oh! Minas Gerais,
Oh! Minas Gerais,
Quem te conhece não esquece jamais.
Oh! Minas Gerais...

I
Tuas terras que são altaneiras
O teu céu é do puro anil
És bonita, ó terra mineira,
Esperança do nosso Brasil!
Tua lua é a mais prateada
Que ilumina o nosso torrão.
És formosa, ó terra encantada,
És o orgulho da nossa nação!

II
Teus regatos te enfeitam de ouro,
Os teus rios carreiam diamantes
Que faíscam estrelas de aurora
Entre matas e penhas gigantes.
Tuas montanhas são peitos de ferro
Que se erguem da pátria alcantil
Nos teus altares suspiram serestas
És o altar deste imenso Brasil.

III
Lindos campos batidos de sol
Ondulando num verde sem fim
E montanhas que, à luz do arrebol,
Tem perfume de rosa e jasmim.
Vida calma nas vilas pequenas,
Rodeadas de campos em flor,
Doce terra de lindas morenas,
Paraíso de sonho e de amor.

IV
Lavradores de pele tostada
Boiadeiros, vestidos de couro,
Operários da indústria pesada,
Garimpeiros de pedra e de ouro,
Mil poetas de doce memória
E valentes heróis imortais,
Todos eles figuram na história
Do Brasil e de Minas Gerais.

# HINO DO ESTADO DE MINAS GERAIS

Música: Tradicional

Letra: Versão de José Duduca de Morais[25]

Oh! Minas Gerais, Oh! Minas Gerais,
Quem te conhece não esquece jamais. Oh! Minas Gerais...
Tuas terras que são altaneiras
O teu céu é do puro anil
És bonita, ó terra mineira,
Esperança do nosso Brasil!
Tua lua é a mais prateada
Que ilumina o nosso torrão.
És formosa, ó terra encantada,
És o orgulho da nossa nação!

---

25  Conforme a versão enviada pela Secretaria de Cultura do Estado de Minas Gerais.

# PARÁ

**Capital:** Belém | **Gentílico:** Paraense | **Região:** Norte

## BANDEIRA

A bandeira do Pará foi oficialmente aprovada pela Assembleia Estadual em 3 de junho de 1898. A faixa branca, disposta em banda, representa o Zodíaco (faixa da esfera celeste que é enriquecida e valorizada pelos movimentos do Sol, da Lua e dos planetas, compreendendo também as 12 constelações que formam os signos). Ela lembra ainda a linha do Equador e a imensidão das águas do rio Amazonas. Ao centro aparece uma estrela azul (chamada Spica, pertencente à constelação da Virgem). Além de ser de primeira grandeza e de representar o estado do Pará, ela se encontra em situação privilegiada, pois é a única a figurar na bandeira nacional acima da faixa onde está escrito "Ordem e Progresso". A cor vermelha simboliza a força do sangue paraense, representando o espírito de luta, de harmonia e de patriotismo em prol da nação brasileira ao longo da história.

Proporção: 14:20

## BRASÃO DE ARMAS

O brasão de armas do Pará foi criado pela lei nº 912, de 9 de novembro de 1903, cujo desenho é de autoria do arquiteto José Castro Figueiredo, cabendo ao historiador e geógrafo Henrique Santa Rosa a sugestão dos motivos para a sua confecção.

Seu escudo, em estilo francês moderno, é formado por uma bordadura prateada, contendo o mesmo desenho da bandeira do Pará. Atrás dele figura outro escudo em estilo "recortado", de cor rósea, na qual as extremidades superiores formam uma voluta onde se encontra uma águia guianense (*Harpia harpyja*) prestes a alçar voo, que representa a altivez e a nobreza do povo paraense. As cores rosa e vermelho são alusivas ao republicanismo. No último plano, por trás da águia, destaca-se o sol nascente a brilhar sobre as latitudes equatoriais, sendo esse o símbolo da luz, da fama e da liberdade.

À direita do escudo maior há um ramo de seringueira (*Hevea brasiliensis*) e, à esquerda, outro de cacaueiro (*Theobroma cacao*), ambos em suas cores naturais. Por último, há uma fita de cor dourada partindo da direita para a esquerda do escudo, que se alonga até a sua parte superior, com a frase escrita em latim *Sub lege progrediamur* (Sob a lei progrediremos) acompanhada da inscrição "Estado do Pará".

# HINO

O hino do Pará começou a ser cantado em virtude das comemorações do tricentenário da fundação da capital Belém (1616) pelos alunos do Colégio Progresso Paraense, cujo poema é de autoria do professor Arthur Teódulo Santos Porto (1886-1938).

Embora atribuída ao maestro José Cândido da Gama Malcher (1853-1921), que fez sua adaptação e arranjos para o canto, a autoria da música pertence ao compositor Nicolino Milano (1876-1931). A canção tornou-se oficial com o nome de *Hino ao Pará*, por meio do artigo 4º da Constituição estadual, pela emenda nº 1, de 29 de outubro de 1969.

### Hino ao Pará

I
Salve, ó terra de ricas florestas,
Fecundadas ao sol do Equador!
Teu destino é viver entre festas,
Do progresso, da paz e do amor!
Salve, ó terra de ricas florestas,
Fecundadas ao sol do Equador!

*Estribilho*
Ó Pará, quanto orgulha ser filho,
De um colosso, tão belo, e tão forte;
Juncaremos de flores teu trilho,
Do Brasil, sentinela do Norte.
E a deixar de manter esse brilho,
Preferimos, mil vezes, a morte!

II
Salve, ó terra de rios gigantes,
D'Amazônia, princesa louçã!
Tudo em ti são encantos vibrantes,
Desde a indústria à rudeza pagã,
Salve, ó terra de rios gigantes,
D'Amazônia, princesa louçã!

# HINO DO ESTADO DO PARÁ
## "Hino ao Pará"

Música: Nicolino Milano
Letra: Arthur Teódulo Santos Porto

Salve ó terra de ricas florestas, Fecundadas ao sol do Equador! Teu destino é viver entre festas, Do progresso, da paz e do amor! Salve ó terra de ricas florestas, Fecundadas ao sol do Equador! Ó Pará, quanto orgulha ser filho, De um colosso, tão belo e tão forte; Juncaremos de flores teu trilho, Do Brasil, sentinela do Norte. E a deixar de manter esse brilho, Preferiremos, mil vezes, a morte! Salve ó morte!

# PARAÍBA
**Capital:** João Pessoa | **Gentílico:** Paraibano | **Região:** Nordeste

## BANDEIRA

A atual bandeira do estado da Paraíba é uma homenagem a João Pessoa – governador assassinado na cidade do Recife em 26 de julho de 1930, – através do projeto de lei nº 704, de 25 de setembro de 1930. A cor vermelha (na proporção de dois terços) simboliza a vitória da Aliança Liberal na Revolução de 1930[26] e o sangue derramado do governador, enquanto a cor preta (ocupando um terço da bandeira) recorda o luto do povo paraibano pela morte de João Pessoa. Na parte vermelha, há a inscrição "Nego" em letras maiúsculas na cor branca, atribuída à decisão do governador de não aceitar a candidatura de Júlio Prestes à presidência da República em 29 de julho de 1929. Embora não tenha dito exatamente "nego", a palavra acabou ficando como um símbolo de resistência política. A "Bandeira do Négo" (com acento agudo no "e", conforme a grafia da época) foi extinta pela Constituição de 1937, voltando a tremular em 11 de julho de 1947 e sendo oficializada pelo decreto nº 3.919, de 26 de julho de 1965.

Proporção: 14:20

Bandeira da Paraíba (1907-1922)

A primeira bandeira da Paraíba foi criada pela lei nº 266, de 21 de setembro de 1907, que também instituiu o brasão de armas do estado. Ela tinha seis listras verdes e cinco brancas, com uma esfera amarelo-ouro ao centro. Sobre ela, um escudo branco (em estilo suíço) com borda azul continha 16 estrelas brancas, representando as comarcas do estado. Sobre esse escudo, a data "5 de agosto de 1585", em vermelho, recordava a fundação da capital e da capitania da Paraíba. Acima do escudo, uma estrela branca, contornada de vermelho e com um barrete frígio no centro, simbolizava o ideal republicano e a luta pela liberdade. A bandeira deixou de tremular em 7 de novembro de 1922, por meio da lei nº 553, e o estado passou a utilizar apenas a bandeira nacional.

---

26 A Aliança Liberal foi formada em 1929, unindo grande parte dos opositores à candidatura do paulista Júlio Prestes à presidência da República, indicado por outro paulista na presidência, Washington Luís. Essa indicação quebrava o acordo político que previa a rotatividade de governantes mineiros e paulistas na presidência, conhecida por política do café com leite. Minas Gerais rebelou-se e recebeu apoio do Rio Grande do Sul. A Paraíba, que se considerava esquecida pelo Governo Federal, resolveu também rejeitar a decisão do presidente e se uniu aos mineiros e aos gaúchos. A vitória da Aliança Liberal na Revolução de 1930 levou Getúlio Vargas à presidência.

## BRASÃO DE ARMAS

O brasão de armas da Paraíba foi criado em 21 de setembro de 1907, com desenho original de autoria do pintor paraibano Genésio de Andrade.

Ele é composto de um escudo em estilo suíço, com três ângulos na parte superior e um na parte inferior, ligeiramente arredondado. Nele há uma bordadura azul, em que se inserem 15 estrelas de ouro, representando as comarcas da Paraíba na época. Há, acima do escudo, uma 16ª estrela, gironada, nas cores verde e amarelo, com a figura de um barrete frígio – tradicional símbolo republicano – representando a capital, João Pessoa.

Ocupam o centro do escudo duas paisagens representativas do estado: a primeira é o sol nascente, aludindo ao trecho que corresponde ao litoral paraibano, além do horizonte avistado; já a segunda é o interior e mostra um campo de criação, onde um rebanho pasta acompanhado de um pastor, com sua vestimenta própria para enfrentar o árduo trabalho. Ladeiam o escudo uma haste de cana-de-açúcar, disposta à direita, representando o cultivo tradicional nas áreas úmidas e encostas baixas, e um ramo de algodão à esquerda, cultivado nas áreas do sertão e semiárido. Ambos representam as principais culturas agrícolas da Paraíba e estão dispostos em suas cores naturais, atados por um laço na cor vermelha. O mesmo laço ata uma faixa onde se escreve a data "5 de agosto de 1585", alusiva à fundação de sua capital e da própria capitania, às margens do rio Sanhauá, afluente do rio Paraíba.

## HINO

O hino do estado da Paraíba foi composto pelo músico Abdon Felinto Milanez (1858-1927), com letra do pintor Francisco Aurélio de Figueiredo e Melo (1856-1916), ambos naturais do município paraibano de Areia. A primeira audição solene do *Hino da Paraíba* aconteceu em 30 de junho de 1905, em um concerto oferecido por Abdon Milanez em benefício à Santa Casa de Misericórdia da Paraíba, no Teatro Santa Rosa, na presença de importantes autoridades. Embora o hino tenha sido executado durante vários governos em diferentes períodos, ele permanecia em caráter não oficial. Em 1978, o governo do estado constituiu uma comissão para a escolha do hino oficial, encabeçada pelo músico e historiador Domingos de Azevedo Ribeiro, cujo trabalho mostrou a importância de se fazer oficial o já conhecido *Hino da Paraíba*, adotado por meio do decreto nº 7.957, de 2 de março de 1979.

**Hino da Paraíba**

Salve, ó berço do heroísmo,
Paraíba, terra amada,
Via Láctea do civismo
Sob o céu do amor traçada!

No famoso diadema
Que da pátria a fronte aclara
Pode haver mais ampla gema:
Não há pérola mais rara!

Quando repelindo o assalto
Do estrangeiro, combatias,
Teu valor brilhou tão alto
Que uma estrela parecias!

Nesse embate destemido
Teu denodo foi modelo:
Qual rubi rubro incendido
Flamejaste em Cabedelo![27]

Depois, quando o Sul, instante,
Clamou por teu braço forte,
O teu gládio lampejante
Foi o diamante do Norte!

Quando, enfim, a madrugada
De novembro nos deslumbra,
Como um sol a tua espada
Dardeja e espanca a penumbra!

Tens um passado de glória,
Tens um presente sem jaça:
Do porvir canta a vitória
E, ao teu gesto, a luz se faça!

Salve, ó berço do heroísmo,
Paraíba, terra amada,
Via Láctea do civismo
Sob o céu do amor traçada!

---

[27] Em 15 de agosto de 1597, 13 navios franceses, sob o comando do capitão Miffaut, bombardearam o forte de Cabedelo, na foz do rio Paraíba, durante sete dias. Repelido no assalto, o capitão francês seguiu para Honduras. A defesa heroica do forte foi comandada pelo capitão João de Matos Cardoso, com apenas vinte homens e cinco peças de artilharia. Em dezembro de 1631, o forte também resistiu à primeira invasão dos holandeses no Nordeste.

# HINO DO ESTADO DA PARAÍBA

Música: Abdon Felinto Milanez

Letra: Francisco Aurélio de Figueiredo e Melo

Salve, ó berço do heroísmo, Paraíba, terra amada,
Via Láctea do civismo Sob o céu do amor traçada!
No famoso diadema Que da pátria a fronte aclara
Pode haver mais ampla gema: Não há pérola mais rara!

Quando repelindo o assalto Do estrangeiro, combatias,
Teu valor brilhou tão alto Que uma estrela parecias!
Nesse embate destemido Teu denodo foi modelo:
Qual rubi rubro incendido Flamejaste em Cabedelo!

# PARANÁ

**Capital:** Curitiba | **Gentílico:** Paranaense | **Região:** Sul

## BANDEIRA

A bandeira do estado do Paraná compõe-se de um quadrilátero verde, que representa as matas do estado, atravessado por uma faixa branca, disposta em banda, que simboliza a paz e a harmonia. Ao centro, há uma representação da esfera celeste, em azul, com as cinco estrelas brancas que compõem a constelação do Cruzeiro do Sul na posição celeste em que se encontravam quando foi criada a província do Paraná, em 19 de dezembro de 1853. Ela está atravessada por uma faixa branca com a inscrição em verde "Paraná". Circunda a esfera um ramo de araucária (*Araucaria angustifolia*), disposto à sua esquerda; do lado oposto há um galho de erva-mate (*Ilex paraguariensis*), ambos estilizados e na cor verde, indicando as riquezas naturais do estado e sua flora característica. A atual versão da bandeira paranaense foi instituída pelo decreto nº 2.457, de 31 de março de 1947.

A primeira bandeira do Paraná foi aprovada por meio do decreto nº 8, de 9 de janeiro de 1892, com desenho de Manoel Corrêa de Freitas. O retângulo verde da bandeira era cortado transversalmente por uma longa faixa branca, formando um paralelogramo. Na esfera azul, a faixa era formada por duas linhas, tendo escrita a frase "Ordem e Progresso". Havia uma linha perpendicular, chamada linha zodiacal, que atravessava a esfera, tendo no plano superior a figura de um barrete frígio, em vermelho – tradicional símbolo dos regimes republicanos.

Em 24 de março de 1905, por meio da lei nº 592, a bandeira foi alterada, com a faixa diagonal sendo disposta em arco. O centro ficou ocupado pela esfera azul, tendo retiradas a linha zodiacal e o barrete frígio, permanecendo as estrelas do Cruzeiro do Sul, que foram rearranjadas. A esfera ganhou uma faixa branca que acompanhava a linha do arco, onde se escrevia em verde o nome do estado. Nas duas versões da bandeira paranaense constam os ramos estilizados de araucária e erva-mate, embora em posição invertida em relação à atual bandeira. Com a lei nº 2.182, de 15 de março de 1923, suprimiu-se o uso da bandeira estadual.

Proporção: 14:20

Bandeira (1892-1905)

Bandeira (1905-1923)

No final da década de 1980 foi criada pelo governo estadual uma comissão composta por especialistas para estudar os símbolos do Paraná. Ela apontou a necessidade de mudanças na bandeira e no brasão, que culminaram na lei complementar nº 52, de 24 de setembro de 1990. Em solenidade realizada no palácio Iguaçu, foram apresentados a nova bandeira e o novo brasão estadual.

Bandeira (1990-2002)

A bandeira voltou a ter a faixa branca disposta em paralelogramo, como na versão original de 1892; também foram retirados o nome "Paraná" e a faixa branca da esfera celeste. Houve ainda a adequação do desenho dos ramos de araucária e erva-mate, dispostos em uma versão mais realista.

## BRASÃO DE ARMAS

O atual brasão de armas do Paraná foi estabelecido pela mesma lei que adotou a bandeira estadual em 1947. É composto de um escudo em estilo português, tendo por base um campo vermelho onde se encontra a figura (toda de prata) de um lavrador, voltado para a direita do escudo e segurando um alfanje em atitude de trabalho. Representa, por sua roupagem, a típica vestimenta do homem do campo, enquanto o alfanje retrata o trabalho frutífero e as colheitas, bem como a vocação agrícola do estado.

O vermelho indica a terra, tanto no ato de ser cultivada como também no valor e na nobreza do solo paranaense. Na posição superior, encontra-se, sobre fundo azul, a figura do sol nascente em ouro – símbolo da glória, da fama e de um futuro promissor. Os três montes de prata dispostos à direita do escudo representam, por sua ordem decrescente, o relevo paranaense no sentido de leste para oeste com seus devidos planaltos: o Oriental ou de Curitiba, o Central ou dos Campos Gerais e o Ocidental ou de Guarapuava. Pousada sobre o escudo encontra-se uma harpia (*Harpia harpyja*) de prata e asas abertas. Essa é a maior ave brasileira, símbolo da altivez. Ladeiam o escudo um ramo de erva-mate, à sua direita, e outro de araucária, à sua esquerda. Eles indicam a flora característica do Paraná, suas potencialidades econômicas e suas riquezas naturais.

O primeiro brasão de armas do estado do Paraná era muito parecido com o da República brasileira. Diferentemente das armas nacionais, havia um mapa ao centro com a representação do estado. Também sobre a fita estava escrito com letras em ouro "Estado do Paraná" e a data de sua emancipação política, "19 de dezembro de 1853". Esse brasão foi adotado por meio do decreto-lei nº 456, de 29 de março de 1902.

Três anos depois, a lei nº 592, de 24 de março de 1905, alterou as cores do brasão, mantendo-se o desenho original com a silhueta geográfica do estado ao centro do escudo. A estrela passou a apresentar as cores verde e prata (branco). Também os raios celestes foram mudados para a cor prata e os ramos de café e fumo que ladeavam o escudo foram substituídos por ramos de araucária, dispostos à sua direita, e de erva-mate, à sua esquerda.

O terceiro brasão foi instituído pela lei nº 904, de 21 de março de 1910. Foi idealizado pelo pintor de origem norueguesa Alfredo Emílio Andersen, cujo desenho seria o precursor do atual brasão de armas do estado. Compunha-se de um escudo em estilo inglês com uma borda de prata, onde se observava, em primeiro plano, a figura de um trabalhador, ceifando um farta plantação de trigo. Ao fundo se via, entre os campos, uma orla de araucárias, limitada pela Serra do Mar, com um sol nascente, representando a paisagem natural do estado. Acima do escudo havia um falcão paranaense, também conhecido por gavião-de-penacho (*Spizaetus ornatus*), de asas abertas, simbolizando a altivez e a liberdade conquistada. Assim como no modelo anterior, ladeavam o escudo os ramos de araucária e erva-mate, e sobre a faixa, agora branca, apareciam o nome do estado e a data de sua emancipação política.

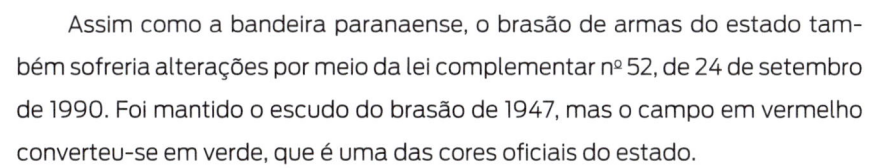

Assim como a bandeira paranaense, o brasão de armas do estado também sofreria alterações por meio da lei complementar nº 52, de 24 de setembro de 1990. Foi mantido o escudo do brasão de 1947, mas o campo em vermelho converteu-se em verde, que é uma das cores oficiais do estado.

O trabalhador segurando um alfanje foi substituído por um semeador. Foi mantida a cor azul do topo do escudo e o sol nascente foi deslocado para a sua direita, apresentando agora uma feição humana. Os três morros de prata foram substituídos pelo perfil geográfico do estado, ressaltando todo o relevo paranaense. A harpia, de asas abertas, agora aparecia com a cabeça para a frente, ligeiramente voltada para a direita do escudo. Os ramos de araucária e erva-mate ganharam uma feição realista no seu desenho. Tanto o modelo desse brasão quanto o da bandeira estiveram em vigor até 27 de maio de 2002, quando o decreto-lei nº 5.713 restabeleceu os símbolos do Paraná conforme a legislação de 1947.

## HINO

O hino do estado do Paraná, criado em 1903, foi instituído por meio do decreto-lei nº 2.457, de 31 de março de 1947. Sua letra foi escrita por Domingos Virgílio Nascimento (1863-1905), que além de escritor foi poeta, jornalista e atuou como major do Exército.

A música é de autoria do maestro Bento João de Albuquerque Mossurunga (1879-1970), que começou sua carreira como músico na cidade do Rio de Janeiro, retornando mais tarde para Curitiba, onde veio a lecionar música em vários órgãos estaduais. Desde meados do século XIX há registros de várias composições que foram usadas com o intuito de se tornar símbolo do estado, mas acabou prevalecendo o *Hino do Paraná* como a canção oficial dos paranaenses.

## Hino do Paraná

*Estribilho*
Entre os astros do Cruzeiro,
És o mais belo a fulgir
Paraná! Serás luzeiro!
Avante! Para o porvir!

I
O teu fulgor de mocidade,
Terra! Tem brilhos de alvorada
Rumores de felicidade!
Canções e flores pela estrada.

II
Outrora apenas panorama
De campos ermos e florestas
Vibra agora a tua fama
Pelos clarins das grandes festas!

II
A glória... A glória... Santuário!
Que o povo aspire e que idolatre-a
E brilharás com brilho vário,
Estrela rútila da pátria!

IV
Pela vitória do mais forte,
Lutar! Lutar! Chegada é a hora.
Para o zênite![28] Eis o teu norte!
Terra! Já vem rompendo a aurora!

---

28  O zênite é um ponto imaginário que sai de um observador na superfície terrestre e se projeta para a esfera celeste, ou seja, o corte em vertical de uma superfície em direção ao topo do céu. No hino significa, metaforicamente, que o estado já está pronto para traçar seu destino glorioso.

# HINO DO ESTADO DO PARANÁ
## "Hino do Paraná"

Música: Bento João de Albuquerque Mossurunga

Letra: Domingos Virgílio Nascimento

Entre os astros do Cruzeiro, És o mais belo a fulgir Paraná! Serás luzeiro! Avante! Para o porvir!

*Para seguir:* O teu fulgor de mocidade, Terra! Tem brilhos de alvorada Rumores de felicidade! Canções e flores pela estrada. Rumores de felicidade! Canções e flores pela estrada.

*Para finalizar.*

# PERNAMBUCO

**Capital:** Recife | **Gentílico:** Pernambucano | **Região:** Nordeste

## BANDEIRA

A bandeira pernambucana foi instituída pelo decreto nº 459, de 23 de fevereiro de 1917, após solicitação do Instituto Arqueológico, Histórico e Geográfico Pernambucano em virtude da comemoração do centenário da Revolução Republicana de 1817. O pavilhão revolucionário, após as devidas alterações do modelo original, foi adotado em reconhecimento e reverência aos que lutaram heroicamente pelos ideais de liberdade do estado. O campo da bandeira é composto de dois retângulos: um na cor azul e outro branco, representando respectivamente o céu e a paz.

A estrela amarela simboliza o estado e o arco-íris (simplificado em vermelho, amarelo e verde), a amizade, a união e a equidade social. O sol dourado representa a luz, a liberdade e a força desse astro no Equador. Ele significa, ainda, que os pernambucanos são filhos do Sol e vivem sob sua influência. No campo branco, a cruz vermelha, em estilo latino, alude às primitivas designações do Brasil (Ilha de Vera Cruz e Terra de Santa Cruz) e também à fé como base do povo pernambucano. A bandeira do estado passou por normatização e readequação histórica de suas cores, proporções e símbolos através da lei nº 17.139, de 28 de dezembro de 2020.

Proporção: 2:3

Bandeira de Pernambuco (1917-2020)

## Bandeira da Revolução Pernambucana (1817)

A bandeira da Revolução Pernambucana foi desenhada pelo padre João Ribeiro Pessoa de Melo Montenegro, professor de desenho do seminário de Olinda. A pintura foi feita pelo fluminense Antônio Álvares, que estava no Recife à época. O desenho foi enviado ao alfaiate José do Ó Barbosa, que fez os primeiros pavilhões em seda com ajuda de sua esposa, filhas e seu irmão, Francisco Dornelas Pessoa. Ela substituiu a primeira bandeira dos revolucionários, que era branca e sem emblema.

A cerimônia solene de sua bênção se deu em praça pública na data de 21 de março daquele ano. A bandeira original apresentava o sol com um rosto humano e três estrelas brancas que representavam, além de Pernambuco, a Paraíba e o Rio Grande do Norte, que também aderiram ao movimento. O governo provisório enviou uma cópia para as autoridades em Washington, nos Estados Unidos, por meio de Antônio Gonçalves da Cruz – o Cruz Cabugá, na esperança de reconhecimento internacional. Após aderir ao movimento, a Paraíba também adotou sua bandeira, uma variante que era toda branca, com as estrelas dispostas em amarelo. A Revolução terminaria em 20 de maio de 1817.

### Bandeira da Confederação do Equador (1824)

Sete anos após a Revolução Pernambucana, era proclamada no Recife a Confederação do Equador. Seus revolucionários, sob forte inspiração republicana, adotaram uma bandeira azul-celeste com o brasão da nova república que criaram, composto de um escudo quadrado amarelo-gema, ladeado por um ramo de algodão à sua esquerda e outro de cana-de-açúcar, à sua direita, representando as riquezas do Nordeste. Dentro do escudo, um círculo de fundo azul com borda branca levava as palavras de ordem "Religião – Independência – União – Liberdade", separadas por quatro feixes de varas de cor escarlate.

Esse círculo era dividido por uma faixa branca, que o separava em duas partes iguais (uma alusão à linha do Equador). No centro havia uma cruz vermelha, com duas estrelas brancas debaixo das extremidades do braço, assim como outras duas ladeando seu madeiro. Ao pé da cruz havia mais nove estrelas em semicírculo. Acima do escudo erguia-se uma mão, na qual se desenhava o chamado olho da providência, circundado por seis estrelas brancas (que representavam as províncias de Pernambuco, Paraíba, Rio Grande do Norte, Ceará, Piauí e Bahia). Ela apontava para uma flâmula de cor branca, sobre a qual se via a palavra "Confederação".

## BRASÃO DE ARMAS

O brasão de armas tem sua origem na lei nº 75, de 21 de maio de 1895. É formado por um escudo em azul, contornado por um filete dourado. Ao centro há uma elipse ornada por estrelas que representavam os municípios de Pernambuco na época. Ela é separada do campo azul por um filete dourado. Aparecem ainda no escudo oval os acidentes geográficos que fazem parte da paisagem pernambucana: o farol e o fortim da barra sobre uma base, representando o extremo norte do Recife. Ao longe há uma colina verde que representa a cidade de Olinda, recordando o início da colonização. Por fim, há o mar, onde se ergue no horizonte o sol dourado, representando os patriotas da Revolução Pernambucana (1817).

Circundam o escudo um ramo de cana-de-açúcar à sua direita e de algodoeiro à sua esquerda, ambos ao natural, representando as riquezas econômicas do estado. Como timbre, no alto do escudo, há um leão, símbolo da bravura de seu povo nas lutas travadas ao longo dos séculos. Abaixo, há uma fita azul com estas datas: 1710 – Guerra dos Mascates; 1817 – Revolução Pernambucana (também chamada Revolução dos Padres ou Revolução Republicana); 1824 – movimento autonomista da Confederação do Equador; e 1889 – Proclamação da República no Brasil.

# HINO

O hino do estado de Pernambuco resultou de um concurso público realizado em 1908. Uma comissão formada por quatro membros da Academia Pernambucana de Letras encarregou-se de escolher a letra vencedora, de autoria do recifense Oscar Brandão da Rocha (1882-1956). Já a música foi composta pelo maestro de origem italiana Nicolino Milano (1876-1931), que veio ao Brasil para ensinar música a convite do governo do Rio Grande do Norte. Quando Oscar Brandão exerceu o cargo de delegado de polícia na capital potiguar, convidou o maestro para juntos comporem o futuro hino dos pernambucanos.

I
Coração do Brasil, em teu seio
Corre o sangue de heróis – rubro veio
Que há de sempre o valor traduzir.
És a fonte da vida e da história
Desse povo coberto de glória,
O primeiro, talvez, no porvir.

*Estribilho*
Salve! Ó terra dos altos coqueiros!
De belezas soberbo estendal!
Nova Roma de bravos guerreiros[29]
Pernambuco, imortal! Imortal!

II
Esses montes e vales e rios,
Proclamando o valor de teus brios,
Reproduzem batalhas cruéis.
No presente és a guarda avançada,
Sentinela indormida e sagrada
Que defende da pátria os lauréis

III
Do futuro és a crença, a esperança
Desse povo que altivo descansa
Como o atleta depois de lutar...
No passado o teu nome era um mito,
Era o sol a brilhar no infinito,
Era a glória na terra a brilhar.

IV
A República é filha de Olinda,[30]
Áurea estrela, que fulge e não finda
De esplender com seus raios de luz.
Liberdade! Um teu filho proclama!
Dos escravos o peito se inflama
Ante o sol dessa Terra da Cruz![31]

---

29  O poeta compara metaforicamente a bravura do povo pernambucano nas lutas travadas ao longo da história com a audácia e a tradição militar existentes no Império Romano.
30  Antes de ocorrer a Proclamação da República no Brasil (1889), a letra mostra que os ideais republicanos já estavam presentes em Pernambuco com a Revolução de 1817, cuja sede era a cidade de Olinda, vizinha da capital Recife.
31  A letra aqui recorda os primeiros nomes do Brasil – Ilha de Vera Cruz e Terra de Santa Cruz –, cujo desenho da cruz também aparece na bandeira do estado.

# HINO DO ESTADO DE PERNAMBUCO

Música: Nicolino Milano

Letra: Oscar Brandão da Rocha

Coração do Brasil, em teu seio
Corre o sangue de heróis – rubro veio
Que há de sempre o valor traduzir.
És a fonte da vida e da história
Desse povo coberto de glória,
O primeiro, talvez, no porvir.
Salve! Ó terra dos altos coqueiros!
De belezas soberbos estendal!
Nova Roma de bravos guerreiros,
Pernambuco imortal! Imortal! Salve! Ó tal!

Esses

# PIAUÍ

**Capital:** Teresina | **Gentílico:** Piauiense | **Região:** Nordeste

## BANDEIRA

A primeira bandeira foi adotada em 24 de julho de 1922, por meio da lei nº 1.050. Ela era composta de faixas nas cores nacionais, sendo sete verdes e seis amarelas, onde se inseria um cantão quadrangular azul, com uma estrela branca ao centro (chamada Antares), representando o estado. O verde simboliza a esperança e o amarelo, as riquezas de seu solo.

Em 17 de novembro de 2005, a lei nº 5.507 alterou o cantão para retangular. Abaixo da estrela foi inserida a data "13 de março de 1823", que relembra a batalha do Jenipapo, ocorrida às margens do rio homônimo. Piauienses, maranhenses e cearenses se uniram para enfrentar a Coroa portuguesa, que queria manter o controle da região. Embora os brasileiros tenham sido derrotados na batalha – uma das mais sangrentas na guerra pela independência do Brasil –, sua bravura impediu o progresso das tropas lusitanas na região, à qual a data da bandeira passou a render homenagem.

Proporção: 14:20

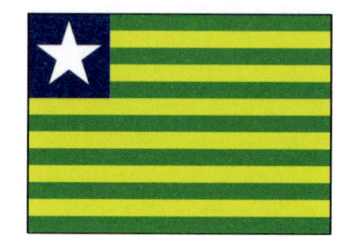

Primeira bandeira do Piauí (1922-2005)

## BRASÃO DE ARMAS

O brasão de armas – criado pela mesma lei que instituiu a primeira bandeira do estado, em 1922 – é formado por um escudo em estilo francês moderno, dividido em duas partes e contornado de vermelho. A parte superior tem um campo amarelo-ouro com três palmeiras nativas do Piauí: a carnaúba (*Copernicia prunifera*) à sua direita, lembrando a fase nômade e pastoril; o buriti (*Mauritia vinifera*) ao centro, marcando a fixação dos primeiros núcleos de povoamento; e o babaçu (*Orbignya phalerata*) à sua esquerda, assinalando a evolução econômica no cultivo agrícola. Na parte inferior intercalam-se faixas azuis e brancas, onde há três peixes (piaus), dispostos em roquete (arranjo triangular), representando os três principais rios do estado: o Parnaíba, o Canindé e o Poti. As faixas azuis são os principais afluentes da margem direita do rio Parnaíba (rios Preto, Prata, Gurgueia, Itaueira, Longá, Canindé e Poti).

Acima do escudo há uma estrela de prata, chamada Antares (Alfa de Escorpião), simbolizando a aspiração ao progresso e o próprio estado como membro da Federação, circundada pela legenda "Estado do Piauí". Há, como suportes, um ramo de algodoeiro à sua direita e um feixe de cana-de-açúcar à sua esquerda, que representam os principais produtos agrícolas do Piauí. Abaixo há uma faixa em azul, onde se lê a frase em latim *Impavidum ferient ruinae* (Suas ruínas feri-lo-iam sem assustá-lo), pertencente à legenda do estado, derivada de uma ode do poeta romano Horácio. Abaixo dessa frase, a data "24 de janeiro de 1823" marca a data de adesão do Piauí ao Brasil independente.

O primeiro "brasão" do Piauí nasceu pela lei nº 38, de 6 de julho de 1894. Era um escudo em formato oval, criado como selo para autenticar os atos legislativos e administrativos do governo, apresentando ao centro uma estrela azul carregada com a figura de um crescente. Havia também duas faixas, a superior com a legenda "Estado do Piauí" (na grafia original), e na posição inferior a designação "13 de junho de 1892", data da adoção da primeira Constituição estadual. Como não havia especificação de cores, eram mais comuns as representações em fundo prateado e variantes com o fundo dourado. O emblema acabou substituído em 24 de julho de 1922, quando foi adotado o modelo atual.

## HINO

O hino foi criado durante as festividades em comemoração ao centenário da declaração de Independência do Brasil (que no Piauí se deu definitivamente em 1823), sendo adotado por meio da lei nº 1.078, de 18 de julho de 1923. Foi Antônio Francisco da Costa e Silva (1885-1950), poeta piauiense da cidade de Amarante, que escreveu a letra do hino. A música ficou a cargo da educadora Firmina Sobreira Cardoso (1879-1935), em parceria com Cirilo Chaves Soares Carneviva (1894-1936) e Leopoldo Damasceno Ferreira (1857-1906).

I
Salve! Terra que aos céus arrebatas
Nossas almas nos dons que possuis:
A esperança nos verdes das matas,
A saudade nas serras azuis.

*Estribilho*
Piauí, terra querida,
Filha do sol do Equador,
Pertencem-te a nossa vida,
Nosso sonho, nosso amor!
As águas do Parnaíba,[32]
Rio abaixo, rio arriba,
Espalhem pelo sertão
E levem pelas quebradas,
Pelas várzeas e chapadas,
Teu canto de exaltação!

---

32   O rio Parnaíba é o principal curso fluvial do estado, demarcando a divisa do Piauí com o estado do Maranhão.

II
Desbravando-te os campos distantes
Na missão do trabalho e da paz,
A aventura de dois bandeirantes[33]
A semente da pátria nos traz.

III
Sob o céu de imortal claridade,
Nosso sangue vertemos por ti,
Vendo a pátria pedir liberdade,
O primeiro que luta é o Piauí.

IV
Possas tu, no trabalho fecundo
E com fé, fazer sempre melhor,
Para que, no concerto do mundo,
O Brasil seja ainda maior.

V
Possas tu, conservando a pureza
Do teu povo leal, progredir,
Envolvendo na mesma grandeza
O passado, o presente e o porvir.

---

33   Refere-se aos bandeirantes Domingos Jorge Velho (1641-1705) e Domingos Afonso Sertão (-1711).

# HINO DO ESTADO DO PIAUÍ

Música: Firmina S. Cardoso, Cirilo C. S. Carneviva e Leopoldo D. Ferreira

Letra: Antônio Francisco da Costa e Silva

Salve! Terra que aos céus arrebatas
Nossas almas nos dons que possuis:
A esperança nos verdes das matas,
A saudade nas serras azuis.
Piauí, terra querida,
Filha do sol do Equador,
Pertencem-te a nossa vida,
Nosso sonho, nosso amor!
As águas do Parnaíba,
Rio abaixo, rio arriba,
Espalhem pelo sertão
E levem pelas quebradas,
Pelas várzeas e chapadas,
Teu canto de exaltação!
Desbração!

# RIO DE JANEIRO

**Capital:** Rio de Janeiro | **Gentílico:** Fluminense | **Região:** Sudeste

## BANDEIRA

A bandeira do Rio de Janeiro é composta de um campo retangular esquartelado, isto é, dividido em quatro partes de igual proporção, com as cores alternadas em azul-celeste e branco. Essas são as cores originárias da bandeira portuguesa usada durante o século XIX, bem como eram a coloração-padrão dos estandartes marítimos usados pelos navios fluminenses naquela época, ambos simbolizando a origem portuguesa do estado. Ao centro da bandeira está disposto o brasão de armas com todos os seus elementos. Ela foi instituída oficialmente pela lei estadual nº 5.588, de 5 de outubro de 1965.

Proporção: 14:20

Embora adotada oficialmente em 1965, a primeira versão da bandeira do Rio de Janeiro foi usada em 1947, logo após a restauração dos símbolos estaduais, proibidos pela Constituição de 1937. É provável que esta bandeira tenha existido em décadas anteriores, mas apenas para uso cerimonial, estampando o desenho do primeiro brasão do estado do Rio de Janeiro, instituído em 1892.

(1947-1965)

## BRASÃO DE ARMAS

O brasão é composto de um escudo em estilo oval, circundado por uma corda de ouro, simbolizando a união e os anseios cristãos do povo fluminense. Seu desenho é dividido em três partes: a primeira, em azul, no alto do escudo, refere-se ao céu e simboliza a justiça, a verdade e a lealdade, tendo como silhueta geográfica a serra dos Órgãos, com destaque para o pico do Dedo de Deus como símbolo natural do estado. A segunda, em verde, representa a Baixada Fluminense e, abaixo dessa terceira parte, é composta de uma faixa também azul, lembrando o mar de suas praias.

Destaca-se a figura de uma águia de prata, com suas asas abertas, alçando voo, representando o governo, que deve ser forte, honesto e justo para portar a mensagem de confiança, esperança e ação aos mais longínquos rincões do estado. Ela carrega em suas garras um escudete azul com uma faixa e uma borda em prata, tendo as inscrições "9 de abril de 1892" – data da promulgação da primeira Constituição do estado – e a frase em latim *Recte rempublicam gerere* (Gerir a coisa pública com retidão), traduzindo a preocupação constante que deve ter o homem público fluminense. No interior desse escudete há ainda uma estrela prateada, representando a capital do estado. Acima do escudo ovalar encontra-se a estrela prata que representa o estado do Rio de Janeiro como unidade federativa do Brasil (conhecida por Beta, da constelação do Cruzeiro do Sul). Ladeiam o escudo, à sua direita, uma haste de cana-de-açúcar e, à sua esquerda, um ramo de café, representando as principais culturas agrícolas fluminenses. Ambos estão atravessados por uma fita branca com os dizeres "Estado do Rio de Janeiro". Seu atual desenho foi adotado em 5 de outubro de 1965, pela mesma lei que instituiu a bandeira estadual.

O desenho do primeiro brasão do estado do Rio de Janeiro foi instituído por meio do decreto nº 3, de 29 de junho de 1892, de autoria de Ricardo Honorato Teixeira de Carvalho. Com relação ao desenho atual, a figura da águia carregava em suas garras o escudete se erguendo acima das águas do mar, acompanhada de um ramo de oliveira e de um maço de loureiro. Ao fundo, todo em azul, a estrela de prata que representava o estado encontrava-se no interior do escudo.

(1892-1965)

## BANDEIRA E BRASÃO DO ESTADO DA GUANABARA (1960-1975)

A bandeira era formada por um campo branco atravessado por duas faixas diagonais azuis, dispostas em aspa com o brasão de armas do estado ao centro. Seu desenho derivava da atual bandeira da cidade do Rio de Janeiro, e foi oficializada pelo decreto nº 1.190, de 8 de julho de 1908, na qual o azul e o branco são cores tradicionais. Diferentemente da bandeira municipal, a bandeira estadual apresentava o brasão em cores vivas. Era caracterizado por um escudo em estilo português com um campo azul (cor da lealdade), tendo ao centro uma esfera armilar de ouro (símbolo do Brasil colonial) combinada com as três flechas de São Sebastião (padroeiro da cidade-estado). Ao centro, o barrete frígio vermelho simbolizava o regime republicano, que nasceu na cidade.

Para lembrar que esta era a antiga capital do Brasil, havia uma coroa mural com cinco torres de ouro e, à frente dela, uma estrela de prata representava o estado da Guanabara como membro da federação. Havia também dois golfinhos ao estilo heráldico em suas cores naturais, simbolizando a importância marítima da cidade. Atrás deles, à direita do brasão, havia um ramo de louro e, à sua esquerda, um ramo de carvalho, simbolizando, respectivamente, a vitória e as virtudes cívicas do povo carioca. O brasão foi adotado por meio da lei estadual nº 384, de 23 de outubro de 1963, que o ajustou para ser o símbolo da cidade-estado até 1975, quando a Guanabara se integrou ao estado do Rio de Janeiro.

# HINO

O hino do estado do Rio de Janeiro, intitulado *Hino 15 de Novembro*, foi composto em 1889 pelo maestro João Elias da Cunha, e por ele oferecido ao primeiro governador Francisco Portela. A letra é de autoria do poeta, jornalista, escritor e teatrólogo fluminense Antônio José Soares de Sousa Júnior (1851-1893). O hino foi executado pela primeira vez em 10 de dezembro de 1889 pela banda da Polícia Militar do estado do Rio de Janeiro e oficializado em 29 de dezembro daquele mesmo ano. Mais tarde, o maestro Guerra Peixe adaptou a partitura do hino para a versão de canto e coral.

### Hino 15 de Novembro

I
Fluminenses, avante! Marchemos!
Às conquistas da paz, povo nobre!
Somos livres, alegres brademos,
Que uma livre bandeira nos cobre.

*Estribilho*
Fluminenses, eia! Alerta!
Ódio eterno à escravidão!
Que na pátria enfim liberta
Brilha à luz da redenção!

II
Nesta pátria, do amor áureo templo,
Cantam hinos a Deus nossas almas;
Veja o mundo surpreso este exemplo,
De vitória, entre flores e palmas.

III
Nunca mais, nunca mais nesta terra
Virão cetros mostrar falsos brilhos;
Neste solo que encantos encerra,
Livre pátria terão nossos filhos.

IV
Ao cantar delirante dos hinos
Essa noite, dos tronos nascida,
Deste sol, aos clarões diamantinos,
Fugirá, sempre, sempre vencida.

V
Nossos peitos serão baluartes
Em defesa da pátria gigante;
Seja o lema do nosso estandarte:
Paz e amor! Fluminenses, avante!

# HINO DO ESTADO DO RIO DE JANEIRO
## "Hino 15 de Novembro"

Música: João Elias da Cunha

Letra: Antônio José Soares de Sousa Júnior

Fluminenses, avante! Marchemos! Às conquistas da paz, povo nobre! Somos livres, alegres bradermos, Que uma livre bandeira nos cobre. Somos livres, alegres bradermos, Que uma livre bandeira nos cobre. Fluminenses, eia! Alerta! Ódio eterno à escravidão! Que na pátria enfim liberta Brilhe à luz da redenção! Que na pátria enfim liberta Brilhe à luz da redenção!

# RIO GRANDE DO NORTE

**Capital:** Natal | **Gentílico:** Potiguar ou Norte-rio-grandense | **Região:** Nordeste

## BANDEIRA

A bandeira do estado do Rio Grande do Norte foi instituída pela lei nº 2.160, de 3 de dezembro de 1957. A ideia de sua criação partiu de um grupo de pessoas ligadas à cultura potiguar, ficando a cargo do historiador Luís da Câmara Cascudo a missão de estudar a forma mais adequada para a apresentação da bandeira.

Ela é composta de um campo retangular bicolor, cortado por uma faixa verde superior e outra branca inferior. O verde do pavilhão norte-rio-grandense é idêntico ao da bandeira do Brasil, relembrando o estado como parte do território nacional; o branco é símbolo da paz, da união, da harmonia e da pureza. Ao centro assenta-se um escudo em estilo francês moderno, de cor amarelo-ouro, simbolizando o valor e a riqueza, bem como a luz do sol e sua energia. Ele serve de fundo para o brasão de armas do estado, cujo desenho é idêntico ao modelo instituído em 1909.

Proporção: 10:15

## BRASÃO DE ARMAS

O brasão de armas do Rio Grande do Norte tem sua origem no decreto-lei nº 201, de 1º de julho de 1909, cuja autoria deve-se ao escultor Corbiniano Vilaça. Trata-se de um escudo disposto em campo aberto, cujo plano inferior tem a representação do mar sob um céu matutino, onde navega uma jangada com sua vela enfunada ao vento, representando a indústria do sal e a atividade tradicional da pesca.

No terço superior, em campo de prata, figuram ao centro dois capuchos de algodão, ladeados por duas flores de algodoeiro e dispostos em suas cores naturais, representando o principal produto agrícola do estado na época. Ladeiam o escudo um coqueiro (*Cocos nucifera*), à sua direita, e à esquerda uma carnaubeira (*Copernicia prunifera*), tendo os troncos ligados por dois feixes de cana-de-açúcar que estão atados por um laço, em verde e amarelo. Esses emblemas vegetais representam a flora típica do Rio Grande do Norte. Acima do escudo há uma estrela de prata (chamada Lambda – pertencente à constelação de Escorpião), que simboliza o estado como membro da Federação.

## HINO

O hino do Rio Grande do Norte foi declarado oficial pela lei nº 2.161, de 3 de dezembro de 1957, no mesmo dia que a bandeira oficial do estado foi instituída. A letra é de autoria do senador e escritor José Augusto Meira Dantas (1873-1964), com música de José Domingos Brandão, ambos nascidos na cidade potiguar de Ceará Mirim.

O hino foi composto em 1918, e a solenidade de sua oficialização aconteceu defronte ao palácio Potengi, em Natal, com uma apresentação da banda de música da Polícia Militar.

I
Rio Grande do Norte esplendente
Indomado guerreiro e gentil,
Nem tua alma domina o insolente,
Nem o alarde o teu peito viril!
Na vanguarda, na fúria da guerra
Já domaste o astuto holandês![34]
E nos pampas distantes quem erra,
Ninguém ousa afrontar-te outra vez!
Da tua alma nasceu Miguelinho,[35]
Nós, como ele, nascemos também,
Do civismo no rude caminho,
Sua glória nos leva e sustém!

*Estribilho*
A tua alma transborda de glória!
No teu peito transborda o valor!
Nos arcanos revoltos da história
Potiguares é o povo senhor!

II
Foi de ti que o caminho encantado
Da Amazônia Caldeira[36] encontrou,
Foi contigo o mistério escalado,
Foi por ti que o Brasil acordou!
Da conquista formaste a vanguarda,
Tua glória flutua em Belém![37]
Teu esforço o mistério inda guarda
Mas não pode negá-lo a ninguém!
É por ti que teus filhos decantam,
Nem te esquecem, distante, jamais!
Nem os bravos seus feitos suplantam
Nem teus filhos respeitam rivais!

---

34 Esse trecho se refere à expulsão dos holandeses da capitania do Rio Grande do Norte em 1654.
35 O padre Miguelinho, nascido em Natal (RN), foi um dos revolucionários e mártires que participaram da Revolução Pernambucana de 1817. Após ser capturado pelas tropas imperiais, foi fuzilado no Campo de Pólvora, em Salvador, em 12 de junho de 1817. Seu nome de batismo era Miguel Joaquim de Almeida Castro (1768-1817).
36 Francisco Caldeira de Castelo Branco (-1619) foi soldado e capitão-mor do Rio Grande do Norte entre 1613 e 1615.
37 Refere-se ao fato de Francisco Caldeira de Castelo Branco, em missão à Amazônia, ter sido o fundador do forte do Presépio, na baía de Guajará, em 12 de janeiro de 1616, que deu origem à atual cidade de Belém, capital do Pará.

III
Terra filha de sol deslumbrante,
És o peito da Pátria e de um mundo
A teus pés derramar trepidante,
Vem atlante o seu canto profundo!
Linda aurora que incende o teu seio,
Se recalma florida e sem par,
Lembra uma harpa, é um salmo, um gorjeio,
Uma orquestra de luz sobre o mar!
Tuas noites profundas, tão belas,
Enchem a alma de funda emoção,
Quanto sonho na luz das estrelas,
Quanto adejo no teu coração.

# HINO DO ESTADO DO RIO GRANDE DO NORTE

Música: José Domingos Brandão
Letra: José Augusto Meira Dantas

Rio Grande do Norte esplendente
Indomado guerreiro e gentil,
Nem tua alma domina o insolente,
Nem o alarde o teu peito viril!
Na vanguarda, na fúria da guerra
Já domaste o astuto holandês!
E nos pampas distantes quem erra,
Ninguém ousa afrontar-te outra vez!
Da tua alma nasceu Miguelinho,
Nós, como ele, nascemos também,
Do civismo no rude caminho,
Sua glória nos leva e sustém!
A tua alma transborda de glória!
No teu peito transborda o valor!
Nos arcanos revoltos da história
Potiguares é povo senhor!

# RIO GRANDE DO SUL

**Capital:** Porto Alegre | **Gentílico:** Sul-rio-grandense ou gaúcho | **Região:** Sul

## BANDEIRA

A bandeira do estado do Rio Grande do Sul baseou-se no modelo criado durante a Revolução Farroupilha, que em 1836 culminou com a chamada República Rio-Grandense. Sua autoria é atribuída a Bernardo Pires, mas, segundo outros pesquisadores, a bandeira foi idealizada por José Mariano de Mattos, tendo apenas o desenho ficado a cargo de Pires.

Segundo a interpretação popular, o verde representa os pampas gaúchos, o amarelo as riquezas naturais e o vermelho o entusiasmo e a coragem do povo sul-rio-grandense. As cores da bandeira farroupilha foram adotadas como símbolo do Rio Grande do Sul em 1891, mas a constituição estadual não especificou o modelo do brasão de armas a ser usado, que, por costume, nessa época, era inserido artesanalmente no campo vermelho da bandeira. Em 1936, o Instituto Histórico e Geográfico do Rio Grande do Sul escolheu o brasão usado por Mariano de Mattos para figurar oficialmente na bandeira estadual, que passou a ser colocado ao centro, sobre uma elipse vertical branca. A versão oficial da bandeira sul-rio-grandense está regulamentada pela lei nº 5.213, de 5 de janeiro de 1966.

Proporção: 7:10

## BRASÃO DE ARMAS

O brasão de armas do Rio Grande do Sul foi criado durante a proclamação da República Rio-Grandense, por um decreto-lei datado de 12 de novembro de 1836. Na sua atual versão é composto de um escudo oval branco, significando a nova vida, o desejo de paz, pureza e harmonia.

Sobre o centro do escudo há um quadrilátero em prata, com uma espada em ouro – símbolo do poder, da força e da justiça – que sustenta na ponta um barrete frígio, recordando a liberdade e os ideais republicanos. Também aparecem um ramo de fumo, à direita do escudo, e outro de erva-mate, à sua esquerda, que se cruzam sobre sua empunhadura, representando os principais produtos agrícolas da época, e evocando a fertilidade da terra.

O quadrilátero está inscrito num losango verde, com duas estrelas colocadas nos ângulos superior e inferior. O losango pode ser interpretado como a união de dois triângulos equiláteros e alude à comunicação entre Deus e o homem, enquanto as estrelas em ouro simbolizam a vida, sua evolução e o valor da condição humana. As laterais do losango formam também dois triângulos isósceles que apontam para as colunas de ouro em estilo jônico – símbolo da sabedoria. Cada uma delas é caracterizada por possuir um capitel, volutas e uma bala de canhão antigo no topo, que representa a sustentação dos ideais farroupilhas, com forte influência da maçonaria.

Todo esse conjunto está apoiado sobre um campo verde com três suaves ondulações, relembrando as coxilhas, um dos relevos característicos do Rio Grande do Sul. O escudo oval tem ainda uma bordadura azul, onde se lê "República Rio-Grandense" – referindo-se à experiência republicana implantada em 11 de setembro de 1836 – e "20 de setembro de 1835", data que marca o início do movimento revolucionário com a tomada da capital Porto Alegre.

Compõem o brasão, ainda, quatro bandeiras tricolores entrecruzadas, semelhantes ao modelo da República Rio-Grandense, cujo arremate do mastro termina em formato de flor de lis. As duas bandeiras dos extremos também estão decoradas com uma faixa vermelha.

Há, por trás do escudo oval, uma lança vermelha, com o mesmo arremate, além de quatro fuzis armados com baionetas de ouro, todos representados apenas pelas pontas. A lança representa a cavalaria, enquanto os fuzis homenageiam a infantaria. Dois tubos de canhão entrecruzados, na cor negra, são uma representação da artilharia das forças farroupilhas. Abaixo, estende-se uma faixa branca com a inscrição em negro "Liberdade, Igualdade, Humanidade". Embora o lema estivesse associado aos ideais da Revolução Francesa ("Liberdade, Igualdade, Fraternidade"), o uso da palavra "humanidade" tinha para os líderes farroupilhas um conceito mais amplo do que a palavra "fraternidade". O brasão de armas do Rio Grande do Sul seria restabelecido em 1891, com sua versão oficial regulamentada pela mesma lei que instituiu a bandeira e o hino oficial do estado.

## SÍMBOLOS DA REPÚBLICA RIO-GRANDENSE (1836-1845)

A bandeira criada para a República Rio-Grandense era originalmente quadrada e não continha a figura do brasão de armas.

Os motivos que levaram à escolha de suas cores são desconhecidos, embora alguns pesquisadores apontem que ela se originou da soma das cores da bandeira brasileira (verde e amarelo) com o vermelho da faixa que a atravessa, representando, portanto, a "revolução" ocorrida entre a referida República e o Império do Brasil. Outros, baseados em jornais da época, descrevem que o verde era a esperança da independência, o amarelo o sinal de firmeza e o vermelho o sangue das lutas dos farroupilhas. Essa bandeira foi adotada em 12 de novembro de 1836 e deixou de ser usada em 25 de fevereiro de 1845, após a dissolução da República Rio-Grandense.

A bandeira foi adotada pela Constituição estadual de 1891, já com formato retangular, e a faixa central vermelha (disposta em barra no modelo original) passou a figurar em paralelogramo.

Quando foi proclamada a República Rio-Grandense (1836), o brasão de armas utilizado pelos farroupilhas não era o mesmo de hoje. O modelo atual se inspirou em brasões de José Mariano de Mattos, de Bernardo Pires e dos padres Francisco das Chagas Martins e Hildebrando de Freitas.

Essas variações começam com os ramos que circundam a espada de ouro, no centro do brasão, compostos de café e fumo no painel do padre Chagas, erva-mate e trigo nas armas de Bernardo Pires e acácia e fumo no brasão de Mariano de Mattos. No brasão de Bernardo Pires, as colunas aparecem sobre rochedos, ficando o losango tricolor suspenso entre elas. Já nos painéis dos padres Chagas e Hildebrando, as colunas e o losango têm por base um campo verde plano, onde aparecem um cavalo, um boi e um carneiro em alusão à pecuária do Rio Grande do Sul.

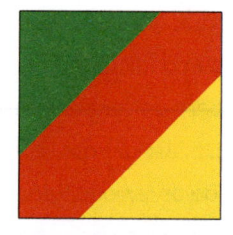

Bandeira da República Rio-
-Grandense (1836-1845)

A bordadura era originalmente em ouro nesses brasões. Outro detalhe são as peças de artilharia, que foram baseadas no brasão de Mariano de Mattos, pois o estilo usado por Bernardo Pires apresenta os fuzis completos, bem como a presença de remos, um soquete, um clarim, um canhão e duas espadas para representar a armada farroupilha. A influência desses modelos prevaleceu até que a versão oficial do brasão fosse regulamentada, em 1966.

Brasão de Bernardo
Pires (1836)

## HINO

A história do hino sul-rio-grandense remonta à época da Revolução Farroupilha, quando aquelas forças revolucionárias, sob o comando de Bento Gonçalves, tomaram a vila do Rio Pardo – uma das bases estratégicas das tropas imperiais do Brasil no território sul-rio-grandense – em 30 de abril de 1838.

Entre os inúmeros prisioneiros estava uma banda de música completa, cujo mestre era Joaquim José de Mendanha (1801-1885), mineiro natural de Itabirito. Terminado o combate, os integrantes da banda passaram a servir aos farrapos, tendo Mendanha criado poucos dias depois o *Hino Farroupilha*, executado pela primeira vez em 6 de maio de 1838, com letra de Serafim José de Alencastro.

Anos depois, tornou-se famosa outra versão, escrita por Francisco Pinto da Fontoura (1793--1856), cujos versos caíram no gosto popular. Em 1933, o Instituto Histórico e Geográfico do Rio Grande do Sul escolheu a versão criada por Fontoura como hino oficial e a adaptação da letra ficou a cargo do professor Antônio Tavares Corte Real. O *Hino Rio-Grandense* foi adotado pela mesma lei que instituiu a bandeira e o brasão do estado.

## Hino Rio-Grandense

Como a aurora precursora
Do farol da divindade,
Foi o Vinte de Setembro[38]
O precursor da liberdade.

*Estribilho*
Mostremos valor, constância,
Nesta ímpia e injusta guerra,
Sirvam nossas façanhas
De modelo a toda terra.

Mas não basta pra ser livre
Ser forte, aguerrido e bravo,
Povo que não tem virtude
Acaba por ser escravo.

---

38   Foi na data de 20 de setembro de 1835 que se iniciou o movimento da chamada Revolução Farroupilha.

# HINO DO ESTADO DO RIO GRANDE DO SUL
## "Hino Rio-Grandense"

Música: Joaquim José de Mendanha

Letra: Francisco Pinto da Fontoura

Como a aurora precursora Do farol da divindade, Foi o Vinte de Setembro O precursor da liberdade. Mostremos valor, constância, Nesta ímpia e injusta guerra, Sirvam nossas façanhas De modelo a toda terra. De modelo a toda terra. Sirvam nossas façanhas De modelo a toda terra.

Mas não basta pra ser livre Ser forte_a-guerri-do_e bravo, Povo que não tem virtude A-caba por ser es-cravo. Mos-tre-mos valor, cons-tân-cia, Nes-ta ím-pia_e_in-jus-ta guerra, Sir-vam nossas fa-ça-nhas De mo-de-lo a to-da ter-ra. De mo-de-lo a to-da ter-ra. Sir-vam nos-sas fa-ça-nhas De mo-de-lo a to-da ter-ra.

# RONDÔNIA
**Capital:** Porto Velho | **Gentílico:** Rondoniense ou rondoniano | **Região:** Norte

## BANDEIRA

A bandeira de Rondônia foi instituída pelo decreto nº 7, de 31 de dezembro de 1981, que regulamenta os símbolos do estado. O projeto vencedor foi criado pelo arquiteto Silvio Carvajal Feitosa, que usou as mesmas quatro cores da bandeira do Brasil.

A estrela branca simboliza o estado brilhando no céu da União, representado pela faixa na cor azul. As arestas amarelas e o triângulo verde ao centro aludem aos novos caminhos a percorrer rumo a um futuro brilhante e retratam, ainda, a potencialidade vegetal e mineral do solo de Rondônia. As cores relembram o papel do estado como parte da nação brasileira e a figura (da estrada em perspectiva) recorda o processo de ocupação e colonização de Rondônia ao longo da história.

Proporção: 7:10

## BRASÃO DE ARMAS

O brasão de armas de Rondônia, adotado pelo mesmo decreto que instituiu a bandeira estadual, é composto de um escudo em campo azul, cujo formato representa a planta baixa do Real Forte Príncipe da Beira (edificado entre 1776 e 1783), às margens do rio Guaporé, na divisa entre o Brasil e a Bolívia.

O escudo apresenta dois filetes, sendo o interno em branco e o externo em vermelho, no qual se insere uma estrela de prata, cuja cauda carrega as cores nacionais, verde e amarelo. A estrela (Gama, da constelação de Cão Maior) simboliza a ascensão do estado de Rondônia como mais um membro da federação brasileira. Contorna o escudo um ramal ferroviário em forma de U, representando a estrada de ferro Madeira-Mamoré como símbolo de uma das etapas mais importantes na história do desenvolvimento econômico do estado. Ladeiam o escudo uma coroa formada à sua direita por um ramo de café (*Coffea arabica*) e à sua esquerda por um ramo de cacaueiro (*Theobroma cacao*), aludindo, respectivamente, à cultura agrícola trazida pelos imigrantes e à cultura agrícola nativa em Rondônia.

Encontra-se por trás do escudo uma espada de ouro, cujo centro do punho está tingido de vermelho com uma estrela dourada. Ela simboliza a proteção, a justiça e a nobreza, relembrando ainda a tradição e o espírito desbravador do marechal Cândido Rondon. Sobre esse conjunto aparece uma faixa azul, onde se inscrevem com letras douradas as seguintes datas: "1943" – quando foi criado o antigo território federal do Guaporé – e "1981" – ano da emancipação do estado, cujo nome "Rondônia" aparece ao centro.

> **O marechal Rondon**
>
> Cândido Mariano da Silva Rondon (1865-1958) foi um militar e sertanista brasileiro que se destacou em suas expedições pelas relações cordiais mantidas com diversos povos indígenas da região. Por sua causa e defesa em favor dos índios, o Congresso Nacional lhe concedeu em 1955 o título de marechal.
>
> O território federal do Guaporé – criado em 1943 – acabou rebatizado de Rondônia em 17 de fevereiro de 1956, em homenagem ao trabalho do marechal Rondon, e foi elevado à condição de estado em 20 de dezembro em 1981. Já o antigo nome, Guaporé, foi dado pelos bandeirantes que ali passaram no século XVII, cuja origem estaria associada à junção da palavra tupi *wa* (campo) com *mporé* (fonte), significando "cachoeira do campo" ou "rio campestre".

## HINO

O hino do estado de Rondônia originou-se do poema "Céus do Guaporé", de autoria do engenheiro civil Joaquim Araújo Lima, nomeado como o quarto governador do antigo território federal do Guaporé entre 1948 e 1952.

Em 17 de fevereiro de 1956, quando o nome do território se converteu em Rondônia, a letra do poema foi mudada para "Céus de Rondônia". Com música composta por José de Mello e Silva, o hino *Céus de Rondônia* foi oficializado pelo decreto-lei nº 7, de 31 de dezembro de 1981, que regulamenta os símbolos do estado.

### Céus de Rondônia

Quando nosso céu se faz moldura
Para engalanar a natureza
Nós, os bandeirantes de Rondônia,
Nos orgulharmos de tanta beleza.
Como sentinelas avançadas,
Somos destemidos pioneiros
Que nestas paragens do poente
Gritam com força: somos brasileiros!

Nesta fronteira de nossa pátria,
Rondônia trabalha febrilmente
Nas oficinas e nas escolas
A orquestração empolga toda gente;

Braços e mentes forjam cantando
A apoteose deste rincão
Que com orgulho exaltaremos,
Enquanto nos palpita o coração.

Azul, nosso céu é sempre azul
Que Deus o mantenha sem rival,
Cristalino muito puro
E o conserve sempre assim.

Aqui toda vida se engalana
De beleza tropical,
Nossos lagos, nossos rios
Nossas matas, tudo enfim...

# HINO DO ESTADO DE RONDÔNIA
## "Céus de Rondônia"

Música: José de Mello e Silva
Letra: Joaquim Araújo Lima

Quan - do nos - so céu se faz mol - du - ra
Co - mo sen - ti - ne - las a - van - ça - das,
Pa - ra en - ga - la - nar a na - tu - re - za
So - mos des - te - mi - dos pi - o - nei - ros
Nós, os ban - dei - ran - tes de Ron - dô - nia, Nos
Que nes - tas pa - ra - gens do po - en - te Gri -

*1ª vez*
or - gu - lha - mos de tan - ta be - le - za.
*2ª vez*
so - mos
tam com for - ça:

bra - si - lei - ros! Nes - ta fron - tei - ra de nos - sa pá - tria,
Ron - dô - nia tra - ba - lha fe - bril - men - te Nas o - fi -
ci - nas e nas es - co - las A or - ques - tra - ção em - pol - ga to - da
gen - te; Bra - ços e men - tes for - jam can - tan - do

A apo-te-o-se des-te rin-cão Que com or-gu-lho e-xal-ta-re-mos, En-quan-to nos pal-pi-ta o co-ra-ção. A-zul, nos-so céu é sem-pre a-zul Que Deus o man-te-nha sem ri-val, Cris-ta-li-no, mui-to pu-ro E_o con-ser-ve sem-pre assim. A-qui to-da vi-da_se en-ga-la-na De be-le-za tro-pi-cal, Nos-sos la-gos, nos-sos ri-os Nos-sas ma-tas, tu-do_en-fim... A-fim... Nos-sas ma-tas, tu-do_en-fim... tu-do en-fim...

# RORAIMA

**Capital:** Boa Vista | **Gentílico:** Roraimense | **Região:** Norte

## BANDEIRA

A bandeira de Roraima é composta de um campo dividido em três faixas diagonais, com suas florestas, lavrados e campos representados pela cor verde, na faixa inferior.

Na faixa superior, o azul representa o ar puro e o céu do estado, enquanto a faixa branca, disposta em barra, é o símbolo da paz, da unidade e da harmonia. Sobre essas cores está posta, ao centro, uma estrela em amarelo-ouro, simbolizando as riquezas minerais presentes em Roraima. Seu desenho se completa com uma faixa vermelha, que representa a linha do Equador, que atravessa o estado; demonstra ainda que a maior parte de seu território situa-se no hemisfério Norte. Desenhada por Mário Barreto, tornou-se oficial por meio da lei estadual nº 133, de 14 de junho de 1996.

Proporção: 14:20

## BRASÃO DE ARMAS

O brasão de armas do estado de Roraima é composto de um escudo em estilo suíço, onde se encontra, no terço superior, a representação do monte Roraima, que deu nome ao estado. Sua paisagem (representada ao amanhecer) está localizada na serra de Pacaraima, na fronteira norte com a Venezuela, simbolizando a ascensão de Roraima à condição de estado.

No flanco direito do escudo, sobre um fundo azul, encontra-se uma garça branca, ave típica da região e símbolo da eterna vigilância de suas fronteiras. À esquerda, sobre um fundo de prata, há a figura de um garimpeiro em atividade de lavra, rendendo homenagem histórica à primeira atividade econômica do estado e representando também a riqueza mineral existente em seus torrões. O escudo está adornado por dois ramos de arroz, o principal produto agrícola de Roraima. Ao fundo encontra-se a figura de um arco e flecha cruzados, simbolizando os diferentes povos indígenas e a defesa do território. Abaixo de todo o conjunto está disposta uma faixa verde com a inscrição "Estado de Roraima". O brasão, criado por Antônio Barbosa de Melo, foi adotado pela mesma lei que regulamenta os demais símbolos do estado.

# HINO

O hino de Roraima foi adotado pela mesma lei que dispõe sobre a criação da bandeira e do brasão de armas do estado. A letra é de autoria do poeta Dorval de Magalhães (1914-2006), que além de atuar como engenheiro agrônomo foi escritor e fundador da Academia Roraimense de Letras. Já a melodia foi criada pelo maestro Dirson Félix Costa (1923-2001), que atuou como compositor e regente de vários corais e orquestras nos estados de Amazonas e Roraima.

I
Todos nós exaltamos Roraima
Que é uma terra de gente viril,
É benesse das mãos de Jesus,
Para um povo feliz, varonil!
Amazônia do Norte da Pátria!
Mais bandeira pra o nosso Brasil!
Caminhamos sorrindo, altaneiros,
Almejamos ser bons brasileiros.

*Estribilho*
Nós queremos te ver poderoso,
Lindo berço, rincão Pacaraima![39]
Teu destino será glorioso,
Nós te amamos, querido Roraima!

II
Tua flora, o minério e a fauna
São riquezas de grande valor,
Tuas águas são limpas, são puras,
Tuas forças traduzem vigor.
Que belezas possui nossa terra!
Sinfonia que inspira o amor!
O sucesso é a meta, o farol,
No lavrado banhado de sol![40]

*Estribilho*
Nós queremos te ver poderoso,
Lindo berço, rincão Pacaraima!
Teu destino será glorioso,
Nós te amamos, querido Roraima!

---

39  A serra de Pacaraima está localizada no planalto das Guianas, na divisa com a Venezuela e a Guiana, no norte do estado de Roraima. Nela localizam-se o monte Caburaí (1.456 metros) – ponto mais setentrional do Brasil – e o monte Roraima (2.793 metros), que deu nome ao estado.
40  Assim são conhecidas as áreas naturais, compostas principalmente de cerrados e campos, destinadas à agricultura.

# HINO DO ESTADO DE RORAIMA

Música: Dirson Félix Costa
Letra: Dorval de Magalhães

♩ = 112

Todos nós exaltamos Roraima
Que é uma terra de gente viril,
É benesse das mãos de Jesus,
Para um povo feliz, varonil!
Amazônia do Norte da Pátria!
Mais bandeira pra o nosso Brasil!
Caminhamos sorrindo, altaneiros,
Almejamos ser bons brasileiros.
Nós queremos te ver poderoso,
Lindo berço, rincão Pacaraima!
Teu destino será glorioso,
Nós te amamos, querido Roraima! Tua raima!

# SANTA CATARINA

**Capital:** Florianópolis | **Gentílico:** Catarinense ou barriga-verde | **Região:** Sul

## BANDEIRA

Adotada pela primeira vez em 1895 e modificada pela lei estadual nº 975, de 23 de outubro de 1953, a bandeira catarinense é composta de três faixas horizontais de igual largura, duas vermelhas e uma branca, cores usadas tradicionalmente no estado no século XIX. Sobre as faixas, um losango verde-claro, de igual proporção ao da bandeira brasileira, representa a vegetação de suas terras. Ao centro, o brasão de armas traduz as características e aspirações do estado e de seu povo.

Proporção: 8:11

A primeira bandeira de Santa Catarina foi criada por José Artur Boiteux e oficializada em 15 de agosto de 1895, pela lei estadual nº 126. As faixas horizontais (burelas) brancas e vermelhas representavam o número de comarcas de Santa Catarina à época. Ao centro, no losango verde, a lei ditava que houvesse tantas estrelas amarelas quanto fossem os municípios catarinenses. A versão original tinha 15 faixas e 21 estrelas, mas houve versões posteriores com 32 e 36 estrelas.

(1895-1937)

Quando a bandeira foi abolida pela Constituição de 1937, o número de municípios catarinenses era 44. Ela voltaria a ser usada após a Constituição de 1946, com a sugestão de figurar apenas uma grande estrela, representando o estado, até que foi modificada para a versão atual, regulamentada pelo decreto nº 605, de 19 de fevereiro de 1954.

## BRASÃO DE ARMAS

O brasão de armas foi estabelecido em 1895, pela mesma lei que instituiu a primeira bandeira do estado. Seu escudo é formado por uma estrela de prata com um filete negro, onde aparece uma águia de asas abertas em suas cores naturais – símbolo das potencialidades produtoras, do desenvolvimento e da liderança altiva e vigorosa. Em uma das garras ela leva uma âncora dourada que indica a importância do mar na vida do catarinense desde os primórdios, a familiaridade com o oceano e a relevância dos portos do estado. A chave de ouro na outra garra representa as três importâncias de Santa Catarina: a militar, a comercial e a náutica, por sua posição estratégica na história do país. Também se refere, atualmente, ao pensamento e ao espírito catarinense participantes da nacionalidade.

No peito da águia há um escudo branco com a inscrição "17 de novembro de 1889" em letras negras, referindo-se à data em que a República brasileira foi implantada no estado. Ornam o escudo os ramos de trigo à direita e de café à esquerda, simbolizando respectivamente a agricultura predominante no planalto e na faixa litorânea na época de criação do brasão. O laço vermelho que amarra os ramos forma a faixa onde se escreve "Estado de Santa Catarina" de forma abreviada. A figura de um barrete frígio na ponta da estrela ressalta o pensamento republicano e a virtude cívica do povo catarinense.

## REPÚBLICA JULIANA (1839)

Durante a Revolução Farroupilha, no Rio Grande do Sul (1835-1845), revoltosos sob o comando de David Canabarro e Giuseppe Garibaldi tomaram a cidade de Laguna, em Santa Catarina, proclamando a República Juliana (ou Catarinense), em 22 de julho de 1839. Como a Marinha Imperial Brasileira controlava a comunicação marítima do litoral gaúcho, Laguna foi ponto estratégico para ligar os farroupilhas ao mar.

Em 7 de agosto foram eleitos o presidente e o vice, criando-se também a bandeira e o brasão de armas da nova República. O pavilhão era tricolor, com a faixa horizontal superior verde, a do meio branca e a inferior amarela. Pouco se sabe sobre o significado dessas cores, mas provavelmente derivaram, assim como a bandeira gaúcha, do pavilhão verde e amarelo do Império brasileiro, cortado pelo branco dos revolucionários. Quanto ao brasão de armas, devido à breve duração da República, pouco se sabe sobre suas especificações de cores, sendo formado por um escudo simples. Ao centro, havia a data da proclamação da referida República, e na bordadura era estampado o lema farroupilha – Liberdade, Igualdade, Humanidade. O nome "Juliana" refere-se ao mês da proclamação da República, que durou até novembro do mesmo ano.

### Contestado (1912-1916)

No começo do século XX, a região do Contestado, parte oeste de Santa Catarina, era alvo de disputa territorial com o Paraná. Havia também conflitos camponeses, oriundos da desigualdade social que se agravou na região com a construção da estrada de ferro São Paulo-Rio Grande do Sul.

Em 22 de outubro de 1912, a cidade de Irani foi invadida por tropas do Paraná que travaram um combate com os camponeses, liderados pelo autoproclamado monge José Maria, que pregava a Monarquia Celestial – uma espécie de comuna, inspirada na Comuna de Paris, que clamava pela separação da República brasileira. A luta terminou em dezembro de 1915, com o massacre dos revoltosos, e em 20 de outubro de 1916 um acordo de limites findou o conflito entre os dois estados. Durante o conflito os rebeldes usaram uma bandeira branca com uma cruz verde, conhecida como "bandeira da Monarquia Celestial", semelhante às cristãs dos cavaleiros medievais na época das Cruzadas. Hoje, a bandeira do Contestado é reconhecida como símbolo regional do estado de Santa Catarina por meio da lei nº 12.060, de 18 de dezembro de 2001.

## HINO

O hino de Santa Catarina foi adotado pela lei nº 144, em 6 de setembro de 1895. Essa lei oficializou o decreto nº 132, de 21 de abril de 1892, que estabelecia a canção como símbolo estadual. A música foi composta pelo músico, astrônomo e professor José Brasilício de Souza (1854-1910), que nasceu em Pernambuco mas desde a infância viveu em solo catarinense, onde exerceu sua carreira até o fim da vida. A letra foi escrita por Horácio Nunes Pires (1855-1919), poeta natural da cidade do Rio de Janeiro, que se mudou com sua família para Florianópolis em 1859.

I
Sagremos num hino de estrelas e flores
Num canto sublime de glórias e luz,
As festas que os livres frementes de ardores,
Celebram nas terras gigantes da cruz!

*Estribilho*
Quebram-se férreas cadeias,
Rojam algemas no chão;
Do povo nas epopeias
Fulge a luz da redenção.

II
No céu peregrino da pátria gigante,
Que é berço de glórias e berço de heróis,
Levanta-se em ondas de luz deslumbrante,
O sol, liberdade cercada de sóis!

*Estribilho*
Pela força do direito,
Pela força da razão,
Cai por terra o preconceito,
Levanta-se uma nação.

III
Não mais diferenças de sangues e raças,
Não mais regalias sem termos fatais,
A força está toda do povo nas massas,
Irmãos somos todos e todos iguais!

*Estribilho*
Da liberdade adorada,
No deslumbrante clarão,
Banha o povo a fronte ousada
E avigora o coração.

IV
O povo que é grande, mas não vingativo,
Que nunca a justiça e o direito calcou;
Com flores e festas deu vida ao cativo,
Com festas e flores o trono esmagou!

*Estribilho*
Quebrou-se a algema do escravo,
E nesta grande nação,
É cada homem um bravo
Cada bravo um cidadão.

# HINO DO ESTADO DE SANTA CATARINA

Música: José Brasilício de Souza

Letra: Horácio Nunes Pires

Sa-gremos num hi-no de es-tre-las e flo-res Num canto su-bli-me de gló-ri-as e luz, As fes-tas que os li-vres fre-men-tes de ar-do-res, Ce-le-bram nas ter-ras gi-gan-tes da cruz! Que-bram-se fér-reas ca-de-ias, Ro-jam al-ge-mas no chão; Do po-vo nas e-po-pei-as Ful-ge a luz da re-den-ção. Que-bram-se fér-reas ca-de-ias, Ro-jam al-ge-mas no chão; Do po-vo nas e-po-pei-as Ful-ge a luz da re-den-ção. dão!

1ª-3ª vez / 4ª vez

# SÃO PAULO
**Capital:** São Paulo | **Gentílico:** Paulista | **Região:** Sudeste

## BANDEIRA

A bandeira paulista foi projetada pelo escritor e jornalista Júlio César Ribeiro Vaughan para estampar o cabeçalho do primeiro número do jornal republicano *O Rebate*, publicado em 16 de julho de 1888, no qual Júlio Ribeiro apresentou um artigo justificando as virtudes do novo pavilhão que criara. Com o tempo, o projeto acabou se convertendo de bandeira dos republicanos paulistas para bandeira do estado de São Paulo, embora sem uma lei ou decreto que a adotasse oficialmente.

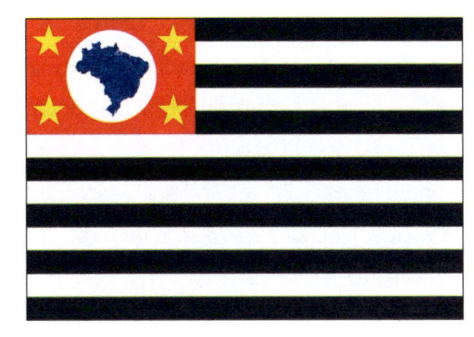

Proporção: 13:19,5

Foi durante a Revolução Constitucionalista de 1932 que o símbolo apareceu com força e se consagrou como a bandeira do povo paulista, que passou a considerá-la, na prática, como o seu estandarte a partir de então. Proibida pela Constituição de 1937, a bandeira seria restaurada pelo decreto-lei nº 16.349, de 27 de novembro de 1946, e veio a se tornar oficial pela lei nº 145, de 3 de setembro de 1948. Essa última disposição já apresentava em seu texto uma interpretação da bandeira descrita assim: "A bandeira de São Paulo significa que noite e dia [faixas em preto e branco] o povo paulista está pronto para verter o seu sangue [cantão vermelho] em defesa do Brasil [círculo e mapa] nos quatro pontos cardeais [estrelas em amarelo]". Já a cor azul é o símbolo de lealdade, recordando o patriotismo e a devoção que os paulistas sempre tiveram para com a nação brasileira.

### Da bandeira de Júlio Ribeiro (1888) à Revolução Constitucionalista (1932)

O pavilhão idealizado por Júlio Ribeiro em 1888 não foi feito, inicialmente, para ser o símbolo do "estado bandeirante", mas com o objetivo de servir como a nova bandeira do Brasil quando viesse a ser proclamada a República. Possuía em seu desenho original 15 listras horizontais, sendo oito pretas e sete brancas, com um cantão vermelho onde se encontrava, ao centro, um círculo branco em que se estampava o mapa do Brasil em azul, mostrando as fronteiras do país na época. Em cada aresta do cantão também havia uma estrela amarela. O artigo de Ribeiro não mencionava uma explicação para as listras, embora ele possivelmente tenha se inspirado no símbolo pátrio de seu pai, que era norte-americano. A escolha das cores (negra, branca e vermelha) simbolizava a gênese das três "raças" do povo brasileiro;

Bandeira de Júlio Ribeiro

Versão da Revolução Constitucionalista

167

as estrelas aludiam ao Cruzeiro do Sul e sua latitude austral, enquanto o círculo representava o globo, com destaque para o perfil geográfico do país.

Júlio Ribeiro também havia proposto um brasão de armas republicano em seu artigo, formado por um escudo em estilo francês moderno com desenho idêntico ao da bandeira, encimado por um barrete frígio vermelho, com um tope branco e preto como era costume à época. O escudo seria ladeado por um ramo de café à sua esquerda e uma haste de cana-de-açúcar com cachos de uvas à sua direita. Ao contrário da bandeira, não havia nenhum desenho do brasão, o que provavelmente contribuiu para que o projeto logo fosse esquecido.

Embora tivesse sido hasteada no Palácio Provincial de São Paulo durante a Proclamação da República, a bandeira dos paulistas acabou ficando restrita a alguns órgãos públicos do estado nas décadas seguintes, sobretudo por ter sido idealizada como símbolo nacional. Durante a Revolução Constitucionalista de 1932, a bandeira passou a ser usada de maneira ativa, com variantes contendo 11, 13 ou 15 faixas. Não se sabe o motivo exato pelo qual o símbolo passou a ter o número exato de 13 listras; entretanto, a primeira menção a esse número ocorreu em 1934, quando o poeta Guilherme de Almeida escreveu um poema intitulado "Nossa bandeira". Foi a partir de 1948 que o pavilhão oficialmente se converteu à alcunha de "a bandeira das 13 listras".

## BRASÃO DE ARMAS

Até 1932 São Paulo não possuía um brasão de armas e, curiosamente, dentre todas as unidades da federação, foi a última a oficialmente adotá-lo na época.

Durante a Revolução Constitucionalista, uma comissão foi encarregada da criação do emblema heráldico do estado, tendo o brasão sido elaborado pelo pintor e desenhista José Wasth Rodrigues com a ajuda de Francisco Pati e Clóvis Ribeiro. O projeto foi levado ao governador Pedro Manuel de Toledo, que o aceitou prontamente com uma única ressalva: a de que fosse mudada a legenda original – *Pro São Paulo fiant eximia* (Por São Paulo façam-se grandes coisas) – para a versão atual, ressaltando o caráter nacionalista do povo paulista naquele momento. O decreto nº 5.565, de 29 de agosto de 1932, instituiu o brasão de armas do estado de São Paulo.

Ele é composto de um escudo em estilo português vermelho, onde, ao centro, uma espada romana é disposta na vertical. Ela representa o modelo usado por São Paulo (cujo nome batiza o estado), sendo considerada o símbolo da justiça. Por detrás do punho da espada aparecem dois ramos cruzados, um de louro, à sua direita – símbolo da vitória alcançada, do mérito artístico e intelectual –, e outro de carvalho, à sua esquerda, significando a resistência e a força. Eles evocam a tradição de bravura cívica e militar do povo paulista, que sempre procurou enobrecer a nação brasileira. No terço superior do escudo, as iniciais "SP" ladeiam a espada, sigla que significa, além do nome do estado, a melhor evocação de seu valor e de suas glórias do que qualquer outro símbolo ou emblema. As peças do escudo apresentam-se em prata, simbolizando a pureza e a firmeza de caráter em todas as ações. Acima do escudo aparece uma estrela (Alfa, da constelação do Cruzeiro do Sul), representando São Paulo como estado-membro da Federação.

O escudo é ladeado ainda por dois ramos de café, representando a riqueza agrícola das terras paulistas. Por fim, sobre uma faixa vermelha há a frase em latim *Pro Brasilia fiant eximia* (Pelo Brasil façam-se grandes coisas), ressaltando o empenho do povo paulista em prol da nação brasileira. Após a proibição dos símbolos estaduais pela Constituição de 1937, o brasão de armas foi restabelecido pelo mesmo decreto e oficializado pela mesma lei que instituiu a bandeira paulista.

# HINO

Na época da Revolução de 1932, muitas canções e marchas foram usadas em homenagem a São Paulo e ao povo paulista (em especial a marcha *Paris Belfort*), mas nenhuma se tornou hino oficial. Após a Constituição de 1946, que retomou o uso dos símbolos estaduais no Brasil, São Paulo ainda não havia se decidido por um hino, até que a lei nº 9.854, de 2 de outubro de 1967, assinalou a necessidade de sua instituição.

Nesse mesmo ano surgiu a primeira versão do *Hino dos bandeirantes*, poema composto pelo advogado, jornalista, poeta e heraldista Guilherme de Andrade e Almeida (1890-1969), em 18 de setembro de 1967, sob o título original de *Aquarela bandeirante*. A letra do hino se tornou oficial em 10 de julho de 1974 por meio da lei nº 793, de 3 de dezembro de 1975. O poema ainda permanece sem música oficial.

### Hino dos bandeirantes

Paulista, para um só instante
Dos teus quatro séculos ante
A tua terra sem fronteiras,
O teu São Paulo das "bandeiras"!

Deixa atrás o presente:
Olha o passado à frente!
Vem com Martim Afonso a São Vicente![41]
Galga a serra do Mar! Além, lá no alto,
Bartira sonha sossegadamente[42]
Na sua rede virgem do Planalto.

---

41  Em 1532, Martim Afonso de Sousa aportou com sua frota lusitana no litoral paulista, e ali edificou e fundou oficialmente a vila de São Vicente, elevada dois anos mais tarde à condição de capitania. Seu desenvolvimento constituiu o berço da formação do futuro estado de São Paulo.

42  Bartira, filha do lendário cacique Tibiriçá, da tribo dos guaianases, foi casada com o português João Ramalho. Essa união possibilitou a amizade dos portugueses com os guaianases, que viviam no planalto paulista, e com os tupiniquins, que habitavam a costa de São Vicente.

Espreita-a entre a folhagem de esmeralda;
Beija-lhe a cruz de estrelas da grinalda!
Agora, escuta! Aí vem, moendo o cascalho,
Botas de nove léguas, João Ramalho.⁴³
Serra acima, dos baixos da restinga,
Vem subindo a roupeta
De Nóbrega e de Anchieta.⁴⁴
Contempla os campos de Piratininga!⁴⁵
Este é o colégio. Adiante está o sertão.⁴⁶

Vai! Segue a entrada! Enfrenta!
Avança! Investe!
Norte – Sul – Este – Oeste,
Em "bandeira" ou "monção",
Doma os índios bravios.

Rompe a selva, abre minas, vara rios;
No leito da jazida
Acorda a pedraria adormecida;
Retorce os braços rijos
E tira o ouro dos seus esconderijos!
Bateia, escorre a ganga,
Lavra, planta, povoa.
Depois volta à garoa!⁴⁷

E adivinha através dessa cortina,
Na tardinha enfeitada de miçanga,
A sagrada Colina
Ao Grito do Ipiranga!⁴⁸
Entreabre agora os véus!
Do cafezal, senhor dos horizontes,
Verás fluir por plainos, vales, montes,
Usinas, gares, silos, cais, arranha-céus!

---

43 João Ramalho (1493-1580) foi o fundador de Santo André. Naufragou na costa de São Vicente em 1513, quando foi resgatado pelos índios guaianases, com quem criou boa amizade. Casou-se com Bartira. Seu empenho e conhecimento da região foram de fundamental importância para a fundação de São Paulo. A expressão "botas de nove léguas" refere-se à distância percorrida entre as vilas de São Vicente e Santo André da Borda do Campo (hoje apenas Santo André) por João Ramalho, equivalente aos cerca de 55 quilômetros que separavam as duas vilas.

44 Manuel da Nóbrega (1517-1570) foi um sacerdote jesuíta de origem portuguesa e chefe da primeira missão jesuítica ao Brasil. José de Anchieta (1534-1597) foi um missionário jesuíta de origem espanhola que se destacou por seu trabalho evangelizador entre os indígenas da região e por ter sido o autor da primeira gramática em língua tupi. Ambos fundaram a vila de São Paulo de Piratininga em 1554.

45 O nome Piratininga tem sua origem do tupi *pira* ("peixe") com a junção de *tyningá* ("seco"), significando, portanto, "peixe seco". Os indígenas chamavam assim a área de várzea que existia na capital paulista às margens do rio Tamanduateí, que na época das cheias criava pequenas lagoas, deixando os peixes aprisionados; quando a água das lagoas secava, os peixes acabavam definhando ao sol, originando, assim, a denominação do local. Nessa região havia os chamados campos de cimeira (ou de altitude), cuja vegetação se assemelhava aos gramados e aos campos mais abertos dos cerrados. A vila de São Paulo foi elevada à categoria de cidade em 1711, e a designação indígena foi caindo em desuso durante o século XVIII.

46 Referência ao Pátio do Colégio, antigo centro e núcleo urbano da cidade de São Paulo, de onde partiam as bandeiras em direção ao interior. Nessa época, a vila de São Paulo era conhecida como a "boca do sertão".

47 Relembra a cidade de São Paulo, capital conhecida pela alcunha de Terra da Garoa – esse slogan nasceu na década de 1940, devido aos registros diários das chuvas finas que se espalhavam pela cidade.

48 Nesse trecho, o poeta recorda o ato de dom Pedro I (1798-1834), ao proclamar às margens do riacho do Ipiranga, na cidade de São Paulo e, por extensão, em terras paulistas, a Independência do Brasil em 7 de setembro de 1822.

# SERGIPE
**Capital:** Aracaju | **Gentílico:** Sergipano | **Região:** Nordeste

## BANDEIRA

No final do século XIX, o negociante e industrial sergipano José Rodrigues Bastos Coelho, necessitando de um distintivo para identificar o estado de procedência de suas embarcações, elaborou o primeiro modelo da bandeira sergipana.

Ela era composta de quatro listras, nas cores verde e amarela, dispostas alternadamente, com um cantão em azul, onde foram colocadas quatro estrelas brancas em seus ângulos. O pavilhão passou a ser conhecido nos portos frequentados pelos navios de Bastos Coelho como a bandeira sergipana.

Proporção: 2:3

As cores usadas seguiam o modelo da bandeira nacional e as quatro estrelas representavam as barras dos rios do estado, provavelmente as mais transitadas por suas embarcações na época. Mais tarde acrescentou-se uma estrela central, em tamanho maior que as demais, perfazendo-se o número exato das barras dos rios sergipanos: o rio Sergipe (ou Aracaju), o rio São Francisco, o rio Real (ou Estância), o rio Vaza-Barris (ou São Cristóvão) e o rio Japaratuba.

A bandeira foi oficializada pela lei nº 795, de 19 de outubro de 1920, aproveitando as comemorações do primeiro centenário de emancipação política do estado.

### Bandeira de Sergipe (1951-1952)

Em 30 de outubro de 1951, a bandeira sergipana foi alterada pela lei nº 360. As cores e a disposição das faixas foram mantidas, mas o desenho do cantão azul foi modificado e passou a ter 42 estrelas brancas, de tamanhos iguais, representando os municípios do estado na época. Elas foram dispostas em seis fileiras horizontais por sete verticais. A modificação durou até 3 dezembro de 1952, quando foi retomada a bandeira original pela lei nº 458.

Bandeira de Sergipe (1951-1952)

## BRASÃO DE ARMAS

O selo[49] do estado do Sergipe foi criado pelo professor Brício Cardoso, cujo projeto foi apresentado na Assembleia Legislativa sergipana em 10 de junho de 1892, sendo aprovado por meio da lei nº 2.

O selo é composto de um aeróstato (um tipo de balão inventado pelo brasileiro Bartolomeu de Gusmão, em 1709), simbolizando a modernidade e a civilização. Junto a ele há um indígena empunhando uma lança em sua mão esquerda, com veste e cocar – que o autor considerou como sendo o cacique Serigy, cuja tribo ocupava grande parte do território do estado –, no ato de embarcar no cesto da aeronave.

A figura do indígena também recorda o passado da região. Na linha do horizonte aparece como paisagem predominante a silhueta das matas, sobressaindo-se duas palmeiras que representam o interior e o litoral sergipano. Sobre o aeróstato há uma faixa vermelha, onde se increve com letras negras o mote "Porvir", para ressaltar que o estado e o povo sergipano estão preparados para os desafios futuros. Abaixo há outra faixa em vermelho, onde se lê, ao centro, o lema em latim *Sub lege libertas* (A liberdade sob a égide da lei) e, nas pontas bipartidas da faixa, grafa-se a data "18 de maio de 1892", recordando a promulgação da primeira Constituição do estado de Sergipe.

## HINO

O hino de Sergipe é o símbolo mais antigo em uso no estado, oficializado pela Assembleia Provincial em 5 de julho de 1836. Foi publicado pela primeira vez no jornal *Noticiador Sergipense*, na cidade de São Cristóvão (que foi a primeira capital do estado), com letra de autoria do professor Manoel Joaquim de Oliveira Campos (1818-1891) e música composta pelo frei José de Santa Cecília (1809-1859), ambos sergipanos. Seu título – *Alegrai-vos sergipanos* – e seus versos lembram a Independência do Brasil e o envolvimento de Sergipe nesse fato histórico, além de recordar a sua emancipação da então capitania da Bahia por decreto de dom João VI.

**Alegrai-vos sergipanos**

Alegrai-vos, sergipanos,
Eis que surge a mais bela aurora
Do áureo jucundo dia
Que a Sergipe honra e decora.

O dia brilhante,
Que vimos raiar,
Com cânticos doces
Vamos festejar

---

49 Tecnicamente o emblema não pode ser chamado de brasão, pois não existe um campo ou escudo propriamente dito onde se inserem as chamadas peças heráldicas em conformidade com suas leis. O selo compõe-se apenas de signos ou figuras representativas, geralmente representadas sob um carimbo de forma esférica para timbrar documentos e diplomas, sendo essa a função original empregada ao selo do estado, segundo o autor do projeto.

A bem de seus filhos todos,
Quis o Brasil se lembrar
De o seu imenso terreno
Em províncias separar.

Isto se fez, mas, contudo,
Tão cômodo não ficou,
Como por más consequências
Depois se verificou.

Cansado da dependência
Com a província maior,[50]
Sergipe ardente procura
Um bem mais consolador.

Alça a voz que o trono sobe,[51]
Que ao Soberano excitou;
E, curvo o trono a seus votos,
Independente ficou.

Eis, patrícios sergipanos,
Nossa dita singular,
Com doces e alegres cantos
Nós devemos festejar.

Mandemos, porém, ao longe
Essa espécie de rancor;
Que ainda hoje alguém conserva
Aos da província maior.

A união mais constante
Nos deverá consagrar,
Sustentando a liberdade
De que queremos gozar.

Se vier danosa intriga,
Nossos lares habitar,
Desfeitos aos nossos gostos
Tudo em flor há de murchar.

---

50   Após as invasões holandesas (1630-1645), Sergipe ficou enfraquecido e foi incorporado ao território da Bahia até 1823.
51   Esse trecho relembra o ato de dom Pedro I ao proclamar a Independência do Brasil em 7 de setembro de 1822 e se tornar o primeiro imperador da nova nação. Foi durante o seu reinado que Sergipe conquistou a autonomia provincial, consolidada pela Constituição de 1824, que assegurou o decreto promulgado por dom João VI em 8 de julho de 1820.

# HINO DO ESTADO DE SERGIPE
## "Alegrai-vos sergipanos"

Música: Frei José de Santa Cecília
Letra: Manoel Joaquim de Oliveira Campos

A - le - grai - vos, ser - gi - pa - nos, Eis que surge a mais bela au - ro - ra A - le - ro - ra Do áu - reo ju - cun - do di - a Que a Ser - gi - pe honra e de - co - ra. O di - a bri - lhan - te, Que vi - mos rai - ar, Com cân - ti - cos do - ces Va - mos fes - te - jar... fes - te - jar... fes - te - jar A bem...

# TOCANTINS

**Capital:** Palmas | **Gentílico:** Tocantinense | **Região:** Norte

## BANDEIRA

A bandeira do Tocantins traz a mensagem de uma terra onde o Sol – constituído por oito raios maiores, lembrando os pontos cardeais e colaterais, e 16 menores, que são os pontos subcolaterais – nasce para todos de forma igual. Em amarelo-ouro, ele derrama seus raios sobre o futuro do novo estado, colocado sobre uma faixa branca, disposta em barra, que é símbolo da paz e do desejo de perpétua harmonia entre a faixa azul, superior, e amarela, inferior. Essas cores expressam, respectivamente, o elemento água e o rico solo tocantinense. Foi instituída por meio da lei nº 94, de 17 de novembro de 1989, presente na primeira Constituição do estado.

Proporção: 14:20

## BRASÃO DE ARMAS

Criado pela lei estadual nº 92, de 17 de novembro de 1989, e publicado na primeira Constituição do Tocantins, o brasão de armas do estado é composto de um escudo em estilo elíptico.

É cortado por uma linha disposta em forma de arco, cuja metade superior, em azul, representa o céu. Nela figura um sol dourado, do qual se vê apenas a metade despontando no horizonte contra o azul do firmamento, composto por cinco raios maiores e oito menores. É a imagem idealizada dos primórdios da história tocantinense, quando sua emancipação estadual parecia um sonho distante e inatingível dos primeiros autonomistas do século XIX. Simboliza, da mesma forma, o estado nascente, como uma nova grandeza que surge e cujo futuro se ergue promissor e fecundo.

Na parte inferior, chamada de base, sobre um campo branco, que é símbolo da pureza, da paz e da harmonia, aparece a figura de uma asna (também conhecida por chaveirão ou santor), na cor azul, que representa a confluência dos rios Araguaia e Tocantins – principais cursos de água que dão a forma geográfica e os limites ao estado.

Eles representam os recursos hídricos, o transporte e a fonte de vida e alimento para a população que vive às suas margens. Abaixo aparece um campo triangular na cor dourada que simboliza os ricos e abundantes recursos minerais que existem no solo tocantinense. Acima do escudo oval há uma estrela dourada com bordadura azul (chamada Épsilon, da constelação do Cão Maior), que assinala o estado do Tocantins como membro da federação brasileira. Sobre ela há uma faixa azul na qual se inscreve, em língua tupi, o lema *Co yvy ore retama*, que significa "Esta terra é nossa".

Ladeando o escudo há uma coroa de louros, estilizada em verde, que rende homenagem ao valor do povo tocantinense e sua luta pela autonomia estadual. Abaixo do escudo aparece outra faixa, em azul, contendo a inscrição "Estado do Tocantins", e, sobre suas pontas, a data "1º de janeiro de 1989", escrita de forma abreviada, relembrando o dia de sua emancipação político-administrativa.

## HINO

Escolhido por meio de concurso público e aprovado pela lei estadual nº 977, de 20 de abril de 1998, o hino do estado de Tocantins teve sua letra escrita por José Liberato Costa Póvoa (1944-2019), formado em direito e natural do município tocantinense de Dianópolis. José Liberato foi também fundador da Academia Tocantinense de Letras, tendo publicado várias obras jurídicas e literárias. Já a música foi composta pelo maestro Abiezer Alves da Rocha.

I
O sonho secular já se realizou
Mais um astro brilha dos céus aos confins
Este povo forte
Do sofrido Norte
Teve melhor sorte
Nasce o Tocantins!

*Estribilho*
Levanta altaneiro, contempla o futuro
Caminha seguro, persegue teus fins
Por tua beleza, por tuas riquezas,
És o Tocantins!

II
Do bravo ouvidor[52] a saga não parou
Contra a oligarquia o povo se voltou,
Somos brava gente,
Simples mas valente,
Povo consciente
Sem medo e temor.

III
De Segurado a Siqueira o ideal seguiu[53]
Contra tudo e contra todos, firme e forte,
Contra a tirania
Da oligarquia,
O povo queria
Libertar o Norte!

---

52 Refere-se a Joaquim Teotônio Segurado (1775-1831), nomeado ouvidor-geral da capitania de Goiás em 1803. Logo depois, com o objetivo de administrar a região Norte, foi fundada a comarca de São João das Duas Barras, em 1809, da qual ele se tornou o primeiro desembargador. Em 1815, data da criação da vila de São João da Palma, tornou-se seu primeiro ouvidor-mor. Foi a partir daí que suas ideias pela autonomia do Tocantins começaram a aparecer.

53 Além de ouvidor-mor, Joaquim Teotônio Segurado acabou se consagrando na história do estado, tanto pelo desejo como por ser o precursor da ideia de emancipação do Tocantins a partir de 1821, que, embora não tenha se realizado, perpetuou na mente do povo tocantinense esse ideal desde o século XIX. Já no século XX destacou-se a figura do deputado federal por Goiás José Wilson Siqueira Campos (1928-), defensor da criação do estado do Tocantins, que ocorreu com a promulgação da Constituição Federal de 1988.

IV
Teus rios, tuas matas, tua imensidão,
Teu belo Araguaia lembram o paraíso.[54]
Tua rica história
Guardo na memória,
Pela tua glória
Morro, se preciso!

V
Pulsa no peito o orgulho da luta de Palmas[55]
Feita com a alma que a beleza irradia,
Vejo tua gente,
Tua alma xerente,[56]
Teu povo valente,
Que venceu um dia!

---

54  O rio Araguaia nasce no estado de Goiás, na serra do Caiapó, próximo ao Parque Nacional das Emas. Seu curso faz a divisa natural entre os estados de Mato Grosso e Goiás e Mato Grosso e Tocantins, adentrando o Pará até junto à foz do rio Amazonas. Possui uma extensão de mais de 2 mil quilômetros, com vários trechos de exuberantes barrancos de areia e ilhas fluviais de beleza cênica.
55  O autor relembra a comarca da vila de "São João da Palma", sede do primeiro movimento separatista da região, instalada na barra do rio Palma em 1815. "Palmas", a capital do estado, recebeu esse nome em homenagem à luta pela emancipação do Tocantins.
56  Os xerentes são um expressivo grupo indígena localizado no centro do estado de Tocantins. A menção homenageia a importância das tribos indígenas da região.

# HINO DO ESTADO DO TOCANTINS

Música: Abiezer Alves da Rocha
Letra: José Liberato Costa Póvoa

O sonho secular já se realizou
Mais um astro brilha dos céus aos confins
Este povo forte
Do sofrido Norte
Teve melhor sorte
Nasce o Tocantins!
Levanta altaneiro, contempla o futuro
Caminha seguro, persegue teus fins
Por tua beleza, por tuas riquezas,
És o Tocantins!
De... tins!

# CAPITAIS

# OS BRASÕES E BANDEIRAS DAS CAPITAIS BRASILEIRAS

No Brasil, desde os primeiros tempos da colonização, era reservado à metrópole portuguesa o direito de conceder brasões às vilas e aos povoados aqui fundados. Ainda assim, apenas se tem conhecimento de seis brasões concedidos às cidades coloniais brasileiras num período de dois séculos. Vale lembrar que até 1645 nem o Brasil Colônia possuía um brasão próprio e era necessário a autorização do rei para que o emblema heráldico fosse utilizado.

O primeiro deles foi concedido por dom João III à cidade de Salvador na época de sua fundação, em 1549, cuja descrição era a seguinte: em um escudo oval verde havia uma pomba branca com um ramo de oliveira no bico. O escudo era contornado em sua borda com a frase em latim *Sic illa ad arcam reversa est* (E assim ela [a pomba] voltou à arca) escrita com letras de ouro. Esse brasão passou a exibir, por detrás do escudo original, uma âncora e duas torres (recordando os portões que protegiam as antigas feitorias portuguesas na Índia), tendo à frente adornos formados por ramos de oliveira e dois golfinhos, desenhados ao estilo medieval. A pomba permaneceu como símbolo de Salvador e está no brasão de armas da cidade, reformado em 1963.

O segundo brasão foi concedido em 1565 à cidade do Rio de Janeiro, formado por um escudo em estilo português todo em vermelho, tendo por figura principal uma esfera armilar de ouro atravessada por três flechas, douradas, que faziam alusão ao padroeiro da cidade, São Sebastião. Esse emblema perdurou até a Independência do Brasil, quando o brasão da cidade do Rio de Janeiro passaria por uma série de modificações até chegar à sua versão atual, mantendo as flechas e a esfera armilar como símbolo.

Em 1616, o capitão Francisco Caldeira de Castelo Branco fundaria a cidade de Belém do Pará na confluência do rio Amazonas com o Tocantins. Por sua iniciativa, foi concedido ao novo povoado um escudo complexo, cheio de figuras e inscrições em latim que aludem à sua origem: dois braços com um cesto de frutas e outro

Salvador (1549)

Rio de Janeiro (1565)

Belém do Pará (1616)

com um cesto de flores, para representar a riqueza tropical; um castelo de prata com as quinas portuguesas para ressaltar sua origem lusitana; um sol nascente, indicando a hora de sua fundação, e a figura de um boi e uma mula para recordar a Belém da Judeia. Com apenas algumas diferenças em relação ao desenho original, esse ainda é o brasão do município de Belém.

Dois anos após ter elevado o Brasil à categoria de principado, em 1647, dom João IV concedeu a São Luís do Maranhão seu primeiro brasão. Fundada pelos franceses em 1612, a cidade foi retomada pelos portugueses em 1615. De 1641 a 1643 a capital maranhense também foi ocupada pelos holandeses. Toda essa história ajuda a entender o motivo pelo qual esse símbolo era composto de um escudo em estilo francês moderno, com um braço saindo da sua esquerda, segurando uma espada na qual desce uma balança, aludindo à deusa grega Têmis, que é símbolo da justiça. Havia sobre os pratos da balança a figura de dois escudetes, um representando as armas tradicionais de Portugal e outro, todo em azul, partido ao meio, com um leão rampante de ouro na sua metade esquerda (representando a monarquia holandesa) e na sua metade direita coberta com flores de lis douradas (símbolo da antiga monarquia francesa). Eles estavam acompanhados da frase em latim *Vis jus proeponderat*, significando que na conquista do Maranhão "pesou mais a justiça das armas do Reino de Portugal que a força das armas da França e da Holanda". Sobre o escudo havia uma coroa real, representando a administração portuguesa da região. Embora concedido à capital maranhense, muitos pesquisadores afirmam que esse brasão nunca foi usado de fato como símbolo da cidade.

Os dois últimos brasões de que se tem conhecimento no Brasil colonial foram concedidos já no século XVIII a duas cidades mato-grossenses. O primeiro deles se refere à Vila de Bom Jesus do Cuiabá, fundada em 1719 e cujo brasão é descrito a partir de sua elevação a vila (1727) como um escudo em campo verde com um morro todo salpicado de folhetos e granitos de ouro, tendo por timbre a figura de uma fênix a renascer das suas cinzas. Esse brasão é ainda utilizado pelo município de Cuiabá. O segundo brasão foi concedido à Vila Bela da Santíssima Trindade, a primeira capital de Mato Grosso, fundada em 1752. Era composto de um escudo branco com dois círculos, um em vermelho e outro em azul, em cujo centro aparecia a figura de uma ave com um corpo e três cabeças, representando a Santíssima Trindade, sendo a do meio de uma águia, a do lado esquerdo de uma pomba e a do lado direito de um pelicano, ferindo o peito.

Além dos brasões concedidos na época colonial, havia algumas bandeiras que tremularam junto às primeiras vilas e cidades fundadas em solo nacional. Dessas versões, dois exemplares são atribuídos às primeiras capitais da nação: Salvador e Rio de Janeiro. Em 1549, além do brasão de armas concedido à cidade de Salvador, existem indícios de que o primeiro governador da capital, Tomé de Sousa, também tenha usado uma bandeira para a cidade, então capital da colônia. Era descrita como sendo uma peça toda em seda azul, onde se estampava uma pomba branca que trazia no bico um ramo de oliveira. A imagem estava envolvida por uma faixa circular branca bordada com a inscrição em ouro *Sic illa ad arcam reversa est* (E assim ela [a pomba] voltou à arca).

Quando foi concedido ao Rio de Janeiro o uso de um brasão próprio (1565), é provável, segundo alguns autores, que Estácio de Sá também tenha usado uma bandeira própria para a cidade, formada por um campo todo branco (como era costume entre as bandeiras portuguesas da época) com uma esfera armilar com três flechas transpassadas, douradas, ao modelo do brasão.

Provavelmente, em ambos os casos, essas são suposições de seus possíveis desenhos, pois não há registros precisos sobre tais peças, que devem ter caído no esquecimento pelo seu uso efêmero.

Bandeira de Tomé de Sousa (1549)

Como era necessária uma aprovação do rei, até o fim do século XVIII várias câmaras municipais usavam estandartes com as armas de Portugal enquanto aguardavam que lhes concedessem símbolos oficiais próprios, o que era feito na metrópole, Lisboa. Esses estandartes eram usados nas sessões legislativas, mas também acompanhavam os festejos religiosos, julgamentos e eventos importantes que tivessem a presença de membros da Coroa. Dentre os registros conhecidos dessa época, estão os estandartes das câmaras municipais das cidades de São Paulo e Mogi das Cruzes, por exemplo.

Bandeira de Estácio de Sá para a cidade do Rio de Janeiro (1565)

### Estandarte usado na Câmara Municipal de São Paulo (século XVIII)

Durante o Brasil colonial, as câmaras municipais aguardavam a oportunidade de receber símbolos próprios da metrópole portuguesa. Um desses casos era a cidade de São Paulo, cujo estandarte usado no século XVIII (e até hoje conservado no Museu Paulista) era formado por um campo todo em seda azul, com franjas e cadarços amarelos, apresentando as armas reais portuguesas ao centro. Bordadas com seda amarela e branca, trazem um rico ornamento em estilo barroco.

Em 8 de março de 1808, na recepção à família real e à corte de dom João VI em sua chegada ao Rio de Janeiro, foi confeccionada uma bandeira para a cidade, chamada de "estandarte da Câmara e do Senado", a mais antiga de que se tem referência comprovada. Era toda de seda branca, com franjas e galões de ouro, com um escudo em estilo barroco, bordado com fios de prata e ouro, além de seda amarela e vermelha, com paquife e apresentando a imagem de São Sebastião pintada a óleo. Entre 1822 e 1831, período de permanência de dom Pedro I no Brasil independente, usou-se por estandarte municipal a própria bandeira imperial, acrescida de franjas de ouro. Após o retorno do imperador a Portugal, voltou a ser usada uma bandeira semelhante à da época da chegada da família real, com um escudo ovalar de ornamentação barroca e a imagem de são Sebastião pintada a óleo, que acabou permanecendo como símbolo municipal até a proclamação da República (1889).

De maneira similar, são conhecidas as bandeiras usadas pela câmara de Salvador no começo do século XIX. A primeira delas foi usada durante a época do Reino Unido de Portugal, Brasil e Algarves, formada por um pesado pano adamascado de cor carmim. No verso, aparecia o brasão do reino de Portugal, Brasil e Algarves e, no anverso, as armas da cidade, consistindo em um escudo oval, em fundo

Estandarte do Rio de Janeiro (1808-1822)

Estandarte do Rio de Janeiro (1822-1831)

Estandarte do Rio de Janeiro (1831-1889)

Estandarte de Salvador (Reino Unido do Brasil, Portugal e Algarves)

Estandarte de Salvador (Brasil-Império - século XIX)

vermelho, bordado com fios de prata. Havia ao centro uma pomba e um ramo de oliveira, com as unhas, o bico e as pernas douradas. O lema era bordado em verde, e todo o conjunto era em rico bordado com fio de prata, formando um desenho alegórico. A outra bandeira é datada do tempo do Brasil Império e consistia em uma peça de seda branca, tendo ao centro um escudo oval disposto na horizontal, com fundo branco. Figurava ao centro uma pomba em ato de voo bordada com fios de prata, tendo um ramo seco sem folhas, com bico, unhas e pernas vermelhas. O estandarte era todo bordado com fios de ouro, que também eram usados para escrever o lema da capital baiana.

O uso de bandeiras e brasões municipais após a independência do Brasil continuou quase que inalterado todo o período imperial. Mesmo com a proclamação da República, eram poucas as cidades que haviam requerido para si símbolos próprios. Em parte, isso se deve ao centralismo pregado pelo Império no século XIX, cuja tradição estava mais ligada à produção de brasões das pessoas nobres em relação à heráldica civil. Mesmo os estados, que na época eram chamados de províncias, tinham apenas estandartes para o comércio marítimo e foi apenas com a Constituição Republicana de 1891 que eles puderam adotar legalmente seus símbolos. Vale lembrar que em muitos casos era costume usar a bandeira e o brasão de armas nacionais nas repartições públicas desses municípios.

Somente durante o século XX algumas cidades de maior expressão esboçaram a adoção de brasões e, mais tarde, bandeiras. Dentre as capitais brasileiras, são conhecidas algumas propostas que acabaram se desdobrando nos modelos adotados décadas mais tarde. Ainda em 1895, José de Magalhães, arquiteto integrante da comissão para a construção da nova capital de Minas Gerais, apresentou o projeto de um desenho para o brasão para Belo Horizonte. Era composto de um escudo em estilo barroco no qual se assentava um escudo ovalar com a representação do amanhecer na Serra do Curral, local da construção da nova capital. A coroa mural de três torres era ladeada por ramos de oliveira e o escudo continha a data "17 de dezembro de 1893" – data de sua criação – e a legenda com a palavra "Minas", cujo modelo permaneceu em uso até a década de 1950.

Belo Horizonte (1895-1957)

Outro projeto conhecido foi adotado em 1905, idealizado por Romário Martins para ser o "emblema" de Curitiba: um escudo em estilo inglês onde figurava uma araucária solitária em uma campina – alusão ao nome da cidade, que em tupi-guarani significa "lugar de muito pinhão". Na proposta original também havia a coroa mural de três torres visíveis e as hastes de trigo à direita, e de videira à esquerda, com a data de fundação da Vila de Curitiba "29 de março de 1693", cujo desenho foi reaproveitado na versão adotada em 1967.

Curitiba (1905-1967)

Por sua vez, o modelo do primeiro brasão de Vitória, adotado em 1913, era disposto em um escudo ovalar onde figuravam os elementos que foram utilizados na versão adotada em 1978: a estrela e o caduceu, além da paisagem onde figura a entrada da baía de Vitória; por detrás do escudo apareciam as flechas entrecruzadas em estilo realístico. Completavam o desenho, além da coroa mural, a faixa em azul com o nome da capital espírito-santense.

Vitória (1913-1978)

Adotado em 1920, o primeiro brasão de Florianópolis apresentava uma paisagem cênica da ilha de Santa Catarina em 1526 com a chegada da nau de Sebastião Caboto, navegador italiano ao qual se atribui a denominação dada à ilha e, por extensão, ao próprio estado. No entorno do escudo aparecem figuras alusivas à cidade e sua localização, como o golfinho ao estilo heráldico e a âncora, típicos das cidades litorâneas; além da cornucópia (riqueza e prosperidade) e da tocha (luz e conhecimento). Todo o conjunto era encimado por uma coroa mural contendo o nome da capital catarinense. O desenho vigorou até 1976, quando o atual modelo foi adotado.

Florianópolis (1920-1976)

Há também uma versão conhecida para o brasão atribuído a Cuiabá no começo da década de 1920: um escudo em estilo francês com fundo dourado contendo a imagem de um monte todo verde e cujo topo apresenta uma árvore – uma possível alusão ao monte de Santo Antônio do Leverger (que na época fazia parte do território da capital) com a árvore coité ou árvore-de-cuia, devido à possível origem do nome tupi "Cuiabá" – lugar onde se faziam cuias (vasilhas). O escudo possuía bordadura de prata e era encimado por uma coroa mural de onde se sobressaía a fênix do brasão original concedido no período colonial. É provável que esta versão tenha entrado em desuso após 1937.

Brasão de Cuiabá (c. 1920)

Com a Constituição de 1937, que proibia bandeiras, hinos e brasões estaduais e municipais, o uso de tais símbolos teria que esperar até 1946, quando uma nova Constituição democrática permitiu por lei a volta dos símbolos regionais. É a partir dessa época que a maior parte dos municípios brasileiros adotou uma bandeira, um hino e um brasão. Essa realidade mostra que não existe uma longa tradição na heráldica civil brasileira, razão pela qual muitas cidades (inclusive capitais) os adotaram tardiamente.

## As coroas murais

A heráldica civil praticada no Brasil deriva dos padrões estabelecidos em Portugal, cuja característica mais marcante nos brasões é a chamada "coroa mural". Esse símbolo representava a antiga união estabelecida na Idade Média entre a monarquia e a cidade, que era cercada pelos muros dos castelos e fortalezas. Hoje, apesar de o regime republicano ter se consolidado em muitos países, a coroa permanece sobre o brasão pelo simbolismo do muro, como justo orgulho de cada cidade pela capacidade de defesa no passado e de autonomia no presente. Assim como nas coroas dos reis, essas fortificações são representadas com dois metais (ouro ou prata), mas, em vez de insígnias, forros e pedras preciosas, possuem portões, janelas e ameias, os parapeitos no alto das torres medievais.

A coroa mural está presente no brasão para indicar inicialmente que aquele brasão não é de uma entidade ou de uma pessoa em particular, mas de uma comuna, seja ela município, vila ou aldeia, cada uma delas tendo um número de torres específico. Deve-se lembrar que no Brasil não há legislação que diferencie o que é uma vila ou aldeia de uma cidade, por isso o correto é usar as coroas com cinco torres visíveis para todos os municípios. Falamos "visíveis" pelo fato de imaginarmos que a coroa contorna a cabeça assim como os muros contornavam as cidades. Assim, além das torres visíveis, há aquelas que estão por detrás do campo de visão do espectador.

As coroas são de metal justamente para representar o status de cada cidade, sendo o ouro reservado apenas para as capitais dos estados e a prata para os demais municípios. Muitas coroas murais possuem estilos diferentes de desenho, mas essas variações na representação não causam nenhum problema se seguirem essas duas regras básicas.

Muitos dos municípios e capitais do Brasil ainda não estão a par dessas regras, tanto pela época em que foram adotados seus símbolos quanto pelo desconhecimento sobre o simbolismo das coroas murais, de modo que algumas cidades se converteram em capitais estaduais. Pelo fato de a heráldica não ser praticada como longa tradição em terras brasileiras, cada município escolhe o desenho do seu brasão, pois também não existe uma lei nacional que regule esse simbolismo. Alguns brasões foram criados com inspiração nos brasões de outras cidades europeias, cujo simbolismo não equivale ao status observado na heráldica lusitana. Vejamos como representar as coroas murais:

**Apenas para o município que é capital do estado:** coroa de *ouro* com oito torres, sendo *cinco torres à vista*. Dessas cinco, as duas das extremidades são vistas pela metade, dando a ideia de que sua outra metade está dando volta para a parte de trás.

**Para todos os demais municípios do Brasil:** coroa de *prata* com oito torres, sendo *cinco torres à vista*. Dessas cinco, as duas das extremidades são vistas pela metade, dando a ideia de que sua outra metade está dando volta para a parte de trás.

**Para a vila:** coroa de *prata* com seis torres, sendo *quatro torres à vista*. Dessas quatro, as duas das extremidades são vistas pela metade, dando a ideia de que sua outra metade está dando volta para a parte de trás.

**Para qualquer outro povoado:** coroa de *prata* com quatro torres, sendo *três torres à vista*. Dessas três, as duas das extremidades são vistas pela metade, dando a ideia de que sua outra metade está dando volta para a parte de trás (em Portugal simbolizam as aldeias).

Para preservar as descrições originais e os textos em lei das capitais brasileiras, deixamos neste capítulo introdutório uma sugestão para que as cidades que necessitam de atualização possam adequar o simbolismo de seus brasões. Embora saibamos das boas intenções daqueles que criaram tais brasões, esperamos contribuir para que os cidadãos conheçam os símbolos de suas cidades.

# ARACAJU (SE)

**Gentílico:** Aracajuano | **Fundação:** 17/3/1855

## BANDEIRA

A bandeira de Aracaju é baseada no modelo da bandeira do estado de Sergipe, com duas faixas horizontais na cor verde e duas na cor amarela. Essas cores representam a fidelidade às cores nacionais do Brasil. No cantão superior, em formato quadrangular e na cor branca, está inserido o brasão de armas do município, com o escudo, os suportes, a coroa mural, a fita e o lema.

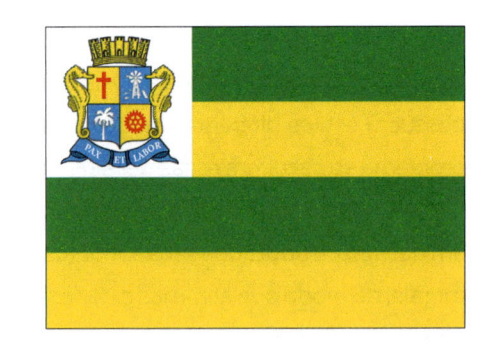

O desenho da bandeira foi escolhido através de concurso público durante a comemoração de aniversário do centenário de Aracaju, em 1955, cujo vencedor foi o artista plástico Florival Santos, que também é o autor do brasão de armas da capital sergipana.

## BRASÃO DE ARMAS

O brasão de armas de Aracaju é formado por um escudo em estilo francês moderno, dividido em quatro partes iguais, chamadas quartéis, alternadas nas cores amarelo-ouro e azul.

No quartel superior, à direita do escudo, há sobre um campo dourado a figura de uma cruz latina vermelha – cor de amor, devoção e magnanimidade – que representa a religiosidade do povo aracajuano.

No segundo quartel superior, à esquerda do escudo, em azul, há a representação de um cata-vento de prata, que homenageia a produção de sal da capital. Também em campo azul, mas no quartel inferior, encontra-se um coqueiro prateado frutificado, que alude à grande quantidade desse produto encontrado no município; também representa a flora característica de suas praias.

O quartel inferior à esquerda apresenta em campo amarelo-ouro uma roda dentada vermelha que representa a evolução do tempo e do trabalho, assim como é também o símbolo por excelência da indústria.

Sustentam o escudo dois cavalos-marinhos dourados, um em cada lado. Eles recordam que Aracaju é uma cidade litorânea, por sua associação com o mar; são também um símbolo de segurança e fidelidade. Abaixo do escudo há uma fita azul onde se escreve com letras brancas os dizeres em latim *Pax et labor* (Paz e trabalho).

Acima do escudo, encontra-se uma coroa mural, ao seu estilo, de cinco torres e revestida de ouro, metal que representa o status de Aracaju como a capital do estado de Sergipe. O brasão e a bandeira foram criados pela lei nº 6, de 27 de janeiro de 1955.

## HINO

Aracaju possui dois hinos conhecidos. Em 1955, com o aniversário de cem anos da capital, foi lançado um concurso para escolher um hino que representasse a cidade. A versão vencedora foi de autoria de José Sales de Campos (letra) e José Albuquerque Feijó (música). No ano de 2005, quando Aracaju completou 150 anos, a prefeitura lançou um novo concurso para celebrar a data. Na ocasião foi lançado o *Hino comemorativo do sesquicentenário de Aracaju*, cuja versão vencedora foi a de José Gentil Leite.

**Hino do centenário de Aracaju**
Música: José Albuquerque Feijó
Letra: José Sales de Campos

Terra amada, cem anos de glória
Cingem, hoje, teu nome imortal,
Exaltando, no tempo e na história
De Inácio Barbosa,[57] o ideal!
Só um gesto de rara ousadia,
Repelido por homens sem fé,
Soerguer, com valor, poderia
Esta terra que vence, de pé!

Elevar uma praia isolada
E fazê-la florir capital,
É ter pulso, é ter alma inclinada
À grandeza, à bravura, afinal!
Relembremos, com patriotismo,
Sob o ouro do sol presente,
A mais nobre lição de civismo
Esse feito do audaz presidente!

---

57 Inácio Joaquim Barbosa (1823-1855) foi presidente da província de Sergipe (assim chamado o governador na época). Em 17 de março de 1855, ele apresentou o projeto de elevação do arraial de Santo Antônio de Aracaju à categoria de cidade e a transferência da capital para essa nova localidade. A primeira capital do Sergipe foi a cidade de São Cristóvão.

## Hino comemorativo do sesquicentenário de Aracaju

Música e letra: José Gentil Leite

I
Eis que raia uma nova aurora
No horizonte do céu cor de anil
Refulgindo na nobre colina
E nas margens tranquilas do rio.
Contemplando a beleza infante
Da princesa que então concebeu
O destino bradou nesse instante:
"Abençoo o dia em que nasceu".

*Estribilho*
Bate forte no peito a esperança
A alegria de uma criança
Nesta data querida cantamos
Aracaju, cento e cinquenta anos!

II
Presidente Inácio Barbosa[58]
Foi feliz em seu ato cabal:
De Sergipe Del Rei[59] elevando
A capital um pequeno arraial
Contratando Basílio Pirro[60]
Engenheiro que então planejou
Projetando a iminente cidade
Pra um futuro de glória e esplendor.

III
Cajueiro dos Papagaios
É o seu nome que vem do tupi
Tu és bela, cidade menina
Tuas praias tão lindas, sem fim!
Teus recantos de rara beleza
São encantos pra quem vem aqui
Deslumbrante morena praieira
Nós morremos de amor só por ti!

---

58  Inácio Joaquim Barbosa (1821-1855) administrou a província do Sergipe entre 1853 e 1855, quando realizou a mudança da capital estadual da cidade de São Cristóvão para Aracaju.
59  A região chamava-se Sergipe Del Rei por sua conquista ter sido financiada e autorizada por ato régio.
60  O engenheiro e arquiteto Sebastião José Basílio Pirro foi responsável pelo traçado urbano de Aracaju. O formato de "tabuleiro de xadrez" dos quarteirões é conhecido como "quadrado de Pirro".

# BELÉM (PA)

**Gentílico:** Belenense | **Fundação:** 12/1/1616

## BANDEIRA

A bandeira de Belém foi criada por meio da lei nº 6.855, de 29 de janeiro de 1971. Ela é composta de um campo azul onde está inserido, ao centro, o brasão de armas da capital paraense. A autoria desse brasão remonta aos tempos de Bento Maciel Parente (governador e capitão-mor do Pará, entre 1621 e 1626), atendendo a uma sugestão de Pedro Teixeira, Aires de Souza Chicorro e Francisco Baião de Abreu feita em 1625 para que o emblema fosse colocado na frente do Forte do Castelo, na baía de Guajará. A cor azul evoca justiça, nobreza, perseverança, zelo e lealdade do povo belenense.

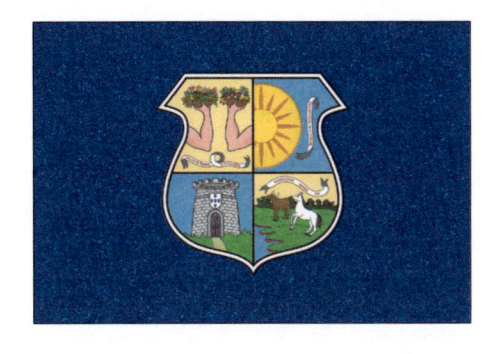

## BRASÃO DE ARMAS

O brasão de armas de Belém está dividido em quatro partes iguais – chamadas quartéis – apresentando o seguinte simbolismo: no quartel superior direito aparecem dois braços: o primeiro deles sustenta uma cesta de flores e o segundo, uma cesta com frutas, significando que a cidade está em terras extremamente férteis e por isso escondem, com mais segurança, sua exuberante flora, sempre florescente e frutífera. Por baixo dos braços encontram-se escritas em uma fita as palavras em latim *Vereat ae ternum* e *tutius latent*, alusivas ao rio Amazonas, onde "tudo é verde e maravilhoso", e ao rio Tocantins, pela "posição escondida" às vistas dos exploradores.

No quartel superior esquerdo do brasão aparece a figura de um sol, que é acompanhado de uma faixa com os dizeres *Rectior cum retrogadus*, significando "é mais reta se olharmos o passado", para relembrar o ato de fundação da cidade por Francisco Caldeira em 1616, precedido por uma bela aurora. O sol diz respeito ainda, à latitude da cidade, próxima à linha do Equador.

No quartel inferior esquerdo há um campo onde pastam uma mula e um boi olhando espantados para o céu. Os dois animais admiram a estrela de Belém e foram colocados no escudo justamente para evocar a Belém da Judeia (na atual Palestina) – uma referência para a nova Belém que nascia no extremo norte do Brasil. Acima dos animais está a frase *Nequaquam minima est*, significando que o nome "Belém" (escolhido por Castelo Branco) "não seria a menor de todas".

No quartel inferior direito do brasão aparece a figura de uma estrada que vai a um castelo de prata, recordando o sobrenome de seu fundador – Francisco Caldeira de Castelo Branco –, para mostrar que sua família era de origem nobre. Sobre a porta do castelo aparece um escudete com as quinas portuguesas, lembrando a obediência às autoridades que devia ser seguida na época da colonização.

## HINO

Música: Luiz Pereira de Moraes Filho (Luiz Pardal)
Letra: Eduardo Neves

I
Sobre o verde berço da floresta
Onde brota fauna e flora tão vibrante
Nasceste tu, minha Belém,
Entre o leve alento dos igarapés
E agrados de rios afluentes.

II
Junto aos pés do Fortim do Presépio[61]
Naquela distante Feliz Lusitânia[62]
Entre índios, brancos e negros
Gerou-se o forte gen do teu povo
Essência do sangue cabano.[63]

III
Cidade morena do cheiro cheiroso[64]
És o elo entre o rio e a floresta
Solo fértil que arde imenso saber
Círio e fé na alma do teu povo[65]
Vale Ver-o-Peso em festa.

*Estribilho*
És o portal da Amazônia
A Cidade das Mangueiras[66]
Na bandeira nacional
Brilhas Belém, na primeira estrela.

---

61  Francisco Caldeira de Castelo Branco ([s.d.]-1619) fundou em 12 de janeiro de 1616, na baía de Guajará, o Forte do Presépio, núcleo inicial que daria origem à cidade de Belém.
62  O povoado foi inicialmente chamado de Feliz Lusitânia. Mais tarde foi denominado Santa Maria do Grão-Pará, cujo nome oficial se tornou Santa Maria de Belém do Grão-Pará, sendo "Belém" a sua simplificação.
63  Entre os anos de 1835 e 1840 a capital esteve no centro da Revolta dos Cabanos, considerada a única em que a população efetivamente derrubou o governo local. "Cabanagem" refere-se ao tipo de habitação daquela população ribeirinha composta por mestiços, escravos libertos e indígenas.
64  Perfume típico usado pelos paraenses, feito de vários aromas da floresta e vendido nas ruas da capital.
65  O Círio de Nazaré, em devoção a Nossa Senhora de Nazaré, é uma das mais tradicionais festas religiosas do Brasil, sendo celebrada anualmente desde 1793 em Belém, no segundo domingo de outubro. Durante o Círio, a imagem da santa sai da catedral metropolitana de Belém (Sé) e segue em procissão até a basílica de Nossa Senhora de Nazaré.
66  Deve-se às incontáveis mangueiras das ruas de Belém, que, com sua sombra, ajudam a amenizar o calor, principalmente nos meses mais quentes de julho a novembro. Os frutos ficam maduros nos meses de janeiro e fevereiro.

# BELO HORIZONTE (MG)

**Gentílico:** Belo-horizontino | **Fundação:** 12/12/1897

## BANDEIRA

A bandeira belo-horizontina é composta de um campo branco sobre o qual se encontra, ao centro, a figura do brasão de armas do município, com o escudo em estilo português, a coroa mural revestida de ouro e a fita, onde consta o nome da capital e as respectivas datas de sua criação e instalação. Foi adotada conforme a lei nº 6.938, de 16 de agosto de 1995, que dispõe sobre a instituição dos símbolos da capital mineira.

## BRASÃO DE ARMAS

O brasão de armas é composto de um escudo em estilo português onde, sobre um fundo azul, aparece a figura de um sol nascente, em ouro, surgindo por detrás da serra do Curral del Rey, na cor verde. Esse conjunto representa a bela paisagem dos arredores de Belo Horizonte, o que justifica a origem de seu nome.

Na posição superior do escudo há um triângulo equilátero em vermelho – símbolo dos inconfidentes mineiros de 1789 – sob um campo amarelo-ouro. Por ocupar a posição central do chefe, o triângulo metaforicamente relembra a "cabeça" do escudo, sendo indicativo de que a cidade ocupa o lugar de comando do estado de Minas Gerais.

Abaixo há uma fita vermelha onde se lê em letras brancas "Belo Horizonte" com as seguintes legendas em cada uma de suas pontas: "17-12-1893" à direita do escudo e "12-12-1897" à esquerda. As datas referem-se, respectivamente, à criação e à inauguração da cidade. Completando seu simbolismo, há sobre o escudo a figura de uma coroa mural revestida de ouro, para indicar que a cidade é a capital mineira. Foi adotado pela mesma lei que regulamentou a bandeira municipal.

## HINO

Belo Horizonte ainda não possui hino oficial. No entanto, a lei municipal nº 6.938, de 16 de agosto de 1995, prevê a escolha do futuro hino para a capital mineira mediante concurso público.

# BOA VISTA (RR)

**Gentílico:** Boa-vistense | **Fundação:** 9/7/1890

## BANDEIRA

A bandeira é composta de duas faixas dispostas na horizontal, sendo uma verde e outra amarela. Essas cores são alusivas à bandeira brasileira, com o verde representando a exuberante vegetação e o amarelo as riquezas minerais da capital roraimense. Sobre o campo verde assentam-se uma estrela e uma faixa branca, elementos também presentes na bandeira do estado, que representam, respectivamente, a cidade de Boa Vista e a sua situação geográfica, sendo a única capital brasileira acima da linha do Equador e totalmente situada no hemisfério Norte.

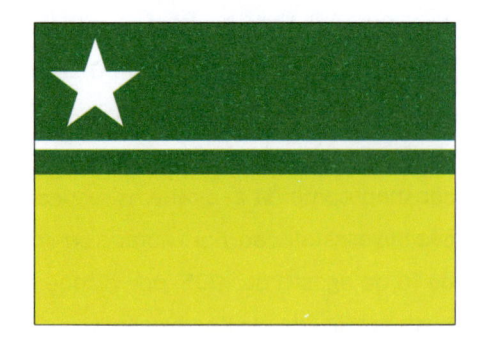

## BRASÃO DE ARMAS

O brasão de armas do município de Boa Vista foi instituído pela lei nº 71, de 2 de junho de 1980, sendo formado por um escudo heptagonal que recorda o formato do território de Roraima. Sua cor verde simboliza as matas, campos e planícies do estado presentes no entorno da capital. Sobre ele assenta-se uma elipse dourada, cujo formato lembra a bateia (utensílio de mineração semelhante a um prato), recordando o valor das riquezas minerais, decorada por uma moldura de diamantes. Ao centro aparece uma paisagem campestre em amarelo-ouro, o sol com seus raios refletidos lembrando o traçado urbano de Boa Vista, espalmada acima da linha do equador e banhada pelo Rio Branco. A faixa que envolve este centro contém o nome e a data da lei da criação do município de Boa Vista – 9 de julho de 1890. Acima do escudo aparece a imagem estilizada do monte Roraima como o principal acidente geográfico da região. À direita aparecem ramos de arroz e à esquerda espigas de milho, representando as maiores riquezas agrícolas da capital. Na base há uma faixa branca com a legenda "Desenvolvimento – segurança – integração" como mensagem de apoio entre as ações do poder público e a comunidade boa-vistense.

# HINO

Música: Edmar Hentschke
Letra: Eliakin Rufino de Souza

I
Em Roraima nasce um novo clarão
A cidade brilha na imensidão
O rio Branco[67] veste-se de azul
Vem do arco-íris chuva do caju.

*Estribilho*
São manhãs de luz
São novas crianças
O sol traz ao campo
Verdes esperanças,
Para o povo índio,
Os negros e brancos
Que semeiam vida
Pelos verdes campos.

II
Boa Vista é ver gente tão forte
Construindo vida no extremo norte
Com os olhos cheios de felicidade
Acendendo as luzes da nova cidade

*Estribilho*
São manhãs de luz
São novas crianças
O sol traz ao campo
Verdes esperanças,
Para o povo índio,
Os negros e brancos
Que semeiam vida
Pelos verdes campos.

---

67   O rio Branco é formado pela confluência dos rios Tacutu e Uraricoera, trinta quilômetros ao norte de Boa Vista, situada no vale desse rio em sua margem direita. Sua foz se dá no rio Negro, ao adentrar no estado do Amazonas.

# CAMPO GRANDE (MS)

**Gentílico:** Campo-grandense | **Fundação:** 26/8/1899

## BANDEIRA

A bandeira de Campo Grande foi oficializada no ano de 1967, com posterior atualização em 2018. É composta, ao centro, de um retângulo em amarelo, que representa a cidade de Campo Grande, enquanto o brasão de armas representa o governo municipal. As faixas em vermelho, carregadas de amarelo, simbolizam o poder municipal que se irradia, assim como fazem os raios do sol, para todas as regiões e áreas rurais do município, representadas pelos quadrantes, chamados de "gironados", que formam as oito figuras geométricas trapezoidais. O vermelho é a cor do amor, da nobreza e da magnanimidade. O azul representa a justiça, a fidelidade e serenidade, enquanto o amarelo alude à luz, à riqueza e à prosperidade.

### Bandeira e brasão de Campo Grande (1967-2018)

O brasão e a bandeira campo-grandenses foram adotados através da lei nº 1.022, de 19 de maio de 1967. Na data da oficialização de ambos os símbolos, Campo Grande era município do estado de Mato Grosso, tendo Cuiabá como sua capital. Neste caso a simbologia adotada representava aquele momento e, portanto, a coroa mural do brasão de armas (também usado na bandeira), aparecia na cor prata. Em junho de 2018, a prefeitura enviou uma proposta de readequação do brasão e reformulação da bandeira municipal, no qual a coroa mural passou a ser representada na cor dourada para simbolizar o status de capital estadual.

## BRASÃO DE ARMAS

O brasão de armas de Campo Grande é composto de um escudo em estilo francês moderno, onde se assenta, ao centro, um escudete azul, com uma águia revestida de ouro que segura em suas garras uma buzina de caça de prata. O azul é a cor da justiça, da lealdade e da perseverança, atributos do povo campo-grandense. A águia é símbolo da força e da liderança, representando o papel de Campo Grande como capital, cuja cor dourada é indicativa de riqueza, nobreza e poder. A buzina de caça recorda o berrante, simbolizando a atividade pecuária do município e de toda a região. Ela também alude ao primeiro nome da vila, chamada "Campo Grande da Vacaria", quando de sua fundação.

Na base do escudete azul também aparecem duas faixas onduladas em branco, que representam os córregos Prosa e Segredo, na confluência dois quais foi erguido o primeiro rancho que deu origem à capital sul-mato-grossense em 1872.

O escudo se completa com uma bordadura em prata, que é símbolo da proteção. Nela estão presentes oito cruzes em vermelho e prata, ao estilo da cruz da Ordem de Cristo, recordando as conquistas empreendidas pelos bandeirantes e a posição estratégica que desempenhou o sul de Mato Grosso na época da colonização. O vermelho evoca, ainda, a coragem, a valentia e a audácia.

Abaixo do escudo desdobra-se uma fita azul, onde a divisa "Poder, prosperidade, altruísmo" sintetiza o que representa o brasão. Nas suas extremidades estão realçados os anos de "1872" – data da fundação de Campo Grande – e "1899" – quando se deu sua elevação à categoria de município. Acima do escudo figura uma coroa mural, símbolo da municipalidade e do status de capital, na cor ouro, com cinco torres visíveis e portões em negro. Assim como a bandeira, o brasão foi atualizado em 2018.

## HINO

Música: Vitor Marques Diniz

Letra: Trajano Balduíno de Souza e Hildebrando Campestrini

I
Campo Grande que outrora um deserto,
Transformou-se em cidade primor,
É de joias, escrínio aberto,
É uma gema de fino lavor!

*Estribilho*
A cidade onde todos vivemos,
Aprendamos fiéis defender!
Nosso afeto a ela sagremos
E felizes assim hemos ser.

II
Quanta luz, quanto gozo sem par!
Nos legou nosso amado país!
Oh! Que terra ditosa é meu lar!
Campo Grande é feliz, é feliz!

III
Mato Grosso do Sul, Campo Grande,
E Brasil, eis a tríade sagrada,
Em louvá-los minh'alma se expande
Morrerei pela pátria adorada.

# CUIABÁ (MT)

**Gentílico:** Cuiabano | **Fundação:** 8/4/1719

## BANDEIRA

A bandeira de Cuiabá foi adotada em 29 de dezembro de 1972, por meio do decreto nº 241. Sua escolha foi organizada por uma comissão composta por importantes autoridades, cujo concurso ocorreu nas dependências da Academia Mato-Grossense de Letras, em 26 de dezembro daquele ano. Entre as várias propostas apresentadas, sagrou-se vencedor o desenho criado por Nilton Benedito Santana.

A bandeira é bipartida na posição vertical, com dois campos de cores: um verde, na região próxima à tralha, representando as palmeiras, símbolo maior da capital mato-grossense; o outro, de cor branca, na região do batente, recorda a pureza e a brandura da alma do povo cuiabano. Entre os dois campos estampa-se um escudo, com as pontas abatidas em forma circular e uma bordadura na cor amarela, simbolizando a riqueza do ouro cuiabano. Ao centro, sobre um campo branco, destaca-se um monumento em verde-amarelo, que assinala o centro geodésico da América do Sul. Em torno da bordadura amarela está escrito o primeiro nome da capital: "Vila Real do Bom Jesus de Cuiabá". Acima aparece a data "1719", que relembra o ano de sua fundação.

> **O marco geodésico**
> Cuiabá está situada no "coração" da América do Sul, ou seja, exatamente no seu centro geodésico. Localizado na praça Moreira Cabral, o marco conhecido como centro geodésico da América do Sul foi construído pelo artesão Júlio Caetano, após ter sido demarcado pelo marechal Cândido Rondon em 1909. Curiosamente, o local era chamado de Campo de Ourique e já foi uma praça onde antigamente se castigavam escravizados e também eram enforcados os condenados pela Justiça, além de um famoso campo de touradas.

## BRASÃO DE ARMAS

O brasão de armas de Cuiabá foi um dos primeiros a serem concedidos a uma capital brasileira, sendo o único a não sofrer profundas alterações em seu desenho original, datado de 1º de janeiro de 1727.

Ele é composto de um escudo cortado, em azul no plano superior e em verde, no inferior, representando, respectivamente, o céu e a depressão cuiabana. Assenta-se nele, ao centro, um morro[68] todo salpicado com folhetos e granitos de ouro, como o acidente geográfico mais característico da região. Há acima do escudo a figura de uma fênix, ave que na mitologia era o símbolo da imortalidade, de asas abertas e no ato de renascer sobre as chamas em brasa. Foi oficializado como símbolo de Cuiabá pela lei nº 592, de 13 de setembro de 1961, mantendo o desenho original que foi criado em Lisboa.

## HINO

Música: Luís Cândido da Silva
Letra: Ezequiel Ribeiro de Siqueira

I
Cuiabá, és nosso encanto
Teu céu da fé tem a cor
Da aurora o lindo rubor;
Tens estelífero manto.

*Estribilho*
Cuiabá, és rica de ouro;
És do Senhor Bom Jesus;[69]
Do estado, a cidade-luz;
És, enfim, nosso tesouro.

III
Tens beleza sem rival
Cultuas sempre o valor
Do bravo descobridor
Pascoal Moreira Cabral.[70]

---

68  Não é mencionado na lei o nome do morro, mas trata-se da representação do morro de Santo Antônio de Leverger, distante aproximadamente 35 quilômetros de Cuiabá e situado quinhentos metros acima do nível do mar.
69  O Senhor Bom Jesus é o padroeiro da capital cuiabana.
70  Refere-se ao bandeirante paulista Pascoal Moreira Cabral Leme (1654-1730), que descobriu ouro na confluência do rio Coxipó com o rio Cuiabá em 1718, dando início à fundação da Vila Real do Bom Jesus do Cuiabá (1719), cujo núcleo daria origem à capitania de Mato Grosso em 1748.

# CURITIBA (PR)

**Gentílico:** Curitibano | **Fundação:** 29/3/1693

## BANDEIRA

A bandeira de Curitiba foi oficializada através da lei nº 2.993, de 11 de maio de 1967. É formada por um campo verde gironado, isto é, separado em oito partes, na linguagem heráldica. Há também oito faixas brancas carregadas de vermelho, dispostas, duas a duas, no sentido horizontal, vertical, em banda e em barra, que partem de um retângulo branco central, onde o brasão de armas é aplicado.

O brasão indica o governo municipal e o retângulo branco é a sede do município. Já as faixas representam o poder municipal, cuja ação se irradia para todo o território da capital paranaense. As oitavas verdes são as matas e propriedades rurais do município de Curitiba.

## BRASÃO DE ARMAS

O brasão de armas de Curitiba é composto de um escudo em estilo português, todo em vermelho, cor que é símbolo da nobreza e representativa da argila que predomina no solo da capital. Na posição central encontra-se a figura de um pinheiro de prata (*Araucaria angustifolia*). Na heráldica, são chamadas "armas falantes" os elementos dispostos no campo do escudo que aludem ao nome de uma cidade e sua origem.[71]

Acima do escudo, por timbre, há uma coroa mural com cinco torres, revestida de ouro e com os portões em negro, cujo metal representa que a cidade é capital do estado. Ladeiam o escudo, à sua direita (dextra), uma haste de trigo e, à sua esquerda (sinistra), um ramo de pâmpanos (videira com uvas) cruzados, que simbolizam as principais culturas agrícolas do solo curitibano. Abaixo, aparece uma fita vermelha, onde se escreve com letras de prata o nome "Curitiba" e, em cada uma de suas pontas, a data "29-3-1693" – relembrando o dia de sua fundação. O brasão foi adotado em 1962 e oficializado pela mesma lei que instituiu a bandeira municipal.

---

[71] O nome "Curitiba" é derivado da expressão indígena *curi'i ty(b) ba*. Mais precisamente, *Curi'i* (ou *coré*) significa "pinheiro-do-paraná" – assim também conhecida a araucária – ou mesmo "pinhão", que é sua semente. A palavra *tib* vem do verbo existencial *i tib*, com a junção de *ba*, que é um indicativo de localidade, significando o nome da capital. Portanto, "Curitiba" é o "lugar onde existe muito pinhão".

# HINO

Música: Bento João de Albuquerque Mossurunga
Letra: Ciro Silva

I
Cidade linda e amorosa
Da terra de Guairacá.[72]
Jardim luz, cheio de rosa
Capital do Paraná.

Pela ridente paisagem
Pela riqueza que encerra,
Curitiba tem a imagem
Dum paraíso na terra.

II
Viver nela é um privilégio
Que goza quem nela está.
Jardim luz, cheio de rosa
Capital do Paraná.

Pérola deste planalto
Toda faceira e bonita.
Na riqueza e na opulência
Vive, resplande, palpita.

III
Subindo pela colina
Ativa sempre será.
Jardim luz, cheio de rosa
Coração do Paraná.

Salve! Cidade querida
Glória de heróis fundadores.
Curitiba, linda joia
Feita de luz e de flores.

---

[72] O lendário cacique Guairacá comandou a resistência de vários grupos indígenas contra as tropas espanholas e a aproximação dos bandeirantes portugueses em meados do século XVI, nas terras onde se situa o atual Paraná. Seu nome converteu-se em um símbolo de bravura para os povos da região.

# FLORIANÓPOLIS (SC)

Gentílico: Florianopolitano | Fundação: 23/3/1726

## BANDEIRA

A bandeira do município de Florianópolis foi instituída pela lei nº 1.409, de 17 de março de 1976 – ano em que se comemoraram os 250 anos de emancipação político-administrativa da capital catarinense.

É formada por um retângulo branco com duas faixas vermelhas, que aludem às cores da bandeira do estado, tendo ao centro o brasão de armas do município sem os dois tenentes – as figuras (humanas ou animais) que seguram o escudo. Vermelho e branco eram as cores tradicionais usadas nos estandartes marítimos no porto de Florianópolis no século XIX.

## BRASÃO DE ARMAS

O brasão de armas de Florianópolis é composto de um escudo em estilo português que está dividido ao meio, com a posição superior toda em azul, onde aparece um sol nascente em ouro no horizonte.

A parte inferior do escudo apresenta em sua base um campo azul com ondas em prata representando o mar e a localização de Florianópolis, no litoral de Santa Catarina. Ao centro está posto um escudete de ouro, com uma bordadura em vermelho, onde se assenta a figura da cruz da Ordem de Cristo. A cruz relembra a colonização portuguesa na história da ilha, bem como os primeiros povoadores e os bandeirantes.

Sobre o escudo há uma coroa mural de cinco torres visíveis revestidas de ouro, indicativa do status de capital do estado, com os portões e o forro em vermelho. Sustentam o escudo dois tenentes, o primeiro à sua direita é a figura representativa do bandeirante Francisco Dias Velho (1622-1687), com a mão direita segurando a boca do bacamarte e a esquerda sustentando o escudo. O bandeirante está vestido com a sua indumentária típica (gibão acolchoado e talhado, blusa e botas de cano alto).

Já à esquerda do escudo há a figura de um oficial do regimento de infantaria de linha da ilha de Santa Catarina, vestindo um uniforme de gala de 1786, constituído de uma casaca militar em azul e ornamentos de prata. Sua mão esquerda repousa sobre a base da espada, guardada dentro de uma bainha; sua mão direita sustenta o escudo. Os tenentes estão apoiados sobre uma fita azul onde aparece o nome "Florianópolis" e, em cada uma das pontas, respectivamente, as datas 1726 e 1823. A primeira data relembra a fundação da vila[73] e a segunda recorda a elevação de Florianópolis à categoria de município. O brasão de armas da capital catarinense foi adotado pela lei nº 1.408, de 15 de março de 1976.

## HINO

**Rancho do amor à ilha**

Música e letra: Cláudio Alvim Barbosa (Zizinho)

Um pedacinho de terra,
Perdido no mar...
Num pedacinho de terra,
Beleza sem par...
Jamais a natureza
Reuniu tanta beleza
Jamais algum poeta
Teve tanto para cantar.

Num pedacinho de terra
Belezas sem par!
Ilha da moça faceira,
Da velha rendeira tradicional
Ilha da velha figueira
Onde em tarde fagueira
Vou ler meu jornal.

Tua lagoa formosa
Ternura de rosa
Poema ao luar,
Cristal onde a lua vaidosa
Sestrosa, dengosa
Vem se espelhar...

---

[73] Em 23 de março de 1726, a capital de Santa Catarina era fundada com o nome inicial de Nossa Senhora do Desterro. Em 1823, a vila ganhou o status de cidade e após a Proclamação da República (1889) passou a ser conhecida apenas por "Desterro". Diz-se que o nome desagradava aos moradores, pois lembrava "desterrado", termo para quem está no exílio ou que foi mandado para um lugar desabitado. Após a vitória da revolução federalista comandada pelo marechal Floriano Peixoto, em 1894, o nome da cidade foi mudado para Florianópolis (que significa cidade do Floriano) – uma homenagem ao marechal.

# FORTALEZA (CE)

**Gentílico:** Fortalezense | **Fundação:** 13/4/1726

## BANDEIRA

A bandeira de Fortaleza é composta de um campo branco, símbolo de paz, pureza, amizade e harmonia, sobreposta por uma cruz azul em aspa, também conhecida por Cruz de Santo André, onde se insere o brasão de armas do município. O azul possui tom igual ao da bandeira nacional, bem como as proporções de seu pavilhão, e é símbolo de justiça, serenidade e lealdade.

Foi idealizada por Isaac Correia do Amaral e adotada pela lei nº 1.316, de 11 de novembro de 1958, a mesma que instituiu o brasão de armas da capital. A partir de 21 de janeiro de 2013, ambos os símbolos receberam nova estilização.

### Bandeira e brasão de Fortaleza (1958-2013)

A primeira versão do brasão de Fortaleza era composta de um escudo em fundo azul, com destaque para a figura do forte em ouro banhado em sua base por um mar na cor azul e com ondas em prata (a partir de 2005 o mar passou a ser representado em verde).

Além dos ramos de fumo e algodão e da divisa em latim, a coroa mural dourada apresentava em sua estilização apenas três torres visíveis. O desenho do brasão de armas era aplicado sobre o centro da cruz em aspa azul que compunha a bandeira.

## BRASÃO DE ARMAS

O brasão de armas de Fortaleza foi idealizado por Tristão de Alencar Araripe pela primeira vez no final do século XIX. Seu desenho atual é composto de um escudo em estilo polônio, em fundo azul-celeste, tendo ao centro, sobre uma base banhada pelas ondas do mar, em verde, a figura de um forte, todo em ouro. Esta é uma alusão ao Forte de São Sebastião, construído em 1603 por Pero Coelho de Sousa, às margens do rio Ceará, que deu origem ao núcleo urbano da atual capital.

Ladeiam o escudo dois ramos estilizados, um de fumo à sua direita e outro de algodão, à sua esquerda, representando os principais cultivos agrícolas do município. Acima do escudo há a figura de uma coroa mural revestida de ouro, com cinco torres visíveis, indicando que Fortaleza é a capital do estado. Sobrepondo-se à base do escudo, ergue-se uma faixa branca onde se escreve a divisa em latim *Fortitudine* ("Fortaleza" ou, mais especificamente, "Força").

## HINO

Música: Antônio Gondim
Letra: Gustavo Barroso

*Estribilho*
Fortaleza! Fortaleza!
Irmã do sol e do mar,
Fortaleza! Fortaleza!
Sempre havemos de te amar!

I
Junto à sombra dos muros do forte
A pequena semente nasceu.
Em redor, para a glória do Norte,
A cidade sorrindo cresceu.
No esplendor da manhã cristalina,
Tens as bênçãos dos céus que são teus
E das ondas que o sol ilumina
As jangadas te dizem adeus.

II
O emplumado e virente coqueiro
Da alva luz do luar colhe a flor
A Iracema[74] lembrando o guerreiro,
De sua alma de virgem senhor.
Canta o mar nas areias ardentes
Dos teus bravos eternas canções:
Jangadeiros, caboclos valentes,
Dos escravos partindo os grilhões.

III
Ao calor do teu sol ofuscante,
Os meninos se tornam viris,
A velhice se mostra pujante,
As mulheres formosas, gentis.
Nesta terra de luz e de vida
De estiagem por vezes hostil,
Pela Mãe de Jesus protegida,
Fortaleza és a flor do Brasil.

IV
Onde quer que teus filhos estejam,
Na pobreza ou riqueza sem par,
Com amor e saudade desejam
Ao teu seio o mais breve voltar.
Porque o verde do mar que retrata
O teu clima de eterno verão
E o luar nas areias de prata
Não se apagam no seu coração.

---

74  Refere-se ao romance *Iracema*, publicado em 1865 por José Martiniano de Alencar (1829-1877), que narra poeticamente as origens da terra natal do autor, o Ceará.

# GOIÂNIA (GO)

**Gentílico:** Goianiense | **Fundação:** 24/10/1933

## BANDEIRA

A bandeira de Goiânia apresenta as cores verde, branco e vermelho, que foram dispostas em um campo gironado, isto é, dividido em oito partes. O campo verde, que representa o município de Goiânia, está separado por oito faixas vermelhas com filetes brancos no sentido horizontal, vertical, em banda e em barra. Elas representam, por meio de seus raios, a ação do poder municipal – simbolizado pelo brasão de armas municipal – colocado ao centro de um retângulo branco e que se propaga para todas as direções da capital goiana. A bandeira e o brasão foram adotados pela lei nº 3.537, de 7 de outubro de 1966.

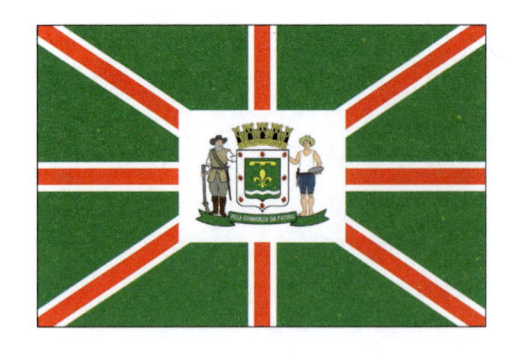

## BRASÃO DE ARMAS

O brasão de armas de Goiânia possui um escudo em estilo francês moderno, composto de um campo verde, cor que representa a esperança e abundância, tendo ao centro a figura de uma flor de lis dourada, que simboliza a soberania e o status como capital do estado de Goiás.

Abaixo dela há uma onda prateada que simboliza o córrego do Botafogo, em cujas margens a cidade foi fundada. A peça dourada logo acima da flor de lis é chamada de "lambel" e possui a função de indicar que Goiânia é, pela condição histórica, a segunda capital do estado, substituindo a primeira, que foi a cidade de Goiás. A bordadura prateada do escudo é símbolo de pureza, grandeza, nobreza, riqueza, esplendor e glória. Nela incluem-se oito chamas vermelhas, simbolizando o direito de administrar com justiça a capital goiana.

O escudo está sustentado, à sua direita, pela imagem de um bandeirante com sua típica indumentária (chapéu, gibão, bacamarte, espada e botas de cano alto) – uma alusão a Bartolomeu Bueno da Silva, conhecido como "o Anhanguera", responsável pelo desbravamento, ocupação e colonização da região. À sua esquerda existe a figura de um garimpeiro, com chapéu e vestimenta simples, portando um facão e uma bateia (utensílio de mineração semelhante a um prato), representando a exploração do ouro como bem econômico da riqueza e do desenvolvimento que essa atividade trouxe à região.

Há abaixo do escudo uma fita de cor verde, onde se escreve com letras prateadas a frase "Pela grandeza da pátria", relembrando as atitudes cívicas do povo goianiense. Acima do escudo aparece a figura uma coroa mural revestida de ouro, com cinco torres visíveis e portas em negro, indicando que a cidade é capital estadual.

# HINO

Música: João Luciano Curado Fleury
Letra: Anatole Ramos

I
Vinde ver a cidade pujante
Que plantaram em pleno sertão,
Vinde ver este tronco gigante
De raízes profundas no chão.

*Estribilho*
Vinde ver a Goiânia de agora
A cumprir seu glorioso destino,
Brasileiros e gente de fora,
E cantais vós também o seu hino.

II
Construída com esforços de heróis,
É um hino ao trabalho e à cultura.
E seu brilho qual luz de mil sóis,
Se projeta na vida futura.

III
Capital de Goiás foi eleita,
Desde o berço em que um dia nasceu,
Pela gente goiana foi feita,
Com seu povo adotado cresceu.

# JOÃO PESSOA (PB)

**Gentílico:** Pessoense | **Fundação:** 5/8/1585

## BANDEIRA

A bandeira de João Pessoa é uma extensão do brasão de armas do município. Sobre um retângulo em branco inserem-se três faixas vermelhas em sentido horizontal – uma alusão às famílias dos heróis da conquista da capitania da Paraíba.

As três coroas murais da bandeira, postas sobre uma faixa negra central, disposta na vertical, representam os outros nomes que a cidade recebeu ao longo da história: Felipeia, Frederica e Paraíba. Vermelho, preto e branco são uma homenagem às mesmas cores presentes na bandeira estadual. Foi criada em 1972, pela mesma lei que instituiu o brasão municipal.

## BRASÃO DE ARMAS

O brasão de João Pessoa foi criado em 1972 pelo professor Hugo Carneiro Lopes e oficializado pela Câmara Municipal naquele mesmo ano, por meio da lei nº 1.624.

O símbolo representa um resumo cronológico da cidade por meio de seus atributos. É formado por um escudo em estilo português, onde se inserem três faixas vermelhas, em sentido horizontal, alternadas por quatro em prata.

As faixas aludem às famílias que realizaram a conquista na capitania da Paraíba enquanto as três coroas recordam as antigas denominações da capital paraibana. Há também uma versão popular, na qual as coroas representam as três fortificações erigidas pelos portugueses no século XVI para proteger a região: a Fortaleza de Santa Catarina (em Cabedelo); o Fortim da Ilha da Restinga (no estuário do rio Paraíba) e o Forte de Santo Antônio (no distrito de Costinha, em Lucena). A faixa negra, disposta na vertical, também representa o respeito ao passado. Ladeiam o escudo dois golfinhos apresentados ao estilo da heráldica, como referência à localização litorânea da cidade.

Abaixo aparece uma faixa vermelha onde se escreve com letras de prata o lema em latim *Intrepida ab origine*, que significa "Bravia desde a origem", para lembrar o heroísmo do povo pessoense ao longo de sua história. Por timbre, há acima do escudo a figura de uma coroa mural de prata, com cinco torres visíveis e portões em negro, simbolizando o status de município.

# HINO

Música e Letra: Eunice de Souza Setti Costa

No Nordeste do Brasil te encontramos,
Onde vemos o encanto de um verde mar,
És a terra gloriosa que amamos
E o teu nome exaltamos a cantar.
De um grande presidente de Estado,[75]
Tu ressurgiste, ó, cidade vitoriosa!
Se tens renome pelas lutas do passado
Não deixarás de ser sempre valorosa.

*Estribilho*
Tua bandeira simboliza o heroísmo
De um exemplo imortal
Que em teu nome ficou
E, no grito do "Nego",[76]
Defendeu o teu povo rebelde
E te glorificou!

No passado, outros nomes recebeste,
Consagramos o teu solo, sempre a exaltar
A bravura e a nobreza não perdeste
João Pessoa, tu és hoje, a vibrar.
Teus combates sempre foram triunfantes
E o heroísmo a história nos declara
E, evocando teus primeiros habitantes,
Tu serás sempre a cidade tabajara.[77]

Tens palmeiras no teu parque mais formoso,
A lagoa circulando sempre a inspirar,[78]
O poeta decantando orgulhoso,
Vem fazer tua beleza proclamar.
Tão formosas as acácias que se espargem
Em ornamento pelas tuas avenidas.
São tantas flores escondendo a folhagem,
Deixando, enfim, tuas árvores floridas.

Tambaú trazendo a brisa mansamente,[79]
Num afago que nos prende sob o céu anil
E o soberbo Cabo Branco evidente[80]
Na paisagem litorânea do Brasil.
Nos teus mares as jangadas velejando,
No horizonte vem o sol resplandecente.
Quanta grandeza que encerras inspirando
No teu valor consagrado eternamente!

---

75　Assim chamados os governadores estaduais no período da República Velha (1889-1930).
76　A palavra "Nego" (do verbo negar) fazia alusão à recusa de João Pessoa em aceitar a candidatura de Júlio Prestes à Presidência da República em 1929. Embora o governador não tenha dito exatamente "nego", a palavra ficou como um símbolo de resistência política.
77　Deve-se à fundação de João Pessoa em 5 de agosto de 1585 (com o nome de Nossa Senhora das Neves), na data em que foi firmada a aliança com os tabajaras, povo indígena que habitou o litoral brasileiro no trecho entre a foz do rio Paraíba e a ilha de Itamaracá.
78　Refere-se ao Parque Sólon de Lucena, situado no centro da cidade; apresenta belos jardins, cujo espelho d'água circular está cercado por palmeiras-imperiais.
79　Trata-se de um dos mais tradicionais bairros na costa central pessoense, entre o norte da enseada meridional do cabo Branco e o sul da enseada central de Manaíra, englobando o principal pontal urbano, onde também está a praia de Tambaú.
80　Bairro de João Pessoa conhecido por abrigar a falésia e o farol do cabo Branco e por estar próximo do marco geográfico da ponta do Seixas – ponto mais oriental do continente americano e do Brasil.

# MACAPÁ (AP)

**Gentílico:** Macapaense | **Fundação:** 4/2/1758

## BANDEIRA

A bandeira do município de Macapá é constituída de três faixas dispostas na horizontal nas cores vermelho, amarelo e verde. A faixa superior em vermelho é símbolo do amor e da magnanimidade, além de representar o calor do sol equatorial; a amarela, ao centro, simboliza as riquezas minerais e do solo, enquanto a faixa verde, no plano inferior, representa a esperança e a floresta amazônica. Elas estão separadas por duas fímbrias brancas que representam a paz e a harmonia entre os elementos.

Aparece sobreposta às faixas e fímbrias a figura central de um baluarte (ou guarita) em branco, com uma janela em negro, representando a Fortaleza de São José de Macapá, marco histórico da capital amapaense, significando a vigília constante da capital e de suas riquezas. A bandeira, o brasão e o hino foram regulamentados por meio da lei municipal nº 486, de 25 de setembro de 1992.

## BRASÃO DE ARMAS

O brasão de armas de Macapá é composto de um escudo em estilo francês moderno, com uma pequena borda em prata, simbolizando a pureza. Sobre o campo do escudo, cortado em dois planos, está sobreposto um baluarte em prata com uma janela em negro, representando a Fortaleza de São José de Macapá, cuja construção foi iniciada em 1764, simbolizando a eterna vigilância da região.

O plano superior é formado por raios alternados em vermelho e prata que saem do centro do escudo, representando o fenômeno do equinócio – uma alusão à capital amapaense, que se localiza no marco zero da linha do Equador. O campo verde representa a floresta amazônica, a fertilidade do solo e a base onde se localiza a fortaleza, a partir da qual cresceu o povoado que deu origem a Macapá. Acima do escudo aparecem dois guarás (*Eudocimus ruber*), em atitude de voo.

Abaixo do escudo desdobra-se uma fita branca onde se lê "Município de Macapá". De cada uma das pontas da fita, ladeando o escudo, sai uma palma de bacabeira (*Oenocarpus bacaba*) dispostas ao natural – uma palmeira típica da região que acabou por dar nome à capital amapaense, pois a variação do tupi *macapaba* quer dizer "lugar de muitas bacabas".

# HINO

Música e letra: Terezinha Lúcia Barros Fernandes

I
Os raios fúlgidos do sol do Equador
Fertilizaram esta terra promissão
Teve seu nome brotado da palmeira
Como uma rosa desabrocha do botão;
Nossa floresta amazônica gigante
De esperança e mil riquezas a cercou;
Em sinfonia com os sons da natureza
Seu povo heroico de um novo brado ecoou.

*Estribilho*
Glorioso é teu passado
Teu presente é varonil
Teu futuro é majestoso
Macapá, tu és Brasil!

II
Teu destino é conquistar as gerações
Ó Macapá, a capital de intenso amor;
Nas doces águas do teu rio Amazonas[81]
Tu és banhada de energia e olor;
Deus te salve ó sentinela altaneira
Rincão sagrado onde a vida fez morada
Nós os teus filhos, orgulhosos te saudamos,
Terra querida pelos céus abençoada!

*Estribilho*
Glorioso é teu passado
Teu presente é varonil
Teu futuro é majestoso
Macapá, tu és Brasil!

---

81  Macapá localiza-se na margem esquerda do rio Amazonas, próximo à sua foz no oceano Atlântico.

# MACEIÓ (AL)

**Gentílico:** Maceioense | **Fundação:** 16/9/1815

## BANDEIRA

A bandeira de Maceió foi adotada pela lei nº 868, sancionada em 29 de maio de 1962, e possui em sua representação uma extensão da simbologia dada ao brasão de armas do município, idealizado por Theotônio Vilela Brandão em 1957.

Apresenta-se em campo tripartido na horizontal, com as faixas nas cores verde (superior), branca (central) e azul (inferior). Sobre a faixa branca encontra-se uma linha ondulada na cor vermelha. Ao centro da bandeira, sobre um círculo branco, assenta-se o brasão de armas do município.

## BRASÃO DE ARMAS

O brasão de armas de Maceió é composto de um escudo em estilo português, dividido em três faixas principais. A faixa central, prateada, representa a restinga, onde se situa o sítio urbano de Maceió. Procura retratar, ainda, a areia clara de suas praias e simbolizar a alegria característica de sua paisagem, que lhe valeu o apelido de "Cidade-Sorriso". Sobre ela, uma linha ondulada em vermelho representa o riacho Maceió, derivado da palavra *Massayó*, que significa "lagoa" (ou "pântano") que passou a dar nome à cidade. Sua cor deve-se à característica de suas águas, pois nasce inicialmente com o nome de "riacho da Pitanga" (vermelho, em tupi-guarani) e corre, na maioria do seu curso, com águas barrentas, carregadas de argila vermelha, antes de chegar à restinga.

Na posição superior aparece a figura de uma jangada velejante em prata sobre um fundo verde, indicativo da água salgada do mar que banha a restinga, e no qual a jangada é a embarcação típica e indispensável. A base do escudo recorda a lagoa no limite oposto da restinga. Sua cor azul indica que se trata de água doce, expressando simbolicamente sua formosura e serenidade com uma canoa velejante em prata, semelhante à embarcação marinha.

Ladeiam o escudo duas folhas de coqueiro (*Cocos nucifera*) ao natural, indicando que a capital alagoana está situada dentro de um vasto coqueiral e mostrando, além disso, que essa planta é sua maior riqueza. Elas se cruzam na base, onde aparece uma fita azul em que se escreve o nome "Maceió".

Acima do escudo aparece a figura de uma coroa mural de cinco torres visíveis, revestida de ouro e com janelas em negro, indicando o seu status de capital estadual. Há também sobre a torre central a figura de um escudete com um barrete frígio – símbolo tradicional dos regimes republicanos –, pretendendo recordar que no município nasceu o marechal Floriano Vieira Peixoto, consolidador da República no Brasil. O brasão de Maceió é de autoria de Theotônio Vilela Brandão e foi instituído por meio da lei nº 558, de 25 de setembro de 1957, sendo aprovado em 4 de janeiro de 1958.

## HINO

Música: Edilberto Trigueiros
Letra: Carlos Moliterno

I
És, Maceió, altiva e majestosa.
Feliz nasceste entre a lagoa e o mar
Ao lado da capela milagrosa
De um velho engenho pobre e secular.
Pelo trabalho e pelo esforço ingente
Como a bravura de teus filhos nobres
E debaixo de um sol glorioso e quente
Veio a riqueza dessas terras pobres.

*Estribilho*
A tua glória promana
Desses teus filhos audazes
Cujo alto valor se irmana
Aos dos heróis mais capazes.
Maceió, terra adorada!
Ó terra bela e altaneira!
Tua história é proclamada
Pela nação brasileira.

II
Tu tens paisagens, Maceió, famosas
Teu sol é quente e teu luar é claro
São tuas praias belas e formosas
De um tom de prata, deslumbrante e raro.
E desde o alvorecer das madrugadas,
Da Ponta Verde às curvas do Pontal,[82]
Os coqueiros e as velas das jangadas
Dão-lhe um vigor de tela natural.

*Estribilho*
A tua glória promana
Desses teus filhos audazes
Cujo alto valor se irmana
Aos dos heróis mais capazes.
Maceió, terra adorada!
Ó terra bela e altaneira!
Tua história é proclamada
Pela nação brasileira.

---

82  O bairro da Ponta Verde é um dos mais conhecidos da capital alagoana, tanto por suas atrações turísticas como pela paisagem cênica existente, sendo o ponto mais oriental da cidade. Já as praias do bairro do Pontal da Barra formam uma restinga que vai até a desembocadura da lagoa Mundaú, o ponto mais ao sul de Maceió. Entre eles fica uma grande enseada de onde se pode avistar a capital a partir do mar.

# MANAUS (AM)

**Gentílico:** Manauara ou manauense | **Fundação:** 24/10/1669

## BANDEIRA

A bandeira de Manaus é composta de um campo de cor bege no qual se insere, ao centro, o brasão de armas do município, adotado em 1906. O bege representa as águas barrentas do rio Amazonas, que se forma logo após passar pela capital, na confluência dos rios Negro e Solimões. Essa cor é também um símbolo da identidade do povo manauara, enquanto o brasão evoca a história e cultura do município. A bandeira foi regulamentada pela lei municipal nº 718, de 20 de novembro de 2003.

## BRASÃO DE ARMAS

O brasão de Manaus foi adotado por meio do decreto-lei nº 17, datado de 17 de abril de 1906.

É composto de um escudo em estilo barroco, todo em ouro, e adornado em suas laterais por uma ramagem vegetal também revestida do mesmo metal. Sobre ele está posto outro escudo menor, dividido em três partes principais. Na posição superior, à sua direita, há uma imagem que simboliza o encontro das águas formado pelos rios Negro e Solimões, com a representação de dois pequenos barcos. Essa figura também recorda a descoberta do rio Negro por Francisco de Orellana, em meados do século XVI. Na posição superior esquerda do escudo está uma representação da fundação de Manaus, em 1669, com a figura de uma fortaleza (São José do Rio Negro) com a bandeira do domínio português hasteada. Os primeiros fundamentos da cidade estão representados por um aldeamento, e as duas figuras centrais fazem alusão à paz celebrada entre os colonizadores e os indígenas, com o casamento do comandante militar da escolta portuguesa com a filha de um cacique da região.

Na base do escudo encontra-se uma paisagem típica do rio Amazonas com a figura de uma castanheira (*Bertholletia excelsa*), representando a riqueza da região quando o brasão foi criado, no começo do século XX. Acima da voluta superior do escudo aparece um sol nascente em ouro contendo a data "21 de novembro de 1889", escrita em semicírculo – alusão ao dia em que o Amazonas aderiu à proclamação da República brasileira.

# HINO

Música: Nicolino Milano
Letra: Thaumaturgo Sotero Vaz

I
Dentre a pompa e real maravilha
Desses belos e grandes painéis,
Toda em luz, como um sol surge e brilha
A cidade dos nobres barés.[83]

II
Grande e livre, radiante e formosa
Tem o voo das águias reais
E ao subir, ao subir majestosa
Já nem vê suas outras rivais.

*Estribilho*
Quem não luta não vence, que a luta
Pelo bem é que faz triunfar!
Reparai: o clarim já se escuta!
É a fama que vem nos saudar!

III
Aos pequenos e aos bons, entre flores,
Agasalha e se esquece dos maus,
Ninguém sofre tormentos e dores
Nesta terra dos nobres manaós.[84]

IV
Todo o povo é feliz, diz a história,
Quando se vê entre gozos sem fim,
O progresso passar junto à glória
Em seu belo e dourado cochim!

---

83  Os barés são um grupo indígena que habita o noroeste do estado do Amazonas, mais precisamente nas regiões do rio Negro, próximo ao sítio urbano da capital amazonense.
84  Antiga grafia do nome "Manaus", originária da tribo indígena dos manaós, que significa "mãe dos deuses".

# NATAL (RN)

**Gentílico:** Natalense | **Fundação:** 25/12/1599

## BANDEIRA

A bandeira do município de Natal foi criada por meio da lei municipal nº 978, de 8 de dezembro de 1959. Ela é bipartida, constituída de duas faixas horizontais, a superior em verde e a inferior em branco, usando o mesmo modelo da bandeira do Rio Grande do Norte. Ao centro assenta-se o brasão de armas da capital, criado em 1909, formado por um escudo azul com uma estrela em formato de cometa, além da coroa mural e da fita com o nome da cidade.

## BRASÃO DE ARMAS

O brasão de armas do município de Natal foi adotado após uma resolução municipal, datada de 23 de agosto de 1909. É composto de um escudo em estilo inglês, todo em azul, no qual se assenta, no ângulo direito da sua base, uma estrela em ouro com uma cauda formada por três raios de prata, em forma de cometa. Relembra a origem de Natal, fundada em 25 de dezembro de 1599, cujo marco inicial se deu com a construção do Forte dos Reis Magos, na margem direita do rio Potengi em 1598. O azul é a cor da tranquilidade e da lealdade, enquanto a cor prata relembra a pureza, a simplicidade e a claridade; já o ouro recorda o valor. A estrela dourada também alude ao status de capital do Rio Grande do Norte.

Acima do escudo aparece a figura de uma coroa mural revestida de prata, com três torres visíveis, símbolo de municipalidade. Abaixo do escudo encontra-se uma faixa em azul onde se escreve o nome "Natal".

# HINO

Música e letra: Waldson José Bastos Pinheiro

I

Natal, Cidade Sol,
Tu representas tanto para mim!
No início, Forte dos Reis Magos,[85]
Cidade Alta, Ribeira e Alecrim,[86]
Daí, sempre a crescer
Um cajueiro galhos a estender,[87]
Brotou nas Rocas, Quintas e Tirol,
Em Igapó, Redinha e Mirassol,
Chegou à zona norte,
Em Mãe Luíza se enraíza no farol.

O mar, enamorado,
Colar de praias te presenteou;
E o Potengi[88] amado
Em teu regaço com o porvir sonhou.
Natal provinciana
A tua história nos contou Cascudo[89]
A luta com batavo,[90]
As procissões, o pastoril entrudo.

II

Natal, Cidade Sol,
Tu representas tanto para mim!
No início, Forte dos Reis Magos,
Cidade Alta, Ribeira e Alecrim.
Daí, sempre a crescer
Um cajueiro galhos a estender,
Brotou em Morro Branco e Bom Pastor,
Em Candelária, Felipe Camarão;
Do Morro do Careca
Em Ponta Negra, vem rolando até o chão.

O mar, enamorado,
Colar de praias te presenteou;
E o Potengi amado
Em teu regaço com o porvir sonhou.
Natal espacial
Ao céu foguete vai levar mensagem
De amor e esperança
A quem fiel evoca a tua imagem.

---

85 O Forte dos Reis Magos (ou Fortaleza da Barra do Rio Grande), que deu origem à cidade, foi nomeado em virtude da data de sua constituição: 6 de janeiro de 1598, Dia de Reis no calendário católico.
86 A letra do hino cita em vários trechos os nomes dos tradicionais bairros de Natal.
87 Na praia de Pirangi do Norte, em Parnamirim, distante 12 quilômetros ao sul da capital, encontra-se o maior cajueiro do mundo, também conhecido como "cajueiro de Pirangi". Essa formosa árvore, plantada por um pescador em 1888, cobre com seus galhos uma área de 8.500 metros quadrados.
88 O rio Potengi (ou Potenji) é o principal curso de água do Rio Grande do Norte. Seu estuário, que desemboca no litoral de Natal, foi descoberto pelos primeiros colonizadores, que logo o utilizaram para explorar o território potiguar. É também um bairro da capital, localizado na zona norte.
89 Luís da Câmara Cascudo (1898-1986) foi historiador, folclorista, antropólogo, advogado e jornalista. Passou toda a sua vida em Natal e dedicou-se ao estudo da cultura brasileira, tendo atuado também como professor da Universidade Federal do Rio Grande do Norte.
90 Esse trecho refere-se à expulsão dos holandeses da capitania do Rio Grande do Norte em 1654.

# PALMAS (TO)

**Gentílico:** Palmense | **Fundação:** 10/1/1990

## BANDEIRA

A bandeira de Palmas é composta de um retângulo branco, símbolo da paz e da harmonia, tendo na posição superior a figura central de um sol em amarelo-ouro. Abaixo dele encontram-se duas faixas estreitas e paralelas, na cor azul, dispostas horizontalmente e intercaladas na mesma distância a partir da base da bandeira. Elas fazem alusão aos rios Tocantins e Araguaia, de vital importância para o progresso e o desenvolvimento do estado e sua capital.

O sol, com oito raios maiores e 16 menores (assim como os pontos cardeais, colaterais e subcolaterais), representa a sede do poder estadual, de onde emanam as grandes decisões do governo para todos os rincões do estado do Tocantins.

## BRASÃO DE ARMAS

Adotado pela lei nº 93, de 3 de abril de 1991, o brasão de armas de Palmas é formado por um escudo em formato oval, cortado em duas metades. Na inferior assentam-se cinco faixas horizontais, duas amarelas e três azuis e, no plano superior, aparece o fundo branco, sendo essas as cores oficiais do município. As faixas reproduzem o padrão da bandeira e simbolizam a busca de novos horizontes. Na posição superior, aparece uma palmeira na cor verde, tendo ao fundo um sol em amarelo-ouro. Por timbre, há uma estrela de mesmo metal. Tais elementos simbolizam a capital e seu nome: Palmas. O sol que está por detrás da palmeira é também fonte de energia, luz e vida para o povo palmense. O escudo está circundado por dois ramos de oliveira, estilizados e na cor verde, assim como os presentes no brasão do estado, simbolizando as conquistas alcançadas.

Acima do escudo há uma fita azul onde se escreve com letras prateadas o mote que também figura no brasão do estado do Tocantins: "Esta terra é nossa". No brasão municipal a frase é escrita em português, enquanto na versão estadual aparece em língua tupi. Na faixa inferior, também em azul, abaixo do escudo, escreve-se com letras em prata "1º jan 1990" nas pontas da fita, a data oficial da instalação da capital, além de registrar o órgão administrativo do município: "Prefeitura Municipal de Palmas".

# HINO

**Canção de amor a Palmas**

Música: Rildo Gomes e Cléber Araújo

Letra: Braguinha Barroso e Neusinha Bahia

Palmas, na manhã do teu nascer
Vejo a esperança florescer
Num sonho lindo de viver;
Vejo o futuro no horizonte,
O teu povo vem à fonte
No coração de quem quer vencer.
Tua grandeza depende dessa gente,
Que unida te fará maior.

*Estribilho*
Te amo, Palmas, e no seio de tuas serras
Recebeste todos e os fizeste filhos da terra.
Te amo, Palmas, e a beleza do pôr do sol
E o berço de tua história onde vivem os girassóis.[91]
Te amo, Palmas, como amo o Tocantins,
Que abriste os portais dessa beleza sem fim.

---

91  A planta símbolo de Palmas é o girassol, instituído pela lei municipal nº 549, de 16 de agosto de 1996.

# PORTO ALEGRE (RS)

**Gentílico:** Porto-alegrense | **Fundação:** 26/3/1772

## BANDEIRA

A bandeira do município de Porto Alegre foi criada em 12 de julho de 1974, por meio da lei nº 3.893. Seu campo é todo branco, cor que simboliza a paz, a harmonia e a união, e na qual se insere, ao centro, o brasão de armas do município, trazendo além do escudo a faixa vermelha com o mote "Leal e valerosa cidade de Porto Alegre".

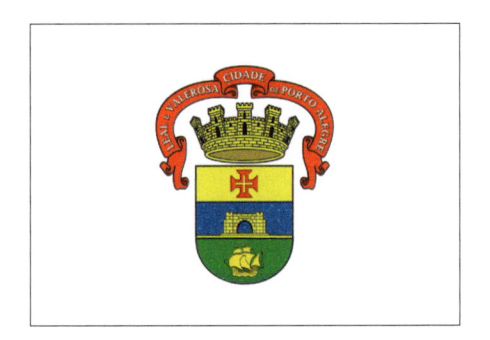

## BRASÃO DE ARMAS

O brasão de Porto Alegre constitui-se de um escudo em estilo português, dividido em três partes principais, na horizontal. No terço superior aparece a figura de uma cruz da Ordem de Cristo sobre um fundo dourado, que ressalta a virtude cristã do povo porto-alegrense e recorda a época dos Descobrimentos. Na posição central, sobre um fundo azul, aparece o desenho do "portão colonial", todo revestido em ouro – marco da entrada da cidade no final do período colonial. A base, formada por um campo verde, apresenta a figura de uma caravela, também em ouro. Ela recorda a nau da Nossa Senhora da Alminha, que segundo a tradição trouxe à região do então "Porto dos Dornelles" (ou Porto de Viamão) os casais de açorianos que inauguraram, em 1751, o povoamento oficial da atual Porto Alegre. Acima do escudo aparece a figura de uma coroa mural com cinco torres visíveis e portões em negro, sendo revestida de ouro para mostrar que a cidade é capital do estado. Completa o escudo a figura de uma fita vermelha onde se escreve com letras prateadas a frase "Leal e valerosa cidade de Porto Alegre". O ouro é símbolo de fidelidade, enquanto o azul simboliza o céu sereno do Rio Grande do Sul; a cor verde alude às águas mansas do lago Guaíba e também às campinas verdejantes do solo gaúcho. O vermelho significa a fé e o amor, enquanto a prata representa a seriedade e o caráter nobre e altivo dos porto-alegrenses. Desenhado por Francisco Bellanca, foi adotado pela lei nº 1.030, de 22 de janeiro de 1953.

# HINO

**Porto Alegre valerosa**

Música e letra: Breno Olinto Outeiral

I
Porto Alegre "valerosa"[92]
Com teu céu de puro azul
És a joia mais preciosa
Do meu Rio Grande do Sul.

II
Tuas mulheres são belas
Têm a doçura e a graça
Das águas, espelho delas,
Do Guaíba que te abraça.[93]

III
E quem viu teu sol poente
Não esquece tal visão
Quem viveu com tua gente
Deixa aqui teu coração.

---

92  A frase "Leal e valorosa cidade de Porto Alegre" tem sua origem no título outorgado por dom Pedro II à cidade em 1841 pela fidelidade ao trono brasileiro durante a Revolução Farroupilha. Entretanto, o arcaísmo "valerosa" era empregado (por preferência pessoal) pelo secretário da Câmara, José Joaquim Afonso Alves, na abertura das atas do legislativo municipal. A partir de 1842 seus sucessores reverteram à grafia original e correta "valorosa". Quando se decidiu formalizar o desenho do brasão, na década de 1950, o arcaísmo foi reintroduzido por influência do historiador e poeta Walter Spalding.

93  O rio e lago Guaíba banha Porto Alegre. Sua relação com a capital gaúcha está associada desde a chegada dos primeiros casais açorianos até o atual desenvolvimento econômico da região.

# PORTO VELHO (RO)

**Gentílico:** Porto-velhense | **Fundação:** 2/10/1914

## BANDEIRA

A bandeira do município de Porto Velho foi instituída pela lei nº 249, de 11 de outubro de 1983, após a realização de concurso para a sua escolha, em que se sagrou vencedor Antônio Cândido da Silva.

É de formato bipartido, na vertical, nas cores azul e amarelo-ouro, e esta última ocupa a posição de um terço do campo da bandeira. O azul representa a imensidão das águas do rio Madeira, que banha a capital rondoniense; mostra também a importância econômica de suas águas para o transporte fluvial na região, como um dos principais tributários do rio Amazonas.

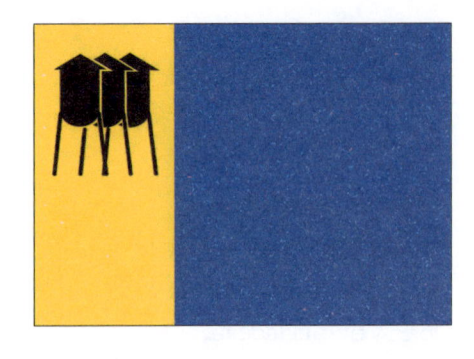

A faixa amarela representa a terra firme, o valor do solo porto-velhense, sua riqueza mineral, bem como sua localização geográfica, na margem direita do rio Madeira. Em negro, encontra-se a figura estilizada de três caixas-d'água sobrepostas, conhecidas como as "Três Marias".[94] Elas representam um dos ícones mais importantes na época da fundação de Porto Velho, sendo atualmente patrimônio histórico do município.

## BRASÃO DE ARMAS

O brasão de armas de Porto Velho, também de autoria de Antônio Cândido da Silva, foi adotado pela mesma lei que regulamenta a bandeira municipal.

Nele aparece, ao centro, a representação estilizada de três caixas-d'água em negro, envolvidas por um laurel formado por um ramo de arroz, à direita do brasão, e um ramo de seringueira (*Hevea brasiliensis*) à sua esquerda, simbolizando os elementos da economia local.

Acima da figura das caixas-d'água há uma estrela de prata que representa a cidade como capital de Rondônia. Dentre os ramos, acima da estrela, lê-se com letras negras o nome "Porto Velho", disposto em arco.

---

94 Estas três caixas d'água foram construídas pela empresa norte-americana Chicago Bridge & Iron Works entre 1910 e 1912 e acabaram se convertendo em um dos marcos da fundação da capital rondoniense, tornando-se um elemento icônico na paisagem central da cidade.

Abaixo desses elementos, em formato semicircular, aparecem trilhos negros sobre dormentes, que representam a importância histórica da estrada de ferro Madeira-Mamoré construída entre 1907 e 1912 para ligar Porto Velho a Guajará-Mirim. Completando o brasão, há uma faixa azul com a inscrição "2 de outubro de 1914" – data da fundação do município de Porto Velho. Todo esse conjunto repousa sobre um resplendor de ouro.

## HINO

Música e letra: Cláudio Batista Feitosa

*Estribilho*
No Eldorado uma gema brilha
Em meio à natureza, imortal:
Porto Velho, cidade e município,
Orgulho da Amazônia ocidental.

São os seus raios estradas perenes
Onde transitam em várias direções
O progresso do solo de Rondônia
E o alento de outras regiões.

Nascente ao calor das oficinas
Do parque da Madeira-Mamoré
Pela forja dos bravos pioneiros,
Imbuídos de coragem e de fé.

És a cabeça do estado vibrante:
És o instrumento que energia gera
Para a faina dos novos operários,
Os arquitetos de uma nova era.

*Estribilho*
No Eldorado uma gema brilha
Em meio à natureza imortal:
Porto Velho, cidade município,
Orgulho da Amazônia ocidental.

# RECIFE (PE)

**Gentílico:** Recifense | **Fundação:** 12/3/1537

## BANDEIRA

A bandeira da cidade do Recife é tripartida, na vertical, com a faixa central branca e as laterais em azul, relembrando as cores da bandeira de Pernambuco, do céu brasileiro e do desejo de paz.

Nela se assenta a figura de um leão rampante, com uma coroa ao estilo holandês em amarelo-ouro. É uma referência aos leões presentes nos brasões de armas de Duarte Coelho e de Maurício de Nassau, bem como ao chamado Leão do Norte – apelido adquirido por Recife pelo seu passado de lutas e revoluções. Ele sustenta com suas patas uma cruz vermelha, representando a colonização portuguesa e os primeiros nomes do Brasil – Ilha de Vera Cruz e Terra de Santa Cruz – símbolo que também aparece na bandeira do estado.

A força e a fé, ideais almejados pelo ser humano, são representados pela frase escrita em latim *Virtus et fides* (Forte e fiel) disposta em semicírculo. Por fim, aparecem as figuras de um sol e de uma estrela dourada dispostas no terço superior de cada uma das faixas azuis. Eles recordam, assim como no pavilhão estadual, o movimento republicano ocorrido em Pernambuco em 1817. A bandeira do Recife foi instituída através da lei nº 11.210, de 15 de dezembro de 1973.

## BRASÃO DE ARMAS

O brasão de armas do Recife foi adotado em 30 de janeiro de 1931, tendo sido escolhido por um concurso promovido pela prefeitura após sugestão do escritor e historiador Mário Melo. Foi também ele quem colaborou para que o desenho do pintor Balthazar da Câmara se sagrasse vencedor do concurso.

O escudo, em formato francês moderno, encontra-se cortado em dois, sendo o retângulo superior representativo da bandeira e alusivo à Revolução Pernambucana de 1817. Na sua base há a representação de um recife em negro, batido pelas ondas do mar, no qual aparecem a imagem do farol do Recife e do antigo Fortim da Barra.

O brasão está sustentado por dois leões em estilo holandês, ambos coroados e em ouro, que se apoiam sobre uma faixa branca, tendo em cada uma de suas pontas a frase em latim: *Ut luceat omnibus* (Que a luz ilumine todos). Esse lema já figurava na bandeira da companhia de comércio da Paraíba e de Pernambuco desde 1759. Os leões fazem parte da história da cidade e também simbolizam a bravura do povo recifense. Abaixo há uma segunda fita com as seguintes datas históricas: "1537" – fundação da capitania por Duarte Coelho no Recife; "1637" – início do governo de Maurício de Nassau; "1710" – elevação a vila, pois antes estava subordinada à administração de Olinda; "1823" – elevação à categoria de cidade; e "1827" – elevação a capital do estado de Pernambuco. Acima do escudo há uma coroa mural de quatro torres visíveis revestida de ouro, com portões e janelas em negro; o metal dourado indica o status de capital estadual.

## HINO

Letra: Manoel Arão de Oliveira Campos
Música: Nelson Ferreira

I
Mauriceia![95] Um clarão de vitória
A visão de tua alma produz
Toda vez que no cimo da história
Se desenha o teu vulto de luz.

*Estribilho*
Tecida de claridade
Recife sonha ao luar
Lendária e heroica cidade
Plantada à beira do mar.

II
Mauriceia! Um fulgor vive agora
Que da pátria foi belo fanal,
Dezessete![96] Que data e que aurora,
Coroando a cidade imortal.

III
E depois com suprema ousadia
Uma vez se exaltou senhoril,
Vinte e quatro![97] É daqui que irradia
Nova luz para o céu do Brasil.

---

95 Em 1637, os holandeses conquistaram a capital, rebatizada com o nome de *Mauritzstad*, que pode ser traduzido como "Mauriceia" – uma homenagem ao conde Maurício de Nassau, governador-geral da Nova Holanda (ou do Brasil Holandês). Em 1654 os holandeses foram expulsos e a cidade retomou seu antigo nome.
96 Nesse trecho relembra-se que foi ali o palco da Revolução Pernambucana de 1817.
97 O autor recorda que Recife era a capital da Confederação do Equador, criada em 1824.

# RIO BRANCO (AC)

**Gentílico:** Rio-branquense | **Fundação:** 28/12/1882

## BANDEIRA

A bandeira de Rio Branco é composta de um campo retangular branco onde se insere, ao centro, o brasão de armas do município. Os elementos que compõem o escudo derivam do brasão de José Maria da Silva Paranhos Júnior (1845-1912), mais conhecido pelo título de "barão do Rio Branco", diplomata brasileiro que atuou arduamente para que o território do Acre fosse anexado ao Brasil.

Além da faixa branca, com bordadura e a inscrição em vermelho, circundam o brasão na bandeira também as inscrições em negro "Município de Rio Branco", acima da coroa, e "Estado do Acre", abaixo da faixa. A bandeira, estabelecida pela primeira vez em 1964, foi regulamentada pela lei nº 1.222, de 10 de abril de 1996, logo após o brasão de armas da capital ter sido reformulado.

## BRASÃO DE ARMAS

O brasão de armas do município de Rio Branco, adotado pela primeira vez em 1964, foi reformulado pela lei nº 1.219, de 29 de dezembro de 1995. Como salientado, seu desenho e descrição original derivam das armas pessoais do barão do Rio Branco, registradas no cartório de nobreza de Lisboa, Portugal, em 1888.

O referido brasão é composto de um escudo em estilo francês moderno (caracterizado como símbolo de arma passiva e protetora) disposto em um campo de cor azul, simbolizando "a mais profunda e imortal das cores". Nele se insere uma esfera armilar de ouro simplificada, que é símbolo da ambivalência, traçada por uma faixa na cor vermelha, significando a totalidade jurídica de um poder absoluto e designando o território limitado sobre o qual exerce o poder de um personagem ilimitado, pois ela expressa a autoridade e soberania.

Abaixo do globo assenta-se um rio em curso de prata, aguado de azul, significando constante renovação, bem como lembra o próprio título do barão: "Rio Branco". Acima do escudo aparece uma coroa de barão, composta por um aro de ouro, pedras semipreciosas e um colar de pérolas com três voltas dadas na diagonal. A coroa é símbolo de dignidade, poder e realeza. Abaixo aparece uma faixa branca, com letras e borda em vermelho, onde se lê a frase em latim *Ubique patria memor*, que significa "Em toda parte recorda-se da pátria", para lembrar as virtudes cívicas de Rio Branco.

## HINO

Música: João César de Morais
Letra: Sandoval Teixeira dos Santos

I
Neutel Maia[98] o bravo fundador
Desta cidade de encanto, altaneira
Nossa Rio Branco tão linda e brasileira
Em seu estado desfralda pela bandeira.

II
De sua gente forte e viril
Feitos históricos engrandecem o Brasil
Contemplaremos o porvir abençoado
Assim seremos pelo Deus amados.

III
Este grande município brasileiro
Vinte e oito de dezembro a fundação
Mil novecentos e oitenta e dois o ano
Se comemora o centenário em ovação.

---

98 Rio Branco surgiu em 28 de dezembro de 1882 com o nome de "Seringal Empresa", fundado pelo cearense Neutel Maia. Em 1904 a localidade foi elevada à categoria de vila, e cinco anos depois passou a se chamar Penápolis (em homenagem ao presidente à época, Afonso Pena). Sua atual designação surgiu em 1912, uma homenagem ao barão do Rio Branco, sendo elevada à condição de município no ano seguinte.

# RIO DE JANEIRO (RJ)

**Gentílico:** Carioca | **Fundação:** 1º/3/1565

## BANDEIRA

A atual bandeira do Rio de Janeiro é composta de um campo branco sobre o qual se inserem duas faixas diagonais azuis, cruzadas em aspa, formando o chamado santor ou Cruz de Santo André. Azul e branco são cores tradicionais derivadas da bandeira portuguesa e dos estandartes marítimos existentes na cidade no século XIX.

Diferentemente das cores vivas do brasão, o escudo e seus ornamentos exteriores aparecem totalmente tingidos de vermelho na bandeira da cidade para simbolizar o sangue derramado por são Sebastião. Somente as peças no coração do escudo, compostas da esfera armilar transpassada por três flechas, além do barrete frígio, estão destacadas em branco.

Em 8 de julho de 1908, por meio do decreto nº 1.190, foi oficializada a primeira bandeira para a cidade do Rio de Janeiro, então Distrito Federal. Sobre um campo branco aparecia o santor em azul, no qual se assentava o brasão, todo em vermelho, com destaque para a figura do navio com a vela e a quilha, conforme o modelo adotado em 1896. Proibida por lei entre 1937 e 1946, essa bandeira foi usada até 1960, quando o atual desenho foi adotado.

Entre 1960 e 1975 o estado da Guanabara usou o modelo da bandeira adotada pela cidade do Rio de Janeiro como símbolo estadual, mas o brasão aparecia em cores vivas e a coroa mural era acompanhada de uma estrela branca, representativa do então status de estado da federação.

(1908-1960)

## BRASÃO DE ARMAS

O brasão da cidade do Rio de Janeiro deriva das primeiras armas concedidas à cidade, em 1565. Durante o século XIX, seus elementos foram modificados mais seis vezes antes de sua última disposição, que ocorreu através da lei nº 384, de 23 de outubro de 1963, que o ajustou para ser o símbolo da cidade-estado da Guanabara.

Após 1975, o brasão retornou como símbolo municipal. É caracterizado por um escudo em estilo português, todo em campo azul, cor que simboliza a lealdade, onde se assenta a figura de uma esfera armilar combinada com as três setas em ouro que aludem a são Sebastião, padroeiro da cidade. Uma das setas está disposta na vertical e as duas restantes aparecem cruzadas.

A esfera armilar é símbolo de autoridade, soberania e império e foi usada como emblema pelo rei de Portugal dom Manuel I (1469-1521); era também símbolo da primeira bandeira do Brasil colonial. Ao centro dessas armas sobrepõe-se a imagem de um barrete frígio, em vermelho, indicativo do regime republicano que teve seu berço na cidade, aparecendo pela primeira vez no brasão em 1896.

Como lembrança do status de capital estadual, aparece acima do escudo a figura de uma coroa mural de cinco torres visíveis revestida de ouro, com portões em negro. Ladeiam o escudo dois golfinhos, representados ao estilo da heráldica, com suas cores naturais. Eles simbolizam a localização e a importância marítima da cidade na baía de Guanabara. Atrás dos golfinhos, figuram à direita do escudo, um ramo de louro e à esquerda, um ramo de carvalho, que representam, respectivamente, a vitória e a força como as virtudes cívicas da população do Rio de Janeiro.

### Brasões do Rio de Janeiro (1826-1960)

Desde 1565 a cidade do Rio de Janeiro contava com um brasão formado por um escudo português, todo em vermelho, com uma esfera armilar e três setas de ouro.

A partir de 1826 o brasão sofreria uma série de modificações. Primeiramente, o escudo foi retirado, permanecendo apenas a esfera armilar sobre um fundo azul; foram adicionados um ramo de café à sua direita e outro de fumo à sua esquerda, atados por um laço vermelho. Acima ficavam as três flechas de ouro.

(1826-1858)

Em 1858, o brasão apresentava uma esfera armilar colocada em um escudete vermelho, posto sobre um escudo maior, em azul, com uma coroa mural de ouro de três torres visíveis. Quando a República foi proclamada (1889), a esfera armilar foi retirada, usando-se a esfera azul-celeste do brasão nacional; os ramos de fumo e café foram restaurados e foi adicionada uma estrela de ouro, representando a cidade do Rio de Janeiro como Distrito Federal.

(1858-1889)

Poucos anos se passaram e novamente, em 1893, o brasão passou a ter desenho semelhante ao adotado em 1826, mas agora com a presença de uma coroa mural acima das flechas.

Mais uma vez, em 1896, novas alterações foram feitas, com a colocação de um navio, visto de proa e com a vela principal içada, na cor branca, na qual se inseriu a esfera armilar em fundo azul; pela primeira vez foi introduzido o barrete frígio (em vermelho) para representar a República. Também apareceram nessa versão os golfinhos, os ramos de louro e de carvalho e a coroa mural.

Após a proibição constitucional de 1937, o brasão foi restaurado em 1946. A partir da criação do estado da Guanabara foi adicionado o escudo em azul em 1963.

(1889-1893)    (1893-1896)    (1896-1937)

# HINO

**Cidade maravilhosa**

Música e letra: Antônio André de Sá Filho

*Estribilho*
Cidade maravilhosa,
Cheia de encantos mil,
Cidade maravilhosa,
Coração do meu Brasil!

I
Berço do samba e das lindas canções!
Que vivem n'alma da gente.
És o altar dos nossos corações
Que cantam alegremente!

II
Jardim florido de amor e saudade,
Terra que a todos seduz...
Que Deus te cubra de felicidade...
Ninho de sonho e de luz!

# SALVADOR (BA)

**Gentílico:** Soteropolitano | **Fundação:** 29/3/1549

## BANDEIRA

A bandeira de Salvador apresenta em campo azul a figura de uma pomba branca de asas abertas (com unhas, membros e bico na cor vermelha) segurando um ramo de oliveira de três folhas na cor verde. Embora houvesse exemplares da bandeira soteropolitana confeccionados desde o período colonial em diferentes cores e estilos, nenhum deles chegou a ser oficializado. Através do projeto de lei nº 1.495, de 24 de julho de 1963, foi formada uma comissão para a restauração dos símbolos da capital baiana, adotando-se a figura da ave sobre o fundo azul, que representa a esperança e a liberdade. A bandeira recebeu padronização oficial com a lei nº 7.086, de 11 de setembro de 2006, data em que passou a ser agregada uma faixa branca com a divisa em latim usada por Salvador desde a sua fundação (1549).

## BRASÃO DE ARMAS

O brasão de armas de Salvador foi o primeiro a ser concedido a uma cidade brasileira pelo rei de Portugal dom João III, em 1549, e foi usado como selo em documentos da Câmara Municipal até o fim do século XVIII. Alguns pesquisadores apontam que o escudo era originalmente verde, enquanto outros especialistas afirmam que ele era, na verdade, prateado. Em 1963, após o processo de restauração dos símbolos da cidade, o brasão passou a ser representado na cor azul e foi adotado pela lei nº 1.585, de 13 de março de 1964.

É formado por um escudo de base arredondada, todo em azul, onde está posta uma pomba de prata, de asas abertas, em atitude de voo, com unhas, bico e membros na cor vermelha, segurando em seu bico um ramo de oliveira de três folhas na cor verde.

Acima do escudo aparece como timbre a figura de uma coroa mural de cinco torres visíveis revestida de prata, com portões em negro, que é o tradicional símbolo de municipalidade. Ladeiam o escudo a figura de dois golfinhos representados ao estilo da heráldica, ambos em ouro, o que demonstra a relação da cidade com o mar, além das riquezas advindas dos recursos marinhos.

Abaixo, na fita azul, escreve-se com letras em prata a frase em latim *Sic illa ad arcam reversa est* (Assim ela [a pomba] voltou à arca). Essa frase está presente no primeiro brasão da cidade e relembra o momento bíblico em que uma pomba branca trouxe um ramo de oliveira à arca de Noé. Esse ato representa a esperança e a felicidade encontrada (uma alusão à fundação de Salvador por Tomé de Sousa assim como a ave bíblica ao encontrar terra firme); a pomba simboliza o amor, enquanto o ramo de oliveira alude à paz e à salvação. A cor azul recorda a liberdade, a nobreza e a perseverança.

## HINO

Música e letra: Oswaldo José Leal

I
Salvador teu céu famoso
De brilhante cor de anil
Relembra no Dois de Julho[99]
A libertação do Brasil...
Erigida bem no alto,
És da pátria o seu altar
Em tuas formosas praias,
Beija a areia o verde mar.

*Estribilho*
Cidade de tanta glória
Povo nas lutas, viril,
Salvador, tua história,
É a mesma do Brasil...

II
Em tudo tens muito encanto,
És um presépio, um jardim,
Tens igrejas, tens ladeiras,
Terra do Senhor do Bonfim[100]
Retratas bem o passado
Em Pirajá e em Pedrões[101]
O progresso não impede
O teu culto às tradições.

III
O teu nome é um símbolo
De prestígio e de amor,
O teu povo é culto e nobre
Ó cidade do Salvador...
Tens poesia e nobreza,
Tua vida é um esplendor...
Em toda parte beleza,
Ninguém te iguala em valor...

---

99 Foi nesse dia que, em 1823, as tropas brasileiras, após uma série de batalhas, entraram na cidade de Salvador, então ocupada pelo exército português, retomando-a e consolidando a vitória final que permitiu a manutenção da independência do Brasil.

100 Padroeiro do coração dos baianos, sendo a igreja de Nosso Senhor do Bonfim um dos mais importantes monumentos arquitetônicos de Salvador, além de palco para uma das principais festas religiosas brasileiras, com a lavagem de suas escadarias. A padroeira oficial da Bahia é Nossa Senhora da Conceição.

101 Foi em Pirajá que se deu uma das mais importantes batalhas em prol da independência da Bahia, em 8 de novembro de 1822, onde a vitória das tropas brasileiras tornou cada vez mais difícil a sustentação das posições de defesa do exército português que ainda resistiam. O nome Pedrões deriva da freguesia do Pedrão, onde uma guerrilha sob o comando do frei José Maria do Sacramento Brayner, conhecida por "Voluntários do Pedrão" ou "Guerrilha Imperial dos Encourados Voluntários do Pedrão", reforçou as tropas brasileiras que lutaram pela independência da Bahia (1821-1823).

# SÃO LUÍS (MA)

**Gentílico:** Ludovicense ou são-luisense | **Fundação:** 8/9/1612

## BANDEIRA

A bandeira de São Luís é composta de um campo retangular em amarelo-ouro onde está posta, no alto e ao centro, a figura do brasão de armas da capital maranhense, criado por meio da lei nº 326, de 26 de abril de 1926. A cor dourada simboliza a fé, a riqueza, a nobreza e a luz do sol, e a imagem do brasão de armas representa o município e sua história.

## BRASÃO DE ARMAS

O brasão de armas de São Luís é formado por um escudo em estilo francês moderno, todo em azul, no qual se assenta, ao meio, na posição superior, a figura de um escudete dividido diagonalmente em talha. Ele representa a ilha onde está situada São Luís, enquanto o escudo simboliza o território do estado.

Sobre a tralha superior, em verde, assentam-se três flores de lis em ouro, representando as naus que integraram a expedição de La Ravardière (*Regente*, *Charlotte* e *Saint'Anne*) durante a fundação da cidade pelos franceses, em 8 de setembro de 1612.

No campo inferior da tralha, em branco, destacam-se as quinas portuguesas, em azul, que recordam a expulsão dos franceses do Maranhão – através da tomada da Fortaleza de São Luís, em 1615. Aparecem no campo azul do escudo sete estrelas de prata, que representam a constelação das Plêiades (ou Atlântidas). Elas simbolizam os grandes vultos da literatura maranhense, que fizeram São Luís ser conhecida como a "Atenas Brasileira": Gonçalves Dias, João Lisboa, Odorico Mendes, Gomes de Sousa, Sotero dos Reis, Henrique Leal e Belarmino de Matos.

Ladeiam o escudo dois ramos de louro, recordando a intrepidez e a virtude dos maranhenses ao longo da história. Sobre eles aparece uma fita vermelha com a data "1685", relembrando a Revolta de Beckman liderada pelos irmãos Manuel e Tomás Beckman contra o monopólio praticado pelas autoridades portuguesas da Companhia de Comércio do Maranhão. Por fim, sobre o escudo, assenta-se a figura de uma coroa mural com cinco torres visíveis, revestida de ouro, que representa o status de São Luís como capital do estado.

# HINO

**Louvação a São Luís**

Música e letra: José Tribuzi Pinheiro Gomes (Bandeira Tribuzi)

Ó minha cidade
Deixa-me viver
Que eu quero aprender
Tua poesia
Sol e maresia
Lendas e mistérios
Luar das serestas
E o azul de teus dias.

Quero ouvir à noite
Tambores do Congo [102]
Gemendo e cantando
Dores e saudades
A evocar martírios
Lágrimas, açoites
Que floriram claros
Sóis da liberdade.

Quero ler nas ruas
Fontes, cantarias
Torres e mirantes
Igrejas, sobrados
Nas lentas ladeiras
Que sobem angústias
Sonhos do futuro
Glórias do passado.

---

[102] Essa passagem refere-se aos instrumentos e ritmos presentes nas "congadas", danças características da cultura negra do Maranhão e da capital São Luís, sendo reconhecidas como uma de suas mais típicas manifestações culturais.

# SÃO PAULO (SP)

**Gentílico:** Paulistano  |  **Fundação:** 25/1/1554

## BANDEIRA

A bandeira da cidade de São Paulo é composta de um campo branco onde está inserida a figura de uma cruz da Ordem de Cristo junto à tralha, cujos braços acompanham o seu formato retangular.

No cruzamento de seus braços está posto um círculo, nas mesmas cores vermelha e branca, ostentando ao centro o brasão de armas do município. A cor branca simboliza a paz, a pureza, a verdade, a integridade, a amizade e a síntese dos povos. O vermelho é a cor símbolo da audácia, da coragem, do valor, da galhardia, da generosidade e da honra. A cruz evoca a fundação da cidade pelos padres Manuel da Nóbrega e José de Anchieta. Lembra também a herança da colonização portuguesa e a ação desbravadora dos bandeirantes em busca de novas conquistas.

O círculo é o emblema da eternidade, além de simbolizar que todas as decisões saem dele e convergem para ele, pois a cidade é o centro do poder e capital do "estado bandeirante". A bandeira da capital paulista foi instituída pela lei nº 10.260, de 6 de março de 1987.

## BRASÃO DE ARMAS

O brasão de armas de São Paulo é formado por um escudo em estilo português todo na cor vermelha, simbolizando as vitórias, os ardis e as batalhas vividos pela cidade e pelo próprio estado durante o período colonial; também recorda a herança cultural, colonizadora e formadora do povo brasileiro. Sobre ele se assenta um braço armado vindo do flanco esquerdo do escudo. Representado ao estilo do século XVI, segura uma haste lanceada em acha de armas (machado de guerra) e porta uma flâmula branca farpada de quatro pontas que simboliza os quatro pontos cardeais, onde está estampada a figura da cruz da Ordem de Cristo.

A peça de armadura, a lança e o machado simbolizam a ação desbravadora dos bandeirantes paulistas. Todas essas peças se apresentam em prata, como símbolo da nobreza, da pureza e da glória, indicando a lealdade e as boas ações do povo paulistano em prol da pátria brasileira. A cruz recorda a fundação da cidade pelos jesuítas, além da herança deixada por portugueses e bandeirantes.

Acima do escudo aparece a coroa mural, revestida de ouro, com cinco torres visíveis e com seus portões em vermelho. Representa a cidade de São Paulo e seu metal indica que ela é a capital do estado. O escudo está adornado por dois ramos de café, como símbolo da maior riqueza da cidade e do próprio estado de São Paulo ao longo da história.

Por fim, há uma fita vermelha sob o escudo onde se escreve a divisa em latim *Non ducor duco*, que quer dizer "Não sou conduzido, conduzo". Essa frase procura valorizar as ações desenvolvidas pela cidade e pelos paulistanos desde o período colonial, além de seu papel empreendedor na formação do próprio estado e do país. Adotado em 8 de março de 1917 pelo ato nº 1.057, o brasão acabou recebendo novo desenho pela mesma lei que instituiu a bandeira municipal em 1987.

## SÍMBOLOS DA CIDADE DE SÃO PAULO (1917-1987)

Em dezembro de 1915, a Câmara Municipal de São Paulo, atendendo a uma solicitação do prefeito Washington Luís, instituiu um concurso para a escolha do brasão de armas da cidade. Até então, o emblema usado pela prefeitura era o brasão da República brasileira. Formou-se, então, uma comissão composta de personagens da vida cultural de São Paulo na época para julgar os 36 concorrentes. O parecer da comissão apontou que nenhum dos trabalhos apresentados naquela oportunidade satisfazia às exigências. Pouco se sabe sobre os desenhos apresentados, mas havia muitos brasões cheios de águias, bandeiras, fortalezas, correntes partidas e até capacetes de Mercúrio. O projeto de número 32, de autoria do ilustrador José Wasth Rodrigues, foi de grande importância no primeiro concurso pelo fato de ter sido o primeiro a introduzir o lema *Non ducor duco*, que se imortalizaria mais tarde como o lema heráldico paulistano. Na segunda versão do concurso concorreram 32 trabalhos e sagrou-se vencedor o projeto de autoria do poeta e heraldista Guilherme de Almeida em parceria com Wasth Rodrigues.

Brasão de São Paulo (1917-1974)

A comissão julgadora sugeriu algumas modificações em relação ao desenho vencedor, como a retirada da espada batalhante e as letras do mote que estavam escritas em negro. Com relação ao modelo atual, o desenho contava com um braço armado "solto", no centro do escudo. A coroa mural, revestida de ouro, apresentava três torres visíveis e o lema, escrito em vermelho. O projeto foi aprovado em 8 de março de 1917. Em 2 de outubro de 1974 promulgou-se a lei nº 8.129, que alterou o desenho original para a presente versão. Foi sugerido um novo posicionamento para o braço armado, agora saindo do flanco esquerdo do escudo, para dar a ideia de "ação" da figura, que também se tornou maior. A coroa mural, antes com três torres, passou a ter cinco torres visíveis.

Bandeira de São Paulo (1958-1974)

Bandeira de São Paulo (1974-1987)

A primeira bandeira da capital paulista era toda branca, com o brasão da cidade representado ao centro. Esse desenho foi sugerido pelo publicitário Caio de Alcântara Machado e apareceu pela primeira vez durante a abertura da Feira Industrial Têxtil de 1958, passando a ser usado de forma não oficial pela prefeitura. Em 1974, quando o brasão do Município de São Paulo foi alterado para melhor atender aos requisitos heráldicos, o pavilhão também passou a estampar o novo brasão. Este desenho durou até 1987, quando a atual bandeira foi adotada.

## HINO

A cidade de São Paulo ainda não possui hino oficial, embora por meio da lei nº 14.472, de 10 de julho de 2007, ficou estabelecido que esse símbolo será futuramente escolhido por um concurso público.

# TERESINA (PI)

**Gentílico:** Teresinense | **Fundação:** 16/8/1852

## BANDEIRA

A bandeira é composta de um campo retangular, esquartelado em aspa, isto é, dividida diagonalmente formando dois triângulos em azul que saem da sua haste e seu batente e dois triângulos em branco que estão em sua base e no alto. O azul é símbolo de lealdade, justiça, nobreza e perseverança, e o branco simboliza paz, pureza, prosperidade e amizade. Ao centro insere-se o brasão de armas do município, com todos os seus elementos. O símbolo da capital piauiense foi adotado por intermédio da lei nº 1.424, de 10 de agosto de 1973.

## BRASÃO DE ARMAS

O brasão de armas de Teresina possui um escudo em estilo francês moderno. Sua partição superior, na proporção de dois terços, está disposta em prata, que simboliza força, grandeza, nobreza, riqueza, esplendor e glória. Nele se encontra, na posição de abismo, a figura do escudete da família Saraiva, lembrando o fundador de Teresina, José Antônio Saraiva – escudo em estilo francês cortado, sendo o flanco superior com veiros em azul e branco e o flanco inferior aguado (ondeado) com os mesmos esmaltes; possui bordadura em vermelho que está carregada de quatro flores de lis moventes dos flancos do escudo. Sobre uma peça de tecido, em azul e branco, aparece, movente, um peixe todo vermelho como timbre.

Ladeiam o escudete da família Saraiva duas âncoras negras com cordas em vermelho, mostrando que a fundação de Teresina ocorreu devido às condições de navegabilidade dos rios Parnaíba e Poti, com a transferência da população da Vila Velha do Poti para seu local atual. A parte inferior do escudo, formado por um base ondulada na cor azul e onde aparecem pequenas ondas em prata (chamadas de "campo aguado"), representa as águas do rio Parnaíba, em cuja margem direita está situada a cidade.

Os remos entrecruzados em negro, que aparecem por detrás do escudo, lembram a navegação fluvial, o mais importante meio de transporte quando a capital foi fundada. A cor negra é símbolo de austeridade, prudência, sabedoria, moderação e firmeza de caráter.

Acima do escudo há a figura de uma coroa mural com cinco torres visíveis, revestida de ouro e com portões em negro; representa a municipalidade e indica que a cidade é a capital do estado. Finalmente, há abaixo do escudo uma fita vermelha na qual está escrito o nome "Teresina", ao centro, ladeada pela data de sua fundação, "16-08-1852", nas pontas da fita. O brasão de armas da capital piauiense foi criado pela lei municipal nº 1.246, de 6 de outubro de 1969.

## HINO

Música: Erisvaldo Borges
Letra: Cineas Santos

Risonha entre dois rios que te abraçam,[103]
Rebrilhas sob o sol do Equador;
És terra promissora, onde se lançam
Sementes de um porvir pleno de amor.

Do verde exuberante que te veste,
Ao sol que doura a pele à tua gente,
Refulges, cristalina, em chão agreste;
Lírio orvalhado, resplandente.

*Estribilho*
Verde que te quero verde!
Verde que te quero glória,
Ver-te que te quero altiva,
Como um grito de vitória!

O nome de rainha, altivo e nobre,[104]
Realça a faceirice nordestina
Na graça jovial que te recobre,
Teresa, eternizada: Teresina!

Cidade generosa – a tez morena,
Um povo honrado, alegre, acolhedor;
A vida no teu seio é mais amena,
Na doce calidez do teu amor.

Teresina, eterno raio de sol
Manhãs de claro azul no céu de anil;
És fruto do labor da gente simples,
Humilde, entre os humildes do Brasil!

---

103  Refere-se aos rios Parnaíba e Poti, junto aos quais se localiza o sítio urbano onde foi fundada Teresina.
104  O nome da capital piauiense é uma homenagem à imperatriz Teresa Cristina Maria de Bourbon (1822-1889), esposa de dom Pedro II, que teria passado ao imperador a ideia de transferência da primeira capital do estado – o município de Oeiras – para a uma nova cidade fundada na confluência dos rios Parnaíba e Poti, em 1851. Em sua homenagem, a nova capital recebeu o nome "Teresina", que curiosamente é o diminutivo de Teresa em italiano, já que a imperatriz era natural de Nápoles, na Itália.

# VITÓRIA (ES)

**Gentílico:** Vitoriense | **Fundação:** 8/9/1551

## BANDEIRA

A bandeira de Vitória, assim como em muitas capitais brasileiras, é formada por um campo retangular branco onde se insere, ao centro, o brasão de armas do município com todos os seus elementos. A cor branca simboliza paz, pureza e harmonia, enquanto o brasão representa o poder municipal. Ela foi adotada por meio da lei nº 2.555, de 26 de maio de 1978, que estabelece os símbolos da capital capixaba.

## BRASÃO DE ARMAS

O brasão de armas de Vitória é composto de um escudo em estilo português, formado por um campo cortado, tendo a posição superior (chamada de chefe) partida em dois.

Na sua direita, sobre um campo de prata, há uma estrela de ouro (chamada Epsilon), que simboliza o Espírito Santo na bandeira nacional e pela qual o município rende homenagem por ser sua capital. Ambos os metais são indicativos da pureza e da riqueza. À esquerda, em um cantão vermelho, aparece a figura de um caduceu de ouro – símbolo do comércio – representando a principal atividade econômica da capital.

Na base está representada uma visão panorâmica da entrada da baía de Vitória, tendo ao fundo, em verde, o morro do Penedo e a ilha das Pombas. À frente, sobre um mar azul, há um barco a vapor desenhado ao estilo da época em que o brasão foi projetado (1913). O verde é o símbolo de fertilidade da terra; o azul, da nobreza e da serenidade; e o barco a vapor, do desenvolvimento e do progresso.

Acima há a figura de uma coroa mural de prata com cinco torres visíveis e portões em negro, representando a municipalidade. Atrás, duas flechas de ouro cruzadas simbolizam as origens indígenas da capital e seu povo e, abaixo, há uma fita azul onde se escreve com letras de ouro "Victoria", mantida na sua grafia original. O brasão de armas da capital capixaba foi restabelecido pelo decreto nº 5.829, de 19 de setembro de 1977.

# HINO

Música: Carlos Viana Cruz
Letra: Almeida Rego

Quero ver os capixabas
Vibrando, cantando esta canção,
Hino de glória à grandeza
Da ilha de Vitória.[105]

Vitória,
Da Vila Nova antiga
Hoje o progresso tem vida
No porto que é Tubarão.[106]

A Vitória das vitórias
A terra feliz onde eu nasci,
Tem no Penedo[107] bravura
E doçura em Camburi.[108]

*Estribilho*
Vitória,
Minha querida Vitória
És a cidade presépio
Orgulho do meu coração!

De Anchieta[109] a Monteiro[110]
Lutando, mostrando o teu brasão,
Viva ao teu povo Vitória
Que não se entrega não!

Vitória,
Se estou longe é saudade
Que o meu peito invade
E faz chorar de emoção

Hoje eu canto a minha terra,
Pedaço de céu do meu país.
Que santo Antônio[111] proteja
Esta terra tão feliz.

*Estribilho*
Vitória,
Minha querida Vitória
És a cidade presépio
Orgulho do meu coração!

---

[105] Vila Velha, a primeira capital do Espírito Santo, costumava ser alvo constante dos ataques de índios, franceses e holandeses. Assim, os portugueses decidiram deslocar a capital para uma nova localidade. Em 1551 escolheram uma ilha perto do continente (conhecida pelos índios pelo nome de Guanaaní) e fundaram a Vila Nova do Espírito Santo, depois chamada de Vila de Nossa Senhora da Vitória. Com o tempo, a cidade passou a ser conhecida apenas por "Vitória", em memória de uma grande batalha vencida pelo donatário da capitania, Vasco Fernandes Coutinho, contra os índios goitacases.
[106] A cidade possui dois grandes portos, o de Vitória e o de Tubarão.
[107] Medindo 136 metros de altitude, o morro do Penedo é o símbolo máximo da baía de Vitória e, apesar de estar localizado no município de Vila Velha, foi tombado como Patrimônio Natural Paisagístico de Vitória.
[108] A praia de Camburi é a maior da capital e a única localizada na região continental da cidade.
[109] O padre jesuíta José de Anchieta (1534-1597), depois de ter atuado em São Paulo e na Bahia, foi transferido em 1587 para dirigir o Colégio dos Jesuítas em Vitória, no Espírito Santo. Em 1595 obteve dispensa dessas funções e, após falecer, foi sepultado na capital capixaba, no atual palácio que hoje é a sede do governo do estado.
[110] Refere-se a Jerônimo de Souza Monteiro (1870-1933), advogado e político espírito-santense. Durante o período em que foi governador do Espírito Santo (entre 1908 e 1912), realizou grandes obras modernizadoras na capital capixaba.
[111] Santo Antônio é o padroeiro da capital e Nossa Senhora da Penha é a padroeira do estado.

# REGRAS DE ETIQUETA DAS BANDEIRAS

A apresentação da bandeira nacional com outras bandeiras segue algumas regras de etiqueta. Assim como na heráldica, considera-se o lado "direito" de uma bandeira a posição que ela ocupa quando está voltada para a rua, plateia, para o edifício ou público. O lado direito nesse caso corresponde ao lado esquerdo de quem a contempla ou observa a bandeira hasteada e vice-versa.

Sempre que o número de bandeiras for par, inclusive a nacional, haverá uma bandeira a mais do lado esquerdo (direito de quem observa). A bandeira nacional estará sempre no centro ou à direita, o mais próximo possível do centro do prédio, palco ou qualquer local em que for apresentada.

**Com a bandeira do estado:**
A bandeira nacional à direita e a do estado à esquerda.

Brasil    São Paulo

**Com a bandeira do município:**
A bandeira nacional à direita e a do município à esquerda.

Brasil    São Paulo

**Com a bandeira do estado e a do município:**
A bandeira nacional ao centro, a do estado à direita e a do município à esquerda.

São Paulo    Brasil    São Paulo

**Com a bandeira do estado e a de uma instituição/empresa:**

A bandeira nacional ao centro, a do estado à direita e a da instituição/empresa à esquerda.

| São Paulo | Brasil | Federação Internacional das Associações Vexilológicas (FIAV) |

**Com a bandeira do estado, a do município e da instituição/empresa:**

A bandeira nacional na posição centro-direita e a do estado à esquerda da nacional (dividindo as duas o centro); a do município à direita e a da empresa à esquerda, ao lado da bandeira estadual.

| São Paulo | Brasil | São Paulo | FIAV |

**Com as bandeiras de vários estados:**

A bandeira do estado anfitrião deve ficar à direita da bandeira nacional. Os demais estados seguem por ordem de fundação histórica.

| Santa Catarina | São Paulo | Brasil | Bahia | Roraima |

**Com as bandeiras de vários estados e a do município:**

A bandeira do estado anfitrião deve ficar à direita da bandeira nacional. Os demais estados seguem por ordem de fundação histórica e por último coloca-se a bandeira do município anfitrião.

| Santa Catarina | São Paulo | Brasil | Bahia | São Paulo |

**Com as bandeiras de vários estados, a do município e a da empresa:**

A bandeira do estado anfitrião deve ficar à direita da bandeira nacional. Os demais estados seguem por ordem de fundação histórica. A bandeira do município anfitrião deve estar à direita do conjunto e a da empresa à esquerda.

| São Paulo | São Paulo | Brasil | Bahia | FIAV |

**Com a bandeira de outro país:**

A bandeira nacional à direita e a do país visitante à esquerda.

| Brasil | Alemanha |

**Com as bandeiras de outros países:**

A bandeira nacional ao centro, prevalecendo a ordem alfabética dos países visitantes, pelo idioma do país anfitrião.

| Romênia | Alemanha | Brasil | Chile | Uruguai |

**Com as bandeiras de outros países e do estado anfitrião (em número ímpar):**

A bandeira do país visitante de primeira letra da ordem alfabética deve estar à direita da nacional, seguindo-se a do estado anfitrião que deve estar à sua esquerda. Os outros países as acompanham na ordem alfabética.

| França | Alemanha | Brasil | São Paulo | Portugal |

**Com as bandeiras de outros países, do estado e do município anfitrião (em número ímpar):**

A bandeira do país visitante de primeira letra da ordem alfabética deve estar à direita da nacional, seguindo-se a do estado anfitrião, que deve estar à sua esquerda. Os outros países as acompanham na ordem alfabética e por último coloca-se a bandeira do município anfitrião.

| França | Alemanha | Brasil | São Paulo | São Paulo |

**Com as bandeiras de outros países e do estado anfitrião (em número par):**

A bandeira nacional na posição centro-direita, a do primeiro país em ordem alfabética deve estar à esquerda da nacional (dividindo as duas o centro); em seguida segue-se com a bandeira do estado anfitrião à direita da bandeira nacional e a do segundo país na ordem alfabética à esquerda do primeiro país da ordem alfabética.

| São Paulo | Brasil | Alemanha | Estados Unidos |

**Com a bandeira de outro país, do estado e da instituição/empresa:**

A bandeira do país visitante fica à esquerda da do Brasil (que ocupa a posição centro-direita); a bandeira do estado anfitrião coloca-se à direita da bandeira nacional, e, por último, a bandeira da instituição/empresa deve estar à esquerda da do país visitante.

| São Paulo | Brasil | Alemanha | FIAV |

# PEQUENO DICIONÁRIO DE HERÁLDICA E VEXILOLOGIA

**ABISMO.** Uma peça está posta em abismo se, apesar de se encontrar no centro do campo, é de menor tamanho do que as restantes que a acompanham e, quase sempre, é assim descrito.

**ACHA DE ARMAS.** Dá-se esse nome ao típico machado de guerra, o qual tem folha larga de gume em arco de círculo e na parte contrária a esta há uma ponta aguçada, curva, virada para baixo.

**ADRIÇA.** Cabo usado para içar bandeiras e flâmulas. Do lado da adriça (ou zona de tralha) é a expressão que designa a parte da bandeira que fica junto ao mastro.

**AGUADO.** Designa as ondulações de um rio, mar ou lago, figuradas por traços de cor ou esmalte diverso do que tem a peça heráldica.

**ANVERSO.** Significa o lado frontal da bandeira (ou lado normal), aquele que está visível quando a tralha fica do lado esquerdo do observador. Alguns países árabes usam a bandeira nacional em sentido reverso.

**ARMAS FALANTES.** Aquelas cujos desenhos ou peças colocadas no escudo ou ornamentadas em seu exterior, por seu próprio simbolismo, dizem respeito às características de determinado lugar ou pessoa.

**ASNA.** Peça semelhante a um esquadro, em formato de V, geralmente representado de ponta-cabeça. É também chamada de tesoura ou chavão.

**ASPA.** Cruz de braços diagonais em forma de X que se estendem entre os vértices da bandeira. Também conhecida como santor ou Cruz de Santo André.

**AXADREZADO.** Chama-se assim o campo dividido em quadrados de um metal ou de uma cor, que se alternam, formando um "xadrez".

**BANDA.** Fita ou faixa que atravessa diagonalmente uma bandeira ou escudo de seu ângulo superior direito ao inferior esquerdo.

**BANDEIRA.** Objeto feito de tecido e geralmente disposto na forma retangular, que se hasteia em um mastro, em uma ou mais cores e desenhos, às vezes com uma legenda escrita que expressa ideias abstratas. É distintivo de uma nação, partido, corporação, agremiação etc. A etimologia da palavra bandeira tem sua origem na palavra gótica *bandvja* (que provavelmente deriva do sânscrito *bandh* – fixar, demarcar ou bando) que em princípio significava "sinal", e mais tarde o ato de demarcar determinado grupo de pessoas que seguiam esse sinal. Assim, passou a designar a palavra latina *bandaria*, que mais tarde originou a palavra bandeira na língua portuguesa.

**BATENTE.** É a margem exterior da bandeira, a parte que fica mais afastada da haste e que esvoaça ao vento.

**BESANTE.** Disco de metal usado na época do Império Bizantino. Pode ser carregado de cruz ou figurado.

**BICOLOR.** É a bandeira composta por duas bandas (ou faixas) de cor. As bandas podem apresentar-se horizontal ou verticalmente.

**BRASÕES.** São os símbolos representativos de uma nação, uma família, uma autoridade religiosa, uma agremiação ou uma entidade específica. Incluem um escudo com cores e peças distintivas, suportes (figuras animais, humanas ou míticas), um timbre ou coronel (símbolo heráldico), acima do escudo, além de faixas, medalhas e outras insígnias. O estudo dos brasões, suas regras e seus significados recebe o nome de heráldica.

**BROCANTE.** Aplica-se à peça que atravessa os diferentes esmaltes/cores do campo ou passa por cima de outras peças; também pode ser chamada de "atravessante".

**BROQUEL.** Assim se denomina o escudo de forma redonda usado pelos povos antigos, como os egípcios, gregos e assírios, predecessores dos primeiros brasões modernos.

**BURELA.** Nome dado às faixas quando seu número em um escudo ou bandeira for superior a cinco.

**CAMPO.** É o fundo de escudo em que se assentam as peças heráldicas ou o retângulo que forma uma bandeira. Se for liso, isto é, sem peças ou emblemas sobre ele, diz-se pleno ou sólido.

**CANTÃO.** Corresponde ao valor de um quarto da área de uma bandeira ou brasão. Num escudo ou bandeira, designa geralmente o quarto esquerdo superior de quem observa.

**CARNAÇÃO.** Quando as várias partes do corpo humano se representam ao natural, isto é, na cor da pele, diz-se que estão em carnação.

**CHEFE.** A expressão "estar em chefe" significa que as peças referidas estão colocadas no terço superior do escudo.

**COMPRIMENTO.** Medida do lado da bandeira que fica perpendicular à haste.

**CONTRABANDA.** Fita ou faixa que atravessa diagonalmente uma bandeira ou escudo de seu ângulo superior esquerdo ao inferior direito.

**CORTADO.** Divisão do escudo ou de qualquer partição sua, feita por uma linha horizontal que divide o campo respectivo em duas partes iguais.

**COSIDO.** Termo empregado quando uma peça de metal se assenta sobre metal (ou de cor sobre cor), a fim de evitar que se dê infração das regras heráldicas.

**DEXTRA.** Denominação referente à direita do escudo, devendo-se notar que ela se encontra à esquerda do observador, portanto, em posição contrária.

**DIVISA.** Pensamento expresso em poucas palavras, geralmente escrito sobre uma faixa para indicar um ideal, nome de um lugar (toponímia), um grito de guerra ou a unidade de uma tropa militar.

**ESCUDETE.** É a designação aplicada ao escudo heráldico quando essa figura representa-se de frente, plana e de tamanho menor dentro de outro escudo.

**ESQUARTELADO.** Diz-se que um brasão ou bandeira é esquartelado quando está dividido em quatro partes iguais, podendo ser cada uma delas lisa ou decorada com emblemas.

**FÍMBRIA.** É uma guarnição ou orla (geralmente mais estreita que a faixa) que rodeia uma área colorida ou risca numa bandeira, para que se destaque da área ou cor adjacente.

**FLÂMULA.** Pequena bandeira afunilada ou triangular, usada para assinalar a identificação de um navio. Usam-se muitas vezes bandeiras civis com esse formato como suvenir ou ornamento. Em outros casos, como nas datas festivas, as flâmulas acompanham a bandeira nacional no mastro.

**FLOR DE LIS.** Representação estilizada de uma flor, geralmente o lírio, composta de três pétalas, a do meio posta na vertical e as laterais curvadas para fora, de extremos arredondados. É em geral um símbolo associado à França, em especial na época da monarquia.

**GONFALÃO.** Bandeira vertical, tipo estandarte, suspensa por uma barra horizontal, com três pontas na parte inferior.

**GUIÃO.** Pendão ou estandarte que vai à frente das procissões, irmandades, tropas militares e desfiles cívicos. É geralmente conduzido por um cavaleiro.

**HASTE.** A peça longa que sustenta a bandeira e termina na parte superior por um ferro em forma de lança e na inferior por outro em ponta, permitindo cravá-la no solo; serve de suporte à lança ou outra arma comprida. Na bandeira é geralmente usada para se referir ao "mastro".

**LÁBARO.** Estandarte dos exércitos romanos.

**LAMBEL.** Peça que representa na heráldica o segundo filho de um pai. Na heráldica municipal, normalmente representa a segunda capital, cidade ou vila. Compõe-se de uma parte horizontal, a travessa, da qual descem pendentes ou pingentes, partes triangulares postas com o vértice para cima.

**LARGURA.** É a medida do lado paralelo à haste de uma bandeira.

**LEGENDA.** Compõe-se de uma ou várias palavras que formam a divisa ou sentença, postas no escudo ou ao redor dele.

**LISTEL.** Uma tira grande ou faixa simples, às vezes com dobras e que geralmente suportam uma legenda ou mote.

**MONOGRAMA.** Entrelaçamento gráfico de duas ou mais letras iniciais do nome, apelido ou sigla de uma pessoa, companhia comercial ou instituição governamental.

**MOVENTE.** Estão moventes as peças que saem das bordas ou dos ângulos do escudo, ficando somente visível uma parte delas.

**ONDADO OU ONDEADO.** Trata-se da bandeira ou brasão que apresenta curvas alternadas, côncavas e convexas. Nos brasões aparecem em número de cinco, sendo três de uma cor e duas de outra.

**ORLA.** Diz-se da bandeira ou escudo cuja borda é circundada por uma cor ou esmalte diferente da presente em seu centro.

**PALA.** Peça ou partição que é posta no escudo ou bandeira na posição vertical.

**PAQUIFE.** Folhagem ornamental que, conservando as cores do brasão, desce do topo do capacete e circunda o escudo, à maneira de suporte.

**PARTIDO.** Divisão do escudo ou de qualquer partição sua, feita por uma linha vertical que divide o campo respectivo em duas partes iguais.

**PASSANTE.** Posição dos animais representados no ato de andar, isto é, com três pernas fixas no chão e o membro posterior direito um pouco levantado, mostrando a ideia de movimento.

**PAVILHÃO.** É a bandeira nacional desfraldada na popa dos navios.

**PENDÃO.** Insígnia militar representada por uma bandeira triangular, alongada, que pode ter uma ou mais pontas. Deriva do espanhol *pendón*, para indicar o guião ou galhardete.

**PROPORÇÃO.** É a razão compreendida entre a largura e o comprimento de uma bandeira ou brasão, indicando suas medidas oficiais. Por exemplo, uma bandeira que apresenta proporção 1:2 (um de largura por dois de comprimento) indica que tem o dobro de comprimento em relação à sua largura.

**REVERSO.** Indica as "costas" ou o lado de uso "incomum" da bandeira, visível quando a haste está à direita do observador.

**ROQUETE (EM).** Expressão que se aplica para indicar a posição de três peças quando uma está em cima e duas embaixo, formando um triângulo.

**SEMEADO.** Quando o campo está cheio de muitas peças pequenas dispostas em linhas desencontradas, diz-se que está semeado dessas peças, que nunca são em número certo.

**SINISTRA.** Denominação referente à esquerda do escudo, devendo-se notar que ela se encontra à direita do observador, portanto em posição contrária.

**TIMBRE.** Na heráldica municipal, civil ou de domínio é a parte superior acima do escudo onde se coloca a coroa mural, estrela ou demais emblemas, plantas ou animais.

**TRALHA.** É a margem ou parte da bandeira mais próxima da haste, por meio da qual ela é presa à adriça, permitindo içá-la num mastro.

**TRIBANDA OU TRIPARTIDA.** É a bandeira ou brasão cujas cores ou metais estão dispostos em três faixas, verticais ou horizontais.

**VAZADO.** As peças que têm o interior aberto, permitindo ver por ele o campo, são vazadas ou vazias. Emprega-se esse termo especialmente às cruzes.

**VEXILOLOGIA.** É o nome que se dá ao estudo das bandeiras, sua história, formas e representações. Essa palavra deriva do latim *vexillum* (vexilo), que era a bandeira usada pelas legiões romanas. Seus primeiros emblemas eram de metal, passando-se depois a compô-las de tecido, daí a origem moderna das bandeiras. Esse termo foi criado em 1957 pelo norte-americano Whitney Smith. Deve-se salientar que o estudo das bandeiras nos séculos anteriores era feito pela heráldica, mas ainda hoje muitas de suas regras, convenções e formas continuam a ser reguladas por ela. Quem estuda as bandeiras é chamado de vexilologista.

# REFERÊNCIAS

**Livros**

ALVES. Derly Halfeld. *Bandeiras nacional, históricas e estaduais*. Brasília: Edições do Senado Federal 2011. v. 155.

ALVES FILHO, Ivan. *História dos estados brasileiros*. Rio de Janeiro: Editora Revan, 2000.

AMARAL, Ribeiro do. *Fundação de Belém do Pará*: jornada de Francisco Caldeira de Castelo Branco, em 1615-1616. Brasília: Edições do Senado Federal, 2004. v. 31. Disponível em: http://www.senado.gov.br. Acesso em: 13 jul. 2022.

ANDRADE, Manuel Correia de. *Pernambuco imortal*: evolução histórica e social de Pernambuco. Recife: Cepe, 1997.

_____. *As raízes do separatismo no Brasil*. São Paulo: Editora da Unesp: Editora do Sagrado Coração, 1999.

_____; ANDRADE, Sandra Maria Correia de. *A federação brasileira*. São Paulo: Contexto, 2003.

BERG, Tiago José. *Hinos de todos os países do mundo*. São Paulo: Panda Books, 2008.

BERTELLI, Luiz Gonzaga. *Símbolos nacionais*: utilização e significados. São Paulo: Ciee, 2004.

BRAGA, Robério (org.). *Símbolos do Amazonas*. Manaus: Valer: Governo do Estado do Amazonas, 2001.

BRASIL. Decreto-Lei nº 1.202, de 8 de abril de 1939. Dispõe sobre a administração dos estados e municípios. *Diário Oficial da União*, Rio de Janeiro, 8 abr. 1939. Disponível em: https://www.planalto.gov.br/ccivil_03/decreto-lei/1937-1946/del1202.htm. Acesso em: 18 ago. 2022.

CAMÕES, Luís Vaz de. *Os Lusíadas*. Lisboa: Ministério dos Negócios Estrangeiros: Instituto Camões, 2000.

CARDOSO, Armando Levy. *Toponímia brasílica*. Rio de Janeiro: Biblioteca do Exército Editora, 1961.

CARVALHO, Delgado de. *História diplomática do Brasil*. São Paulo: Companhia Editora Nacional, 1959.

CARVALHO, José Murilo de. *A formação das almas*: o imaginário da república no Brasil. São Paulo: Companhia das Letras, 1990.

CAVALCANTE, Maria do Espírito Santo Rosa. *Tocantins*: o movimento separatista do norte de Goiás: 1821-1988. São Paulo: Anita Garibaldi: Editora UCG, 1999.

COSTA E SILVA, Alexandre Campos. *Dicionário de curiosidades do Rio de Janeiro*. São Paulo: Comércio e Importação de Livros Cil., 1960.

COSTANTINO, Maria. *Guia ilustrado das bandeiras*. Lisboa: Estampa, 2005.

DONATO, Hernani. *Dicionário das batalhas brasileiras*. São Paulo: Ibrasa, 1996.

DONATO, Maria das Graças Andrada. *Símbolos estaduais de Pernambuco*. Recife: Secretaria de Educação, Cultura e Esportes, 1990.

DUARTE, Marcelo. *Almanaque das bandeiras*. São Paulo: Moderna, 2001.

_____. *O guia dos curiosos*: Brasil. São Paulo: Panda Books, 2015.

FAGUNDES, Morivalde Calvet. *História da Revolução Farroupilha*. Porto Alegre: Editora da UCS: Martins Livreiro, 1984.

FAUSTO, Boris. *História do Brasil*. São Paulo: Edusp, 2004.

FEDERICI, Hilton. *Símbolos paulistas*: estudo histórico-heráldico. São Paulo: Secretaria de Cultura, 1981.

FERREIRA, Jurandir Pires. *Enciclopédia dos municípios brasileiros*: Pernambuco. Rio de Janeiro: IBGE, 1958.

_____. *Enciclopédia dos municípios brasileiros*: Alagoas. Rio de Janeiro: IBGE, 1959.

_____. *Enciclopédia dos municípios brasileiros*: Santa Catarina. Rio de Janeiro: IBGE, 1959.

GRIXALBA, Carlos. *Enciclopédia de heráldica*. Madri: LIBSA, 2006.

JAMUNDÁ, Theobaldo. *A águia da tua bandeira*. Florianópolis: Secretaria de Estado da Cultura e do Esporte, 1988.

JUCÁ, Pedro Rocha. *Os símbolos oficiais do estado de Mato Grosso*. Cuiabá: Memórias Cuiabanas, 1994.

LIRA, Mariza. *História do hino nacional*. Rio de Janeiro: Americana, 1954.

LUZ, Milton Fortuna. *A história dos símbolos nacionais*: a bandeira, o brasão, o selo, o hino. Brasília: Senado Federal, 1999.

MATO GROSSO DO SUL. *Mato Grosso do Sul*: trajetória 30 anos. Campo Grande: Fundação de Cultura de Mato Grosso do Sul, 2007.

MEIRELLES, Mário Martins. *Símbolos nacionais do Brasil e estaduais do Maranhão*. Rio de Janeiro: Companhia Editora Americana, 1972.

MENUHIN, Yehudi; DAVIS, Curtis W. *A música do homem*. São Paulo: Martins Fontes, 1990.

OLIVEIRA, Maria Teresinha. *Crescendo com o Distrito Federal*: estudos sociais. São Paulo: FTD, 1996.

PEREYRA, Alejandro de Armengol y de. *Heráldica*. Barcelona: Labor, 1933.

POLIANO, Luiz Marques. *Heráldica*. São Paulo: Instituto Municipal de Arte e Cultura; Rio de Janeiro: Rio Arte, 1986.

PORTO, Walter Costa. *Constituição de 1937*. Brasília, DF: Senado Federal, 2012.

REDIG, Joaquim. *Nossa bandeira*. Rio de Janeiro: Fraiha, 2009.

REZENDE, Antonio Paulo. *O Recife*: histórias de uma cidade. Recife: Fundação de Cultura da Cidade do Recife, 2005.

RIBEIRO, Clóvis. *Brazões e bandeiras do Brasil*. São Paulo: Editora São Paulo, 1933.

RIBEIRO, João Guilherme C. *Bandeiras que contam histórias*. Rio de Janeiro: Zit, 2003.

RODRIGUES, José Pereira (coord.). *Brasil*: hinos & bandeiras nacionais & estaduais. Porto Alegre: Magister, 2001.

RONECKER, Jean-Paul. *O simbolismo animal*: mitos, crenças, lendas, arquétipos, folclore, imaginário. São Paulo: Paulus, 1997.

SALVADOR. *Os monumentos e a independência*. Salvador: Departamento de Cultura da Prefeitura Municipal, 1973.

SANTOS, Waldemar Baroni. *Tratado de heráldica*. São Paulo: Edição do Autor, 1978.

SAVARIS, Manoelito Carlos (org.). *Nossos símbolos*: nosso orgulho! Porto Alegre: Instituto Gaúcho de Tradição e Folclore, 2008.

SENADO FEDERAL. Símbolos nacionais. Brasília: Edições Câmara, 2009.

SEYSSEL, Ricardo. *Um estudo histórico perceptual*: a bandeira brasileira sem Brasil. São Paulo: Instituto de Artes, 2006.

SILVA, Anadite Fernandes da. *Bandeiras e brasões de armas dos municípios do Rio Grande do Norte*. Natal: Luz Comunicação e Arte, 2015.

SILVA, Ernesto. *História de Brasília*: um sonho, uma esperança, uma realidade. Brasília: Senado Federal, 1985.

SLATER, Steven; ZNAMIEROWSKI, Alfred. *The world encyclopedia of flags and heraldry*. London: Lorenz Books, 2007.

STRAUBE, Hernani Costa. *Símbolos do Paraná*: evolução histórica. Curitiba: Imprensa Oficial, 1987.

_____. *Símbolos*: Brasil, Paraná e Curitiba: histórico e legislação. Curitiba: Instituto Histórico e Geográfico do Paraná, 2002.

TEIXEIRA, Antenor. *Os símbolos na consciência cívica de um povo*. Salvador: Prefeitura Municipal, 1972.

VIANA, Hélio. *História das fronteiras do Brasil*. Rio de Janeiro: Laemmert, 1949.

ZNAMIEROWSKI, Alfred. *The world encyclopedia of flags*. London: Lorenz Books, 2004.

## Revistas

FREITAS, Afonso A. Bandeira paulista. *Revista do Instituto Histórico e Geográfico de São Paulo*, São Paulo, n. 51, p. 211-214, 1953.

GIRARDI, Giovana. Índios, santos e geografia. *Galileu*, São Paulo, n. 186, 2007.

PARÁ. *Nosso Pará*, Belém, n. 1, 2000.

## Folhetos, artigos e outros

ACRE. Tribunal de Justiça. *Por trás do verso e da melodia do hino acreano*. Rio Branco: Tribunal de Justiça do Estado do Acre, 2002.

CEARÁ. *Projeto identidade visual*: brasão do estado do Ceará. 2006. Disponível em: http://www.ceara.gov.br. Acesso em: 20 ago. 2010, Apresentação em PowerPoint.

DISTRITO FEDERAL. *Brasília*: fatos importantes. Brasília: Secretaria de Estado da Cultura: Arquivo Público do Distrito Federal, 2008.

DISTRITO FEDERAL. *Diário Oficial*, Brasília, n. 8, 7 out. 1960.

MANAUS. *Manaus 350*: resgatando a história. Disponível em: https://www.manaus.am.gov.br/cidade/simbolos/. Acesso em: 30 nov. 2021.

PORTUGAL. *Evolução da bandeira nacional*. Manaus: Prefeitura Municipal, 2021. Disponível em: www.portugal.gov.pt. Acesso em: 20 nov. 2008.

RIO BRANCO. *Diário Oficial*, Rio Branco, n. 6.742, 21 mar. 1996.

RIO GRANDE DO NORTE. Padre Miguelinho: o herói esquecido da revolução de 1817. *Diário Oficial do Estado do Rio Grande do Norte*, Natal, n. 30, 2007.

SALVADOR. Secretaria Municipal de Educação e Cultura. *2 de julho*: a festa é história. Salvador: Secretaria Municipal de Educação e Cultura: Fundação Gregório de Mattos, 2000.

SÃO LUÍS. *Lei orgânica do município de São Luís*. São Luís: Câmara Municipal, 1990.

SÃO PAULO (município). *Símbolos nacionais e do estado de São Paulo*. São Paulo: Secretaria de Energia: Cesp, nov. 2002.

_____. (estado). *Diário Oficial*, São Paulo, n. 199, 4 set. 1948.

SERGIPE. Conselho Estadual de Educação. *Símbolos do estado de Sergipe*. Aracaju: Conselho Estadual de Educação: Jornal da Cidade, 1972.

SOARES, Ivanildes Beserra (org.). *Símbolos do estado do Tocantins*. Palmas: Diretoria de Patrimônio Histórico e Cultural: Fundação Cultural do Governo do Estado do Tocantins, [s. d.].

SOARES, Nildomar da Silveira. *Leis básicas do município de Teresina*. Teresina: Edição do Autor, 2001.

STELLA, Dalva. *Estudo sobre o hino do Ceará*. Fortaleza: Secretaria de Cultura do Estado do Ceará, 2003.

TAVARES, Luís Henrique Dias. História da Bahia. *Correio da Bahia*, Salvador, 2000.

TEIXEIRA FILHO, Álvaro. *A bandeira, o brasão de armas e o hino do estado do Rio de Janeiro*. Rio de Janeiro: Biblioteca Pública do Estado do Rio de Janeiro, 1987.

## Governos estaduais

http://www.ac.gov.br
http://www.amazonas.am.gov.br
http://www.bahia.ba.gov.br
http://www.ceara.gov.br
http://www.es.gov.br
http://www.estado.rs.gov.br
http://www.goias.gov.br
http://www.mg.gov.br
http://www.ms.gov.br
http://www.mt.gov.br
http://www.pa.gov.br
http://www.paraiba.pb.gov.br
http://www.pe.gov.br
http://www.piaui.pi.gov.br

http://www.pr.gov.br
http://www.rj.gov.br
http://www.rn.gov.br
http://www.rondonia.ro.gov.br
http://www.saopaulo.sp.gov.br
http://www.sc.gov.br
http://www.se.gov.br
http://www.to.gov.br
https://alagoas.al.gov.br
https://portal.rr.gov.br
https://www.df.gov.br
https://www.ma.gov.br
https://www.portal.ap.gov.br

## Prefeituras

http://prefeitura.rio/
http://www.aracaju.se.gov.br/
http://www.belem.pa.gov.br/
http://www.boavista.rr.gov.br/
http://www.capital.sp.gov.br/
http://www.cuiaba.mt.gov.br/
http://www.curitiba.pr.gov.br/
http://www.fortaleza.ce.gov.br/
http://www.goiania.go.gov.br/

http://www.joaopessoa.pb.gov.br/
http://www.maceio.al.gov.br/
http://www.natal.rn.gov.br/
http://www.palmas.to.gov.br/
http://www.pmf.sc.gov.br/
http://www.portovelho.ro.gov.br/
http://www.recife.pe.gov.br/
http://www.riobranco.ac.gov.br/
http://www.salvador.ba.gov.br/

http://www.saoluis.ma.gov.br/
http://www.vitoria.es.gov.br/
https://macapa.ap.gov.br/
https://pmt.pi.gov.br/

https://prefeitura.pbh.gov.br/
https://prefeitura.poa.br/
https://www.campogrande.ms.gov.br/
https://www.manaus.am.gov.br/

### Principais sites acessados
http://biblioteca.ibge.gov.br/
http://flagspot.net/flags/
http://www.ambientebrasil.com.br
http://www.angelfire.com/realm/jolle/brasil.htm
http://www.atelierheraldico.com.br/heraldica/index.htm
http://www.bv.sp.gov.br
http://www.camara.gov.br
http://www.dicionariompb.com.br
http://www.ibge.gov.br/ibgeteen/
http://www.rbvex.it/ameripag/brasile.html
http://www.secult.ce.gov.br
http://www.senado.gov.br
http://www.vexilla-mundi.com/brazil_flag.html
https://www.flaggenlexikon.de/index_dt.htm
https://www.heraldry-wiki.com

### Secretarias, bibliotecas e institutos
Arquivo Público do Distrito Federal. Brasília (DF)
Arquivo Público do Estado do Espírito Santo. Vitória (ES)
Arquivo Público do Estado do Maranhão. São Luís (MA)
Arquivo Público do Município de São Paulo (SP)
Assembleia Legislativa do Estado de Santa Catarina. Florianópolis (SC)
Assembleia Legislativa do Estado do Espírito Santo. Vitória (ES)
Biblioteca Pública "Arthur Viana". Belém (PA)
Biblioteca Pública do Estado de Pernambuco. Recife (PE)
Biblioteca Pública do Estado do Rio de Janeiro. Rio de Janeiro (RJ)
Casa Guilherme de Almeida. São Paulo (SP)
Fundação Cultural do Governo do Estado do Tocantins. Palmas (TO)
Fundação Cultural "Tancredo Neves". Belém (PA)
Fundação Elias Mansour. Rio Branco (AC)
Fundação Gregório de Mattos. Salvador (BA)
Secretaria da Cultura – Assistência Técnica dos Municípios. São Paulo (SP)

Secretaria de Cultura do Estado do Amazonas. Manaus (AM)
Secretaria de Cultura do Estado do Ceará. Fortaleza (CE)
Secretaria de Estado da Cultura de Minas Gerais. Belo Horizonte (MG)
Secretaria de Estado da Cultura do Rio Grande do Sul. Porto Alegre (RS)
Secretaria de Estado da Cultura. Teresina (PI)
Secretaria de Estado de Turismo, Cultura e Esporte de Santa Catarina. Florianópolis (SC)